工程经济学

（第 2 版）

主　编　曾淑君　缑变彩
副主编　祝　叶　吴　俊　杨　磊　杨双全

东南大学出版社
·南京·

内容简介

本书全面系统地介绍了工程经济学的基本原理、基本方法以及经济在工程实践活动中的应用。全书内容包括：工程经济学概述、基本建设与基本建设程序、工程项目评价的基础数据测算、资金的时间价值、工程项目经济评价指标及评价方法、工程项目的多方案比选、不确定性分析、价值工程、设备更新的经济分析、建设项目财务评价、国民经济评价、工程寿命周期成本分析的内容和方法、公共项目的经济分析。

本书体系完整，实例丰富，通俗易懂，利于教学、自学和实践使用。既可作为高等学校工科各专业本科生工程经济学课程教材，同时还可作为工程技术人员、工程管理人员、经济管理人员的参考书。

图书在版编目(CIP)数据

工程经济学 / 曾淑君，缑变彩主编. — 2版. —南京：东南大学出版社，2020.1(2022.7重印)
ISBN 978-7-5641-8637-1

Ⅰ.①工… Ⅱ.①曾… ②缑… Ⅲ.①工程经济学 Ⅳ.①F062.4

中国版本图书馆 CIP 数据核字(2019)第263748号

工程经济学(第2版)
Gongcheng Jingjixue(Di-er Ban)

主　　编	曾淑君　缑变彩
出版发行	东南大学出版社
社　　址	南京市四牌楼2号　邮编：210096
出 版 人	江建中
责任编辑	戴坚敏
网　　址	http://www.seupress.com
电子邮箱	press@seupress.com
经　　销	全国各地新华书店
印　　刷	常州市武进第三印刷有限公司
开　　本	787mm×1092mm　1/16
印　　张	13.25
字　　数	346千字
版　　次	2020年1月第2版
印　　次	2022年7月第3次印刷
书　　号	ISBN 978-7-5641-8637-1
印　　数	6001—8000册
定　　价	45.00元

本社图书若有印装质量问题，请直接与营销部联系。电话：025-83791830

前　言

工程经济学是土木、建环、给水排水、环工、建筑学、房地产学等专业必不可少的重要专业基础课，是工程管理专业的研究生入学考试课程。工程经济学是工程管理专业的核心基础课，开设本课程的目的不仅是为后续课程的学习提供方法论，而且为后续课程——可行性研究、项目评估和房地产投资分析等经济分析类课程和其他专业课的学习及教学实践环节打下坚实的理论基础。

本课程的主要目的是培养学生的经济思维，将学生培养成为既懂技术又懂经济的高级工程技术人才。通过本课程的学习，力求使学生深刻理解工程技术与经济的关系，以便在今后的工程管理与技术实践中树立经济意识，在技术创新、技术进步实践中灵活运用经济比选的方法，选择最佳经济效益的技术方案，争取工程技术在使用过程中能以最小的投入取得最大的产出。

本书是作者多年教学经验总结的成果，同时参考了一些学者的著作，这些著作均在参考文献中列出，在此深表感谢！

本书由曾淑君、缑变彩主编，祝叶、吴俊、杨磊及杨双全副主编。特别感谢湖北莱特工程管理咨询有限公司杨双全提供了大部分案例。本书的出版得到东南大学出版社的大力支持，特致以谢意！由于编者水平所限，时间紧迫，书中难免有不足之处，敬请专家、同行及广大读者指正。

编者
2019 年 10 月

目 录

1 工程经济学概述 ········· 1
  1.1 工程、技术与经济 ········· 1
  1.2 工程经济分析的基本原则 ········· 2
  1.3 工程经济学的分析方法 ········· 3
  1.4 工程经济学与相关学科的关系 ········· 4

2 基本建设与基本建设程序 ········· 5
  2.1 基本建设的主要内容 ········· 5
  2.2 基本建设的分类 ········· 5
  2.3 基本建设程序 ········· 6
  2.4 资产 ········· 8

3 工程项目经济评价的基础数据测算 ········· 9
  3.1 基础数据测算概述 ········· 9
  3.2 投资估算 ········· 10
  3.3 生产成本费用估算 ········· 21
  3.4 销售收入、销售税金及附加的估算 ········· 23
  3.5 固定资产投资贷款还本付息估算 ········· 24

4 资金的时间价值 ········· 28
  4.1 资金的时间价值的基本概念 ········· 28
  4.2 资金时间价值的计算 ········· 31
  4.3 等值计算 ········· 40
  4.4 名义利率与实际利率 ········· 46
  4.5 贷款利息的计算 ········· 50

5 工程项目经济评价指标及评价方法 ········· 55
  5.1 工程经济评价方法概述 ········· 55
  5.2 工程经济评价静态指标 ········· 56
  5.3 工程经济评价动态指标 ········· 61

6 工程项目的多方案比选 ········· 76
  6.1 多方案间的关系类型 ········· 76
  6.2 互斥方案的比选 ········· 77

7 不确定性分析 ········· 90
  7.1 盈亏平衡分析 ········· 90
  7.2 敏感性分析 ········· 98
  7.3 概率分析 ········· 103

8 价值工程 ... 109
- 8.1 价值工程的基本原理和工作程序 ... 109
- 8.2 对象选择和信息资料的收集 ... 111
- 8.3 功能分析 ... 116
- 8.4 功能评价 ... 118
- 8.5 方案创造及评价 ... 126
- 8.6 价值工程在设计阶段造价管理中的应用 ... 128

9 设备更新的经济分析 ... 132
- 9.1 设备的磨损 ... 132
- 9.2 设备的寿命期 ... 134
- 9.3 设备的折旧 ... 135
- 9.4 最佳折旧年限——设备经济寿命的确定 ... 138
- 9.5 设备更新 ... 142

10 建设项目财务评价 ... 145
- 10.1 财务评价的一般概念 ... 145
- 10.2 基础财务报表的编制 ... 146
- 10.3 财务评价指标体系与方法 ... 158

11 国民经济评价 ... 159
- 11.1 项目的国民经济评价概述 ... 159
- 11.2 建设项目国民经济评价效益与费用的确定 ... 160
- 11.3 国民经济效益评估的价格调整 ... 162
- 11.4 建设项目国民经济评价报表及评价指标 ... 165

12 工程寿命周期成本分析的内容和方法 ... 170
- 12.1 工程寿命周期成本及其构成 ... 170
- 12.2 工程寿命周期成本分析 ... 172
- 12.3 工程寿命周期成本分析法与传统的投资计算法之间的比较 ... 178
- 12.4 工程寿命周期成本分析法的局限性 ... 179

13 公共项目的经济分析 ... 181
- 13.1 社会效益和社会成本 ... 181
- 13.2 外部经济 ... 181
- 13.3 公共物品 ... 181
- 13.4 影子价格 ... 183
- 13.5 无形效果 ... 184
- 13.6 费用—效果分析 ... 184
- 13.7 公共项目的民间参与 ... 187

附录 复利系数表 ... 189

参考文献 ... 206

1 工程经济学概述

工程经济学是工程与经济的交叉学科。它是一门研究工程(技术)领域经济问题和经济规律的科学。具体而言,就是研究对为实现一定功能而提出的在技术上可行的技术方案、生产过程、产品或服务,在经济上进行计算分析、比较和论证的方法的科学。

工程经济学以经济为基础,是经济学的原理在工程上的应用和发展。经济学研究资源优化配置,工程经济学秉承此理念,优化投资,有效投资。

1.1 工程、技术与经济

1) 工程

工程是指土木建筑或其他生产、制造部门用比较大而复杂的设备来进行的工作。如土木工程、机械工程、交通工程、化学工程、采矿工程、水利工程等。一项工程被接受须具备两个条件:一是技术可行;二是经济合理。

鸟巢(图1-1)是2008年国家奥运会主会场,由初步设计进入技术设计阶段后,对原有设计方案进行了调整。究其原因,初步设计概算高达39.8亿元,违背了节俭办奥运的原则。于是设计师们开始对方案进行大量的优化、修改,其中包括减少9 000个座椅,并大幅缩减了一些为赛后运营预留的商业面积。这些措施使鸟巢的造价直线降低到了27.3亿元。正是出于经济的考虑最终改动了设计。

图1-1 "鸟巢"外景

"鸟巢"结构设计奇特新颖,钢结构所采用的材料Q460是一种低合金高强度钢。这是我国在建筑结构上首次使用Q460规格的钢材,而且这次使用的钢板厚度达到110 mm,是绝无仅有的,在我国的国家标准中,Q460的最大厚度也只是100 mm。以前这种钢一般从卢森堡、韩国、日本进口。为了给"鸟巢"提供"合身"的Q460,从2004年9月开始,河南舞阳特种钢厂的科研人员开始了长达半年多的科技攻关,前后3次试制,终于获得成功。2008年,400 t自主创新、具有知识产权的国产Q460钢材撑起了"鸟巢"的铁骨钢筋。

鸟巢正是基于满足经济合理和技术可行两大条件才得以圆满建设。技术可行和经济合理是项目可行性研究可行的必要条件。

2) 技术

科学和技术紧密相连又有所区别。科学是人们对客观规律的认识和总结。技术则是人类改造自然的手段和方法,是应用各种科学所揭示的客观规律进行各种产品(结构、系统及过程)开发、设计和制造所采用的方法、措施技巧等水平的总称。科学家的主要任务是寻找规律。工程师或技术人员则主要是应用规律。

科学和技术如孪生兄弟,相似但有区别。科学侧重理论,技术侧重实践。

3) 经济

"经济"一词是"经邦"、"经国"和"济世"、"济民",以及"经世济民"等词的综合和简化,含有"治国平天下"的意思。至于现代"经济"一词,实为我国引进日本人翻译的结果。"经济"是一个多义词,它通常包含以下几个方面的含义:

(1) 指生产关系。从政治经济学角度来看,"经济"是指生产关系和生产力的相互作用,它研究的是生产关系运动的规律。

(2) 指一国国民经济的总称或指国民经济的各部门,如工业经济、农业经济、运输经济等。

(3) 指社会生产和再生产,即物质资料的生产、交换、分配、消费的现象和过程。

(4) 指节约,指人、财、物、时间等资源的节约和有效使用。

西方经济学中,经济指从有限的资源中获得最大的利益,工程经济学主要应用了经济学中节约的含义。节约不是1分钱都不花,而是优化资源配置,获取最大的效益。工程经济学中对投资的可行性进行科学分析,对可选择的投资方案进行严格的比较选择,都是达到了资金有效使用的目的。

4) 工程(技术)和经济的关系

任何一项新技术一定要受到经济发展水平的制约和影响,而技术的进步又促进了经济的发展,是经济发展的动力和条件。鸟巢的建设技术人员进行技术攻关是为了降低造价,而造价的回落靠的是技术人员研制新型钢材。

总之,工程(技术)和经济是辩证统一的存在于生产建设过程中,是相互促进又相互制约的。经济发展是技术进步的目的,技术是经济发展的手段。

5) 工程技术领域研究的问题

在工程技术领域主要研究两类问题:一类是科学技术方面,研究如何把自然规律应用于工程实践,这些知识构成了诸如工程力学、建筑材料学等学科的内容;另一类是经济分析方面,研究经济规律在工程问题中的应用,这些知识构成工程经济类学科的内容。

1.2 工程经济分析的基本原则

在工程经济分析时,应遵循的基本原则包括以下几点:

1) 资金的时间价值原则

同样数目的资金不同时间点价值不等,决定资金价值的不是资金本身大小,而是资金所发生的时间。"时间就是金钱",资金的时间价值原则是工程经济分析最基本的原则。

2) 现金流量原则

"花钱如流水",在资金时间价值计算中,我们运用现金流量图来进行分析。投资收益不是会计账面数字,而是当期实际发生的现金流。

3）增量分析原则

增量分析符合人们对不同事物进行选择的思维逻辑。对不同方案进行选择和比较时，应从增量角度进行分析，即考察增加投资的方案是否是值得的，将两个方案的比较转化为单个方案的评价问题，使问题简化，并容易进行。

在多方案比选时，即使对每个投资方案具体实施不清楚，但掌握了方案之间的区别，比如 B 方案比 A 方案多投资 1 000 万元，每年多收益 200 万元。运用增量分析也可选择合适的方案。

4）机会成本原则

机会成本是经济学的概念，指作出一种选择后所放弃的机会中有可能获得的最大的效益。假设有一笔资金，可以把它存在银行里，也可以把它投入到企业运营中。假设选择的是把它投入运营中，那么这笔资金储存的银行利息就是把资金投入企业运营的机会成本。

5）有无对比原则

有无对比法是将有这项投资所发生的一切与无该项投资所发生的一切进行对比。在工程经济学中，"0"方案指不投资方案，投资前后进行对比分析；"前后对比法"将某一项目实现以前和实现以后所出现的各种效益费用情况进行对比。

6）可比性原则

多方案比选，必须要可比才去比。大象和虱子，级别不一致无从比较。当方案寿命期不一致时，净现值法失效就在于缺乏可比性。

7）风险收益的权衡原则

额外的风险需要额外的收益进行补偿。投资任何项目都是存在风险的，因此必须考虑方案的风险和不确定性。但是，选择高风险的项目，必须有较高的收益。

1.3 工程经济学的分析方法

工程经济学是工程技术与经济相结合的边缘交叉学科，是自然科学、社会科学密切交融的综合科学，一门与生产建设、经济发展有着直接联系的应用性学科。分析方法主要包括：

1）理论联系实际的方法

工程经济学研究对象为工程实践领域，这决定了必须采取理论和实际相结合的方法。工程经济学为具体工程项目分析提供方法基础，而工程经济分析的对象则是具体的工程项目。

2）定量与定性分析相结合

评价项目可行的评价指标都予以量化，但无法量化的就定性分析。定量分析为主，定性分析为辅。

3）系统分析和平衡分析的方法

在投资之前，分析盈亏平衡产量，合理化生产规模。

4）静态评价与动态评价相结合

经济评价按是否考虑资金时间价值分为静态分析和动态分析。静态评价不考虑资金时间价值,主要用于一些规模较小的项目或是项目建议书阶段的评价。

5)统计预测与不确定分析方法

在投资之前,预测项目可能出现的风险,确保投资的可靠性。对投资未来不确定的因素采取确定分析方法,将定性分析转为定量分析,确保科学决策。

1.4 工程经济学与相关学科的关系

工程经济学是工程与技术的交叉学科,和不少学科都有密切的联系。

1.4.1 工程经济学与西方经济学

工程经济学是西方经济学的重要组成部分。它研究问题的出发点,分析的方法和主要指标内容都与西方经济学一脉相承。西方经济学是工程经济学的理论基础,而工程经济学则是西方经济学的具体化和延伸。

1.4.2 工程经济学与技术经济学

工程经济学与技术经济学既有许多共性而又有所不同。工程经济学与技术经济学的主要区别在于:对象不同,研究内容不同。

1.4.3 工程经济学与投资项目评估学

工程经济学侧重于方法论科学,而投资项目评估学侧重于实质性科学。投资项目评估学具体研究投资项目应具备的条件,工程经济学为投资项目评估学提供分析的方法依据。

1.4.4 工程经济学与财务学的关系

财务学是工程经济学的基础和先行科学,而工程经济学使财务学的应用范围得以拓展。二者分析的时间范围不同,分析的业务性质不同。

1.4.5 工程经济学与工程计价的关系

工程经济学是工程计价的基础,工程计价又为工程经济学提供了分析依据。二者分析的时间段不同,研究的详细程度不同。工程经济学主要研究投资前期和后期的经济效益,而工程计价是分析投资过程中的经济效益。

2 基本建设与基本建设程序

基本建设指国民经济中投资进行建筑、购置和安装固定资产以及与此相联系的其他经济活动。基本建设在经济建设中占重点地位。

2.1 基本建设的主要内容

基本建设的内容主要有：
(1) 建筑安装工程。包括各种土木建筑、矿井开凿、水利工程建筑、生产、动力、运输、实验等各种需要安装的机械设备的装配，以及与设备相连的工作台等装设工程。
(2) 设备购置。即购置设备、工具和器具等。
(3) 勘察、设计、科学研究实验、征地、拆迁、试运转、生产职工培训和建设单位管理工作等。

2.2 基本建设的分类

基本建设的分类方法主要有：
(1) 按建设用途划分，可分为：①生产性建设项目：工业建设、水利建设、运输建设等；②非生产性建设项目：住宅建设、卫生建设、公用事业建设等。
(2) 按照建设规模划分，可分为大型、中型、小型项目。
(3) 按照建设性质划分，可分为新建项目、扩建项目、改建项目、恢复项目、迁建项目。新建项目指从无到有或新增固定资产的价值超过原有固定资产价值3倍以上的项目；扩建项目指扩大原有产品的生产能力或效益，增加新的产品的生产能力和效益而扩建的主要车间或工程的项目；改建项目指为提高产品的生产效率或改进产品方向，对原有设备工艺流程进行技术改造的项目；恢复项目指原有的固定资产因自然灾害、战争或人为的灾害等原因，已部分或全部报废，而又投资恢复建设的项目；迁建项目指由于各种原因迁到其他地方建设的项目，不论其建设规模是否维持原有规模，都是迁建项目。
(4) 按建设阶段划分，可分为预备项目、筹建项目、施工项目、建成投资项目、收尾项目。
(5) 按行业性质和特点划分，可分为竞争性项目、基础性项目、公益性项目等。

2.3 基本建设程序

基本建设程序是指建设项目从酝酿、提出、决策、设计、施工、竣工验收整个过程中各项工作的先后顺序,如图 2-1 所示。

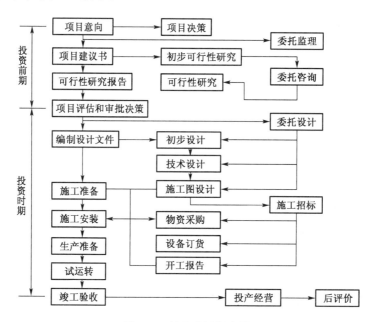

图 2-1 基本建设程序图

1) 建设工程项目决策阶段

建设工程项目决策阶段,也称为工程项目建设前期工作阶段。

(1) 投资意向。产生投资意向的原因,一方面可能是投资主体拥有闲置资源,寻找投资机会,即建立在可能基础上的投资意向;另一方面可能是投资主体发现较好的市场投资机会,这是建立在需要基础上的投资意向。

(2) 市场研究与投资机会分析。主要是研究市场机遇与投资主体自身优势、劣势的匹配互补情况。

(3) 项目建议书。就是用书面的形式,把投资机会分析的结果予以表达,并作为决策依据。

(4) 初步可行性研究。如果决策者接受项目建议书所提出的投资构想,则通过建设项目初步可行性研究将投资方案进一步具体化。包括:①通过市场研究明晰产品需求;②原材料及所需资源供给研究等明晰自身的优势劣势;③企业规模研究;④厂址选择方案;⑤工艺技术分析;⑥生产设备选型;⑦最佳投资时机研究,等等。

初步可行性研究不是必不可少的,如果项目的机会研究占有足够的数据,也可以越过初步可行性研究阶段,直接进入可行性研究阶段。

(5) 可行性研究(又称详细可行性研究)。是对一个初步可行性研究提出的一个或几个项目若干种可能的方案分析论证,实质上是一个投资方案的具体确立和构造。

可行性研究是决定一个项目投资与否的最重要环节,是项目决策的直接依据。

(6) 项目评估决策及立项。

通过以上6项工作,以文字形式解决项目选择问题。

2) 建设工程项目设计阶段

对于大型技术复杂的设计可以分为初步设计、技术设计、施工图设计3个阶段;对于一般的项目可以只做初步设计和施工图设计。

编制设计任务书,落实建设前期的方案选择。

(1) 初步设计。它应根据设计任务书,具体地构造工程投资方案,并做出工程的初步概算。

(2) 投资准备。初步设计完成以后,投资方案的要点就确定了,就可以进行投资准备工作了。

(3) 技术设计。对于重大项目或特殊项目,为解决具体的技术问题所进行的设计。

(4) 施工图设计。即根据初步设计和技术设计所进行的详图设计。在施工图设计阶段,一般要编制工程预算。

上述4步,以图纸、沙盘、模型和三维动画拟订项目具体方案。

3) 建设项目施工阶段

(1) 施工组织设计。即落实设计文件,是联系设计阶段和施工活动的桥梁。

(2) 施工准备。以施工图设计和施工组织设计为依据,由施工企业进行的第一项具体工作。

(3) 施工过程。即由施工企业具体配置各种要素形成投资产品的过程。

(4) 生产准备。在施工接近结束时,由投资者为项目投产使用所进行的准备工作。

(5) 竣工验收。它是对投资产品的全面检查与评定。

上述5步,以实物产品实现投资方案。

4) 建设项目总结评价阶段

(1) 投产运营和投资回收。即投资资金的回收过程。

(2) 项目后评价。在项目投资运营阶段,根据实际运行结果,对项目决策、设计和施工安装各阶段的工作进行综合评价,它是一种分析研究和总结提高性的工作。

工程项目建设应严格按照程序行事,否则容易造成事故。业界"五个一"工程,一急就拍,一拍就错,一错就改,一改就乱,一乱就费。诸如此类工程项目任务急就定项目,定下来后又发现有重大漏洞,重提方案修改设计,许多问题要变动,造成严重浪费,根本原因就是基本建设前期工作未做好。有些项目地质情况不清就设计,厂房建成后不得不返修加固;有些项目逆程序施工,房子盖好了再挖沟、凿洞、安管子;有的项目设备安装好了,不能联动开车等。还有些所谓的"三边工程",即边建、边拆、边补。

2.4 资产

基本建设是形成资产的生产活动。资产是基本建设的成果。资产分为固定资产、流动资产、无形资产和递延资产。

1) 固定资产

固定资产是指使用时间在 1 年以上，单位价值在规定标准以上，并且在使用过程中保持原有实物形态的资产，如房屋、设备、运输工具、构筑物等。固定资产在使用过程中会逐渐磨损和贬值，其价值将逐步转移到新产品中去。固定资产的这种磨损和贬值称为折旧。

2) 流动资产

流动资产是指可以在 1 年或超过 1 年的一个营业周期内变现或者耗用的资产，主要包括货币资金、短期投资、应收和预付款项、存货、待摊费用等。

3) 无形资产

无形资产指不具备实物形态，能供长期使用，能为企业提供某种权力或特权。包括专利权、著作权、商标权、土地使用权、非专利技术、商誉等。

4) 递延资产

递延资产指能为企业创造未来收益，并能从未来收益的会计期间抵补的各项支出。递延资产又指不能全部计入当年损益，应在以后年度内较长时期摊销的除固定资产和无形资产以外的其他费用支出，包括开办费、租入固定资产改良支出，以及摊销期在 1 年以上的长期待摊费用等。

3 工程项目经济评价的基础数据测算

在项目可行性研究阶段,项目并未真正实施,所有数据(投资、成本、收益、利润)都是估算的,数据的估算正确与否直接影响着项目评价的结论。

3.1 基础数据测算概述

工程项目经济评价的基础数据测算是在经过项目建设必要性审查、生产建设条件评估和技术可行性评估之后,并在市场需求调查、销售规划、技术方案和规模经济分析论证的基础上,从项目评价的要求出发,按照现行财务制度规定,对项目有关的成本和收益等基础数据进行收集、测算等一系列工作。基础数据测算的内容主要有:

1)项目总投资及其资金来源和筹措

项目总投资是指一次性投入项目的固定资产投资(含建设期利息)和流动资金的总和。投资的测算包括项目总投资和项目建设期间各年度投资支出的测算,并在此基础上制定资金筹措和使用计划,指明资金来源和运用方式,进行筹资方案分析论证。

2)生产成本费用

生产成本费用是企业生产经营过程中发生的各种耗费及其补偿价值。可采用制造成本法或要素分类法进行测算。经营成本是由总成本费用中扣除折旧费、摊销费、维简费和利息支出而得。

3)销售收入与税金

销售收入与税金是指在项目生产期的一定时间内,对产品各年的销售收入和税金进行测算。销售收入和税金是测算销售利润的重要依据。

4)销售利润的形成与分配

销售利润是指项目的销售收入扣除销售税金及附加和总生产成本费用后的盈余,它综合反映了企业生产经营活动的成果,是贷款还本付息的重要来源。

5)贷款还本付息测算

贷款还本付息是指项目投产后,按国家规定的资金来源和贷款机构的要求偿还固定资产投资借款本金,而利息支出列入当年的生产总成本费用。

基础数据估算的五个方面内容是连贯的,其中心是将投资成本(包括固定资产投资和流动资金)、产品成本与销售收入的预测数据进行对比,求得项目的销售利润,又在此基础上测算贷款的还本付息情况。

3.2 投资估算

投资估算是指在整个投资决策过程中,依据现有的资料和一定的方法,对建设项目的投资额(包括工程造价和流动资金)进行的估计。投资估算总额是指从筹建、施工直至建成投产的全部建设费用,其包括的内容应视项目的性质和范围而定。

3.2.1 投资估算概述

投资是人类最重要的经济活动之一,投资活动是投资主体、投资环境、资金投入、投资产出、投资目的等诸多要素的统一。

1) 投资估算的作用

项目建议书阶段的投资估算,是多方案比选、优化设计、合理确定项目投资的基础,是项目主管部门审批项目建议书的依据之一,并对项目的规划、规模起参考作用,从经济上判断项目是否应列入投资计划。

项目可行性研究阶段的投资估算,是项目投资决策的重要依据,是正确评价建设项目投资合理性,分析投资效益,为项目决策提供依据的基础。当可行性研究报告被批准之后,其投资估算额就作为建设项目投资的最高限额,不得随意突破。

项目投资估算对工程设计概算起控制作用,它为设计提供了经济依据和投资限额,设计概算不得突破批准的投资估算额。投资估算一经确定,即成为限额设计的依据,用以对各设计专业实行投资切块分配,作为控制和指导设计的尺度或标准。

项目投资估算是进行工程设计招标,优选设计方案的依据。

项目投资估算可作为项目资金筹措及制订建设贷款计划的依据,建设单位可根据批准的投资估算额进行资金筹措向银行申请贷款。

不同的投资决策阶段所具备的条件和掌握的资料不同,投资估算的准确程度不同,投资估算所起的作用也不同。随着阶段的不断发展,调查研究的不断深入,掌握的资料越来越丰富,投资估算逐步准确,其所起的作用也越来越重要。

2) 投资估算的阶段划分与精度要求

(1) 国外项目投资估算的阶段划分与精度要求(见表3-1)

英、美等国把建设项目的投资估算分为以下五个阶段:

① 项目的投资设想时期。对投资估算精度的要求允许误差大于±30%。
② 项目的投资机会研究时期。其对投资估算精度的要求为误差控制在±30%以内。
③ 项目的初步可行性研究时期。其对投资估算精度的要求为误差控制在±20%以内。
④ 项目的详细可行性研究时期。其对投资估算精度的要求为误差控制在±10%以内。
⑤ 项目的工程设计阶段。其对投资估算精度的要求为误差控制在±5%以内。

3 工程项目经济评价的基础数据测算

表 3-1 国外项目投资估算的阶段划分与精度要求

阶段划分		备注	允许误差
第一阶段	投资设想时期	又称为毛估阶段或比照估算	大于±30%
第二阶段	投资机会研究时期	又称为粗估阶段或因素估算	控制在±30%以内
第三阶段	初步可行性研究时期	又称为初步估算阶段或认可估算	控制在±20%以内
第四阶段	详细可行性研究时期	又称为确定估算或控制估算	控制在±10%以内
第五阶段	工程设计阶段	又称为详细估算或投标估算	控制在±5%以内

（2）我国项目投资估算的阶段划分与精度要求（见表3-2）

第一阶段：项目规划阶段的投资估算

建设项目规划阶段是指有关部门根据国民经济发展规划、地区发展规划和行业发展规划的要求，编制一个建设项目的建设规划。其对投资估算精度的要求为允许误差大于±30%。

第二阶段：项目建议书阶段的投资估算

在项目建议书阶段，是按项目建议书中的产品方案、项目建设规模、产品主要生产工艺、企业车间组成、初选建厂地点等，估算建设项目所需要的投资额。其对投资估算精度的要求为误差控制在±30%以内。

第三阶段：初步可行性研究阶段的投资估算

初步可行性研究阶段，是在掌握了更详细、更深入的资料条件下，估算建设项目所需的投资额。其对投资估算精度的要求为误差控制在±20%以内。

第四阶段：详细可行性研究阶段的投资估算

详细可行性研究阶段的投资估算至关重要，因为这个阶段的投资估算经审查批准之后便是工程设计任务书中规定的项目投资限额，并可据此列入项目年度基本建设计划。投资估算的误差应控制在10%以内。

表 3-2 我国项目投资估算的阶段划分与精度要求

阶段划分	精度要求
项目规划阶段	允许误差大于±30%
项目建议书阶段	误差要求控制在±30%以内
初步可行性研究阶段	误差要求控制在±20%以内
详细可行性研究阶段	误差要求控制在±10%以内

3）投资估算的原则

投资估算是拟建项目前期可行性研究的重要内容，是经济效益评价的基础，是项目决策的重要依据，估算质量如何将决定着项目能否纳入投资建设计划。因此，在编制投资估算时应符合下列原则：

（1）实事求是的原则

从实际出发，深入开展调查研究，掌握第一手资料，不能弄虚作假。

(2) 合理利用资源,效益最高的原则

市场经济环境中,利用有限经费、有限的资源,尽可能满足需要。

(3) 尽量做到快、准的原则

一般投资估算误差都比较大,通过艰苦细致的工作,加强研究,积累资料,尽量做到又快、又准地拿出项目的投资估算。

(4) 适应高科技发展的原则

从编制投资估算角度出发,在资料收集,信息储存、处理、使用以及编制方法选择和编制过程中应逐步实现计算机化、网络化。

4) 投资估算的依据

(1) 项目建议书(或建设规划)、可行性研究报告(或设计任务书)、方案设计(包括设计招标或城市建筑方案设计竞选中的方案设计,其中包括文字说明和图纸)。

(2) 投资估算指标、概算指标、技术经济指标。

(3) 造价指标(包括单项工程和单位工程造价指标)。

(4) 类似工程造价。

(5) 设计参数,包括各种建筑面积指标、能源消耗指标等。

(6) 相关定额及其定额单价。

5) 投资估算的内容

根据国家规定,从满足建设项目投资计划和投资规模的角度,建设项目投资估算包括固定资产投资估算和铺底流动资金估算。但从满足建设项目经济评价的角度,其总投资估算包括固定资产投资估算和流动资金估算。不管从满足哪一个角度进行的投资估算,都需要进行固定资产投资估算和流动资金估算。

固定资产投资估算的内容按照费用的性质划分,包括建筑安装工程费、设备及工器具购置费、工程建设其他费用(此时不含流动资金)、基本预备费、价差预备费、建设期贷款利息、固定资产投资方向调节税等。

固定资产投资可划分为静态投资和动态投资两部分,其中,建安工程造价、设备购置费以及工程建设其他费用中不涉及时间变化因素的部分,作为静态投资;而涉及价格、汇率、利率、税率等变动因素的部分,作为动态投资。

6) 投资估算的步骤

(1) 分别估算各单项工程所需的建筑工程费、设备及工器具购置费、安装工程费。

(2) 在汇总各单项工程费用的基础上,估算工程建设其他费用和基本预备费。

(3) 估算价差预备费和建设期利息。

(4) 估算流动资金。

3.2.2 投资估算方法

1) 静态投资部分的估算方法

(1) 单位生产能力估算法

计算公式为:

$$C_2 = (C_1/Q_1) \times Q_2 \times f \tag{3-1}$$

式中：C_1——已建类似项目的投资额；

C_2——拟建项目投资额；

Q_1——已建类似项目的生产能力；

Q_2——拟建项目的生产能力；

f——不同时期、不同地点的定额、单价、费用变更等的综合调整系数。

依据调查的统计资料，利用相近规模的单位生产能力投资乘以建设规模，即得拟建项目投资。

这种方法把项目的建设投资与其生产能力的关系视为简单的线性关系，估算结果精确度较差，误差较大，可达±30%。

【例 3-1】 已知年产 120 万吨某产品的生产系统的投资额为 85 万元，用单位生产能力法估算年产 360 万吨的生产系统的投资额为多少？（$f=1$）

【解】 由单位生产能力估算法 $C_2 = (C_1/Q_1) \times Q_2 \times f$，得：

年产 360 万吨的生产系统的投资额：

$$C_2 = 85/120 \times 360 \times 1 = 255 \text{ 万元}$$

（2）生产能力指数法

生产能力指数法是根据已建成的类似项目生产能力和投资额来粗略估算拟建项目投资额的方法。其计算公式为：

$$C_2 = C_1 \times (Q_2/Q_1)^n \times f \tag{3-2}$$

式中：n——生产能力指数；

C_1——已建类似项目的投资额；

C_2——拟建项目投资额；

Q_1——已建类似项目的生产能力；

Q_2——拟建项目的生产能力；

f——不同时期、不同地点的定额、单价、费用变更等的综合调整系数。

式(3-2)表明，造价与规模（或容量）呈非线性关系，且单位造价随工程规模（或容量）的增大而减小。在正常情况下，$0 \leqslant n \leqslant 1$。不同生产率水平的国家和不同性质的项目中，$n$ 的取值是不相同的。

若已建类似项目的生产规模与拟建项目生产规模相差不大，Q_1 与 Q_2 的比值在 0.5～2 之间，则指数 n 的取值近似为 1。

若已建类似项目的生产规模与拟建项目生产规模相差不大于 50 倍，且拟建项目生产规模的扩大仅靠增大设备规模来达到时，则 n 的取值约在 0.6～0.7 之间；若是靠增加相同规格设备的数量达到时，n 的取值约在 0.8～0.9 之间。

指数法主要应用于拟建装置或项目与用来参考的已知装置或项目的规模不同的场合。

【例 3-2】 已知建设日产 20 t 的某化工生产系统的投资额为 30 万元，若将该化工生产系统的生产能力在原有的基础上增加 1 倍，投资额大约增加多少？（$n=0.6, f=1$）

【解】 由生产能力指数法,有

$$C_2 = C_1 \times \left(\frac{Q_2}{Q_1}\right)^n \times f$$

$$= 30 \times \left(\frac{40}{20}\right)^{0.6} \times 1 = 45.47 \text{ 万元}$$

增加投资额　　　　$\Delta C = 45.47 - 30 = 15.47$ 万元

(3) 系数估算法

系数估算法是以拟建项目的主体工程费或主要设备费为基数,以其他工程费占主体工程费的百分比为系数估算项目总投资的方法。系数估算法的种类很多,下面介绍几种主要类型。

① 设备系数法。以拟建项目的设备费为基数,根据已建成的同类项目的建筑安装费和其他工程费等占设备价值的百分比,求出拟建项目建筑安装工程费和其他工程费,进而求出建设项目总投资。其计算公式如下:

$$C = E(1 + f_1 P_1 + f_2 P_2 + f_3 P_3 + \cdots) + I \tag{3-3}$$

式中:C——拟建项目投资额;

E——拟建项目设备费;

P_1、P_2、P_3——已建项目中建筑安装费及其他工程费等占设备费的比重;

f_1、f_2、f_3——由于时间因素引起的定额、价格、费用标准等变化的综合调整系数;

I——拟建项目的其他费用。

② 主体专业系数法。以拟建项目中投资比重较大,并与生产能力直接相关的工艺设备投资为基数,根据已建同类项目的有关统计资料,计算出拟建项目各专业工程(总图、土建、采暖、给排水、管道、电气、自控等)占工艺设备投资的百分比,据此求出拟建项目各专业投资,然后加总即为项目总投资。其计算公式为:

$$C = E(1 + f_1 P'_1 + f_2 P'_2 + f_3 P'_3 + \cdots) + I \tag{3-4}$$

式中:P'_1、P'_2、P'_3——已建项目中各专业工程费用占设备费的比重。

其他符号同前。

③ 朗格系数法。这种方法是以设备费为基数,乘以适当系数来推算项目的建设费用。其计算公式为:

$$C = E(1 + \sum K_i) \cdot KC \tag{3-5}$$

式中:C——总建设费用;

E——主要设备费;

K_i——管线、仪表、建筑物等项费用的估算系数;

KC——管理费、合同费、应急费等项费用的总估算系数。

总建设费用与设备费用之比为朗格系数 KL。即:

$$KL = (1 + \sum K_i) \cdot KC \tag{3-6}$$

运用朗格系数法估算投资的步骤如下：

A. 计算设备到达现场的费用，包括设备出厂价、陆路运费、海上运输费、装卸费、关税、保险、采购费等。

B. 根据计算出的设备费乘以1.43，即得到包括设备基础、绝热工程、油漆工程和设备安装工程的总费用①。

C. 以上述计算的结果①再分别乘以1.1、1.25、1.6（视不同流程），即可得到包括配管工程在内的费用②。

D. 以上述计算的结果②再乘以1.5，即得到此装置（或项目）的直接费③，此时，装置的建筑工程、电气及仪表工程等均含在直接费用中。

E. 最后以上述计算结果③再分别乘以1.31、1.35、1.38（视不同流程），即得到工厂的总费用 C。

应用朗格系数法进行工程项目或装置估价的精度仍不是很高，其原因如下：

A. 装置规模大小发生变化的影响。

B. 不同地区自然地理条件的影响。

C. 不同地区经济地理条件的影响。

D. 不同地区气候条件的影响。

E. 主要设备材质发生变化时，设备费用变化较大而安装费变化不大所产生的影响。

（4）比例估算法

根据统计资料，先求出已有同类企业主要设备投资占全厂建设投资的比例，然后再估算出拟建项目的主要设备投资，即可按比例求出拟建项目的建设投资。其表达式为：

$$I = 1/K \cdot \sum Q_i P_i \quad (i = 1 \sim n) \tag{3-7}$$

式中：I——拟建项目的建设投资；

K——主要设备投资占拟建项目投资的比例；

n——设备种类数；

Q_i——第 i 种设备的数量；

P_i——第 i 种设备的单价（到厂价格）。

（5）指标估算法

指标估算法是指依据投资估算指标，对各单位工程或单项工程费用进行估算，进而估算建设项目总投资的方法。首先把拟建项目以单项工程或单位工程，按建设内容纵向划分为各个主要生产设施、辅助及公用设施、行政及福利设施以及各项其他基本建设费用，按费用性质横向划分为建筑工程、设备购置、安装工程等费用；然后，根据各种具体的投资估算指标，进行各单位工程或单项工程投资的估算；在此基础上汇集编制成拟建项目的各个单项工程费用和拟建项目的工程费用投资估算；再按相关规定估算工程建设其他费、基本预备费等，形成拟建项目静态投资。

① 建筑工程费用估算。可采用单位建筑工程投资估算法和单位实物工程量投资估算法。其中单位建筑工程投资估算法可以进一步分为单位长度价格法、单位面积价格法、单位容积价格法和单位功能价格法等。

A. 单位长度价格法。水库以水坝单位长度（米）的投资，公路、铁路以单位长度（千米）

的投资,矿上掘进以单位长度(米)的投资,乘以相应的建筑工程量计算建筑工程费。

B. 单位面积价格法。工业与民用建筑物和构筑物的一般土建及装修、给排水、采暖、通风、照明工程,建筑物以建筑面积为单位,套用规模相当、结构形式和建筑标准相适应的投资估算指标或类似工程造价资料进行估算。

C. 单位容积价格法。在一些项目中,楼层高度是影响成本的重要因素。例如,仓库、工业窑炉砌筑的高度根据需要会有很大的变化,显然这时不再适用单位面积价格,而单位容积价格则成为确定初步估算的方法。

D. 单位功能价格法。用医院里的病床数量为功能单位,新建一所医院的成本被细分为其所提供的病床数量,估算时首先给出每张床的单价,然后乘以该医院所有病床的数量,从而确定该医院项目的金额。

② 安装工程费估算。安装工程费一般以设备费为基数区分不同类型进行估算。

A. 工艺设备安装费通常采用按设备费百分比估算指标进行估算;或根据单项工程设备总重,采用 t/元估算指标进行估算。

B. 工艺金属结构、工艺管道通常采用以吨、立方米或平方米为单位,套用技术标准、材质和规格、施工方法相适应的投资估算指标或类似工程造价资料进行估算。

C. 变配电、自控仪表安装工程通常一般先按材料费占设备费百分比投资估算指标计算出安装材料费,再分别根据相适应的占设备百分比(或按自控仪表设备台数,用台件/元指标估算)或占材料百分比的投资估算指标或类似工程造价资料计算设备安装费和材料安装费。

2) 基本预备费估算

基本预备费是指针对项目实施过程中可能发生难以预料的支出而事先预留的费用,主要指设计变更及施工过程中可能增加工程量的费用。一般由四部分构成:

(1) 在批准的初步设计范围内,技术设计、施工图设计及施工过程中所增加的工程费用;设计变更、工程变更、材料代用、局部地基处理等增加的费用。

(2) 一般自然灾害造成的损失和预防自然灾害所采取的措施费用。实行工程保险的工程项目,该费用应适当降低。

(3) 竣工验收时为鉴定工程质量对隐蔽工程进行必要的挖掘和修复费用。

(4) 超规超限设备运输增加的费用。

其计算公式为:

$$\text{基本预备费} = (\text{设备及工器具购置费} + \text{建筑安装工程费用} + \text{工程建设其他费用}) \times \text{基本预备费率} \tag{3-8}$$

3) 建设投资动态部分估算方法

(1) 价差预备费

$$PF = \sum_{t=0}^{n} I_t [(1+f)^t - 1] \tag{3-9}$$

式中:PF——价差预备费;

n——建设期年份数;

I_t——建设期中第 t 年的投资计划额,包括设备及工器具购置费、建筑安装工程费、工程建设其他费用及基本预备费;

f——年均投资价格上涨率。

【例 3-3】 某建设项目,建设期初预计建筑安装工程费和设备工器具购置费为 50 000 万元,工程建设其他费用 4 000 万元,基本预备费率为 10%,项目建设期为 3 年,投资分年使用比例为第一年 20%,第二年 55%,第三年 25%,建设期内预计年平均价格水平上涨率为 5%。试计算项目的预备费。

【解】 基本预备费　　　　　　$(50\,000+4\,000)\times 10\% = 5\,400$ 万元
涨价预备费
　投资计划总额　　　　$50\,000+4\,000+54\,000=59\,400$ 万元
　第一年末价差预备费　$59\,400\times 20\%\times[(1+0.05)^1-1]=594$ 万元
　第二年末价差预备费　$59\,400\times 55\%\times[(1+0.05)^2-1]=3\,348.675$ 万元
　第三年末价差预备费　$59\,400\times 25\%\times[(1+0.05)^3-1]=2\,340.731$ 万元

价差预备费　　　　$594+3\,348.675+2\,340.731=6\,283.406$ 万元
预备费　　　　　　$5\,400+6\,283.406=11\,683.406$ 万元

(2) 汇率变化对涉外建设项目动态投资的影响及计算方法

外币对人民币升值。项目从国外市场购买设备材料所支付的外币金额不变,但换算成人民币的金额增加;从国外借款,本息所支付的外币金额不变,但换算成人民币的金额增加。

外币对人民币贬值。项目从国外市场购买设备材料所支付的外币金额不变,但换算成人民币的金额减少;从国外借款,本息所支付的外币金额不变,但换算成人民币的金额减少。

(3) 建设期利息的估算计算方法详见本书 4.5.1 节建设期贷款利息的计算

【例 3-4】 某项目建设投资为 5 500 万元,建设期 2 年,第一年计划投资使用比例为 60%,其余为第二年计划投资额,建设期内年平均价格上涨率为 5%,则该项目第二年的价差预备费应为多少万元?

【解】 项目第二年的价差预备费
$$5\,500\times 40\%\times[(1+5\%)^2-1]=225.5\text{ 万元}$$

【例 3-5】 2000 年已建成年产 10 万吨的某钢厂,其投资额为 4 000 万元,2004 年拟建生产 50 万吨的钢厂项目,建设期 2 年。自 2000 年至 2004 年每年平均造价指数递增 4%,预计建设期 2 年平均造价指数递减 5%,估算拟建钢厂的静态投资额为多少万元(生产能力指数 n 取 0.8)?

【解】 拟建钢厂的静态投资额　$4\,000\times\left(\dfrac{50}{10}\right)^{0.8}\times(1+4\%)^4=16\,958$ 万元

【例 3-6】 某建设项目静态投资额为 3 000 万元(其中 1 000 万元为银行贷款,年实际利率 4%),建设期为 3 年,投资比例为第一年 20%,第二年 50%,第三年 30%,建设期内年平均价格上涨率为 5%,则该项目第三年投资的价差预备费为多少万元?

【解】 该项目第三年投资的价差预备费　$3\,000\times 30\%\times[(1+5\%)^3-1]=141.86$ 万元

【例 3-7】 某企业欲投资建设某化工项目,设计生产能力为 450 000 t。已知生产能力为 300 000 t 的同类项目投入设备费为 30 000 万元,设备综合调整系数为 1.1,该项目生产

能力指数估计为0.8。

该类项目的建筑工程费是设备费的10%,安装工程费为设备费的20%,其他工程费是设备费的10%。该三项的综合调整系数定为1.0,工程建设其他投资费用估算为100万元。

基本预备费率为10%,建设期内生产资料涨价预备费率为5%。

该项目自有资金30 000万元,其余通过银行贷款获得,年贷款利率为12%,按季计息。

自有资金筹资计划为:第一年12 000万元,第二年10 000万元,第三年8 000万元,建设期为3年,建设进度分别为30%、50%、20%。

投资计划为:第一年30%,第二年50%,第三年20%。

固定资产投资方向调节税免征。

估算该项目固定资产投资总额。

【解】 ① 生产能力指数法估算设备费

$$C = 30\,000 \times (45/30)^{0.8} \times 1.1 = 45\,644.3 \text{ 万元}$$

② 用比例法估算静态投资

$45\,644.3 \times (1 + 10\% \times 1.0 + 20\% \times 1.0 + 10\% \times 1.0) + 100 = 64\,002 \text{ 万元}$

$$\text{基本预备费} = 64\,002 \times 10\% = 6\,400.2 \text{ 万元}$$

包含基本预备费的静态投资:$64\,002 + 6\,400.2 = 70\,402.2$ 万元

③ 计算价差预备费

第一年含价差预备费的投资额 $= 70\,402.2 \times 30\% \times (1+5\%) = 22\,176.69$ 万元

第二年含价差预备费的投资额 $= 70\,402.2 \times 50\% \times (1+5\%)^2 = 38\,809.21$ 万元

第三年含价差预备费的投资额 $= 70\,402.2 \times 20\% \times (1+5\%)^3 = 16\,299.87$ 万元

④ 计算建设期借款利息

$$\text{实际年利率} = (1+12\%/4)^4 - 1 = 12.55\%$$

第一年的借款额 = 第一年的投资计划额 - 自有资金投资额 $= 22\,176.69 - 12\,000 = 10\,176.69$ 万元

第一年借款利息 $= (10\,176.69/2) \times 12.55\% = 638.59$ 万元

第二年的借款额 $= 38\,809.21 - 10\,000 = 28\,809.21$ 万元

第二年借款利息 $= (10\,176.69 + 638.59 + 28\,809.21/2) \times 12.55\% = 3\,165.10$ 万元

第三年的借款额 $= 16\,299.87 - 8\,000 = 8\,299.87$ 万元

第三年借款利息 $= (10\,176.69 + 638.59 + 28\,809.21 + 3\,165.10 + 8\,299.87/2) \times 12.55\% = 5\,890.91$ 万元

固定资产投资总额 $= 22\,176.69 + 638.59 + 38\,809.21 + 3\,165.10 + 16\,299.87 + 5\,890.91 = 86\,980.37$ 万元

4) 流动资金估算方法

流动资金估算一般采用分项详细估算法。个别情况或者小型项目可采用扩大指标法。

(1) 分项详细估算法

流动资金的显著特点是在生产过程中不断周转,其周转额的大小与生产规模及周转速

度直接相关。分项详细估算法是根据周转额与周转速度之间的关系,对构成流动资金的各项流动资产和流动负债分别进行估算。在可行性研究中,为简化计算,仅对存货、现金、应收账款和应付账款四项内容进行估算,计算公式为:

$$流动资金 = 流动资产 - 流动负债 \tag{3-10}$$

其中：

$$流动资产 = 应收账款 + 存货 + 现金$$

$$流动负债 = 应付账款$$

$$流动资金本年增加额 = 本年流动资金 - 上年流动资金$$

估算的具体步骤,首先计算各类流动资产和流动负债的年周转次数,然后再分项估算占用资金额。

① 计算周转次数

$$年周转次数 = 360 \div 最低周转天数 \tag{3-11}$$

$$周转次数 = 周转额 / 各项流动资金平均占用额$$

如果周转次数已知,则:

$$各项流动资金平均占用额 = 周转额 / 周转次数 \tag{3-12}$$

② 应收账款估算

$$应收账款 = 年销售收入 / 应收账款周转次数 \tag{3-13}$$

③ 存货估算

$$存货 = 外购原材料 + 外购燃料 + 在产品 + 产成品 \tag{3-14}$$

其中：　外购原材料占用资金 = 年外购原材料总成本 / 原材料周转次数

$$外购燃料 = 年外购燃料 / 按种类分项周转次数$$

$$在产品 = (年外购材料、燃料 + 年工资及福利费 + 年修理费 +$$
$$年其他制造费) / 产成品周转次数$$

$$产成品 = 年经营成本 / 产成品周转次数$$

④ 现金需要量估算

$$现金需要量 = (年工资及福利费 + 年其他费用) / 现金周转次数 \tag{3-15}$$

其中：　　年其他费用 = 制造费用 + 管理费用 + 销售费用 -
(以上三项费用中所含的工资及福利费、折旧费、维简费、摊销费、修理费)

⑤ 流动负债估算

流动负债是指在一年或者超过一年的一个营业周期内,需要偿还的各种债务。在可行性研究中,流动负债的估算只考虑应付账款一项。计算公式为:

$$应付账款 = (年外购原材料 + 年外购燃料) / 应付账款周转次数 \tag{3-16}$$

根据流动资金各项估算结果,编制流动资金估算表。

估算流动资金应注意以下问题:

A. 在采用分项详细估算法时,应根据项目实际情况分别确定现金、应收账款、存货和应付账款的最低周转天数,并考虑一定的保险系数。

B. 在不同生产负荷下的流动资金,应按不同生产负荷所需的各项费用金额,分别按照上述计算公式进行估算,而不能直接按照100%生产负荷下的流动资金乘以生产负荷百分比求得。

C. 流动资金属于长期性(永久性)流动资产,流动资金的筹措可通过长期负债和资本金(一般要求占30%)的方式解决。

【例3-8】 某建设项目达到设计生产能力后,全厂定员1 000人,工资和福利费按照每人每年20 000元估算。每年的其他费用为1 000万元,其中其他制造费600万元,现金的周转次数为每年10次。流动资金估算中应收账款估算额为2 000万元,应付账款估算额为1 500万元,存货估算额为6 000万元,则该项目流动资金估算额为多少万元?

【解】 现金 = (年工资福利费 + 年其他费用) ÷ 年周转次数
$$= (2 \times 1\,000 + 1\,000) \div 10 = 300 \text{ 万元}$$

流动资金 = 流动资产 − 流动负债
$$= 应收账款 + 存货 + 现金 − 应付账款$$
$$= 2\,000 + 6\,000 + 300 − 1\,500 = 6\,800 \text{ 万元}$$

【例3-9】 该项目达到设计生产能力以后,全厂定员1 100人,工资与福利费按照每人每年12 000元估算,每年的其他费用为860万元,生产存货占用流动资金估算为8 000万元,年外购原材料、燃料及动力费为20 200万元,年经营成本为24 000万元,各项流动资金的最低周转天数分别为:应收账款30天,现金45天,应付账款30天。用分项详细估算法估算拟建项目的流动资金。

【解】 估算流动资金:

应收账款 = 年经营成本 ÷ 年周转次数 = 24 000 ÷ (360 ÷ 30) = 2 000 万元

存货 = 8 000 万元

现金 = (年工资福利费 + 年其他费用) ÷ 年周转次数
$$= (1.2 \times 1\,100 + 860) \div (360 \div 45) = 272.5 \text{ 万元}$$

流动资产 = 应收账款 + 存货 + 现金 = 2 000 + 8 000 + 272.5 = 10 272.5 万元

应付账款 = 年外购原材料、燃料及动力总费用 ÷ 年周转次数
$$= 20\,200 \div (360 \div 30) = 1\,683.33 \text{ 万元}$$

流动负债 = 应付账款 = 1 683.33 万元

流动资金 = 流动资产 − 流动负债 = 10 272.5 − 1 683.33 = 8 589.17 万元

(2)扩大指标估算法

扩大指标估算法是根据现有同类企业的实际资料,求得各种流动资金率指标,亦可依据行业或部门给定的参考值或经验确定比率。公式为:

$$年流动资金额 = 年费用基数 \times 各类流动资金率 \tag{3-17}$$
$$年流动资金额 = 年产量 \times 单位产品产量占用流动资金额 \tag{3-18}$$

【例3-10】 某项目投产后的年产值为1.5亿元,其同类企业的百元产值流动资金占用

额为17.5元,试求该项目的流动资金估算额。

【解】 该项目的流动资金估算额为:
$$15\,000 \times 17.5/100 = 2\,625 \text{ 万元}$$

3.3 生产成本费用估算

估算总成本费用可分别采取项目成本估算法和要素成本估算法两种方法。前者是指通过分别估算每一个具体的成本项目来估算总成本费用的方法;后者是指通过分别估算每一类费用要素来估算总成本费用的方法。

3.3.1 以制造成本法估算项目总成本费用

$$\text{总成本费用} = \text{制造成本} + \text{期间费用} \tag{3-19}$$

其中:
$$\text{制造成本} = \text{直接材料费} + \text{直接燃料和动力费} + \text{直接工资及福利费} +$$
$$\text{其他直接支出} + \text{制造费用} \tag{3-20}$$
$$\text{期间费用} = \text{管理费用} + \text{销售费用} + \text{财务费用} \tag{3-21}$$

(1) 直接材料费 = 直接材料(燃料、动力)定额消耗量 × 计划单价

(2) 直接工资及福利费 = $\sum$[产品年产量 × 计件工资率 × (1+14%)]

(3) 制造费用:
$$\text{折旧费} = \text{固定资产原值} \times \text{年综合折旧率}$$
$$\text{维简费} = \text{产品产量} \times \text{定额费用}$$
$$\text{工资及福利费} = \text{车间管理人员工资} \times (1+14\%)$$
$$\text{其他制造费用} = \text{上述各项费用之和乘以一定百分比}$$

以上四项费用合计为产品制造费用。

(4) 产品制造成本 = 直接材料 + 直接工资与福利费 + 制造费用

(5) 管理费用 = 产品制造成本 × 规定百分比(如3%)

(6) 财务费用 = 借款利息净支出 + 汇兑净损失 + 银行手续费

其中:借款利息净支出 = 利息支出 − 利息收入

汇兑净损失 = 汇兑损失 − 汇兑收益

(7) 销售费用 = 销售收入 × 综合费率(如1% ~ 2%)

(8) 期间费用 = 管理费用 + 财务费用 + 销售费用

(9) 总成本费用 = 产品制造成本 + 期间费用

其中:可变成本 = 直接材料费 + 直接工资及福利费

固定成本 = 制造费用 + 期间费用

(10) 经营成本 = 总成本费用 − 折旧费 − 维简费 − 摊销费 − 利息支出

3.3.2 以费用要素法估算总成本费用

(1) 外购原材料、燃料动力。
(2) 工资及福利费。职工福利费一般按照工资总额的 14% 提取。
(3) 固定资产折旧费。
(4) 修理费。修理费可按下列公式之一估算：

$$修理费 = 固定资产原值 \times 计提比率(\%)$$
$$修理费 = 固定资产折旧额 \times 计提比率(\%)$$

(5) 摊销费。
(6) 维简费。计算公式为：

$$矿山维简费(或油田维护费) = 出矿量 \times 计提标准(元/t)$$

(7) 利息支出。
(8) 其他费用。一般按上述费用之和或工资总额的一定比例。
(9) 副产品回收。

$$副产品回收 = 副产品产量 \times 出厂单价$$

(10) 总成本费用。

$$总成本费用 = (1)+(2)+(3)+(4)+(5)+(6)+(7)+(8)-(9)$$
$$投产期各年总成本 = 可变成本 \times 生产负荷 + 固定成本$$

3.3.3 单位产品成本的估算

(1) 如果项目只生产单一产品，可按制造成本法直接计算出该产品的单位成本，或按完全成本法求出总成本，再除以年产量。
(2) 如果项目生产多种产品，则可采用以下两种方法：
① 先将总成本采用系数法在各种产品之间进行分配，确定各种产品的总成本，然后除以各种产品的年产量，便求得各产品的单位成本。
② 运用产品制造成本法按各种产品分别测算各车间单位产品生产成本，再逐步结转为各种产品的单位成本。

3.3.4 经营成本的估算

在项目评估中，不仅要估算总成本费用，而且还要估算固定成本、变动成本和经营成本。固定成本是指在一定相关范围内不随业务量发生任何变化的那部分成本；变动成本是指在一定相关范围内随业务量成正比例变化的那部分成本；混合成本是指介于固定成本和变动成本之间,既随业务量变化又可成正比例的那部分成本。经营成本是指项目总成本费用扣除折旧费、维简费、摊销费和利息支出以后的成本费用。

经营成本的计算公式为:

$$经营成本 = 总成本费用 - 折旧费 - 维简费 - 摊销费 - 财务费(利息支出) \quad (3-22)$$

经营成本是项目经济评价中的一个专门术语,是为项目评价的实际需要专门设置的。项目评价采用"经营成本"概念的原因在于:

(1) 折旧是对固定资产的折旧,摊销是对无形资产和其他资产的摊销。由于固定资产、无形资产和其他资产投资已在其发生的时间作为一次性支出被计作现金流出,所以不能将折旧费和摊销费在生产经营期再作为现金流出,否则会发生重复计算。

(2)《方法与参数》(第三版)规定,财务评价的现金流量表有项目投资现金流量表和项目资本金(自有资金)现金流量表。

项目投资现金流量表是在不考虑资金来源的前提下,以全部投资(固定资产投资和流动资金,不含建设期利息)作为自有资金为计算基础,因此,在考察经营成本时,生产经营期的利息支出不应包括在现金流出中。

3.4 销售收入、销售税金及附加的估算

在项目评估中,销售收入是指项目销售产品(提供劳务)取得的主营业务收入。估算销售收入主要考虑产品销售单价和产品年销售量两大因素。其中产品销售单价有口岸价格、计划价格、市场价格和自定价格 4 种价格可供选择。

3.4.1 销售收入的估算步骤

(1) 明确产品销售市场,根据项目的市场调查和预测分析结果,分别测算出外销和内销的销售量。

(2) 确定产品的销售价格。

(3) 确定销售收入。

$$销售收入 = 销售量 \times 销售单价 \quad (3-23)$$

3.4.2 销售税金及附加的估算

销售税金及附加的计征依据是项目的销售收入。销售税金及附加中不含有增值税,因为增值税是价外税。建设期的投资中应包含有增值税。

项目评估中的税金及附加主要指项目投产后依法交纳给国家和地方的主营业务(销售)税金及附加、增值税和所得税等税费。项目评估中的主营业务(销售)税金及附加包括营业税、消费税、城市维护建设税、资源税和教育费附加。

估算税金,主要应根据税法所规定的税目、税率、计算依据等,测算各项税金发生的时间和金额,掌握计税的技巧。

在项目评估中,人们针对增值税对现金流量内容的影响,提出了以下4种处理方式:

(1) 因为增值税属于价外税,不管是否考虑它,都不会影响净现金流量的计算结果,因此无论在现金流入还是现金流出项下均不反映任何增值税因素。这样最为简单,但不利于估算城市维护建设税和教育费附加。

(2) 从现实资金流动的角度看,增值税销项税额的确流入了企业,而进项税额则实实在在流出了企业,因此应按含税价分别计算销售收入和外购原材料燃料动力的成本,即将不含税销售收入调整为含税销售收入,将不含税成本调整为含税成本。同时,将增值税应交税额列入现金流出的"应交增值税"项目。

(3) 不计算含税销售收入,而是将"增值税销项税额"作为一项现金流入项目单独列示;与此相对应,在现金流出项下增设"增值税进项税额"项目。

(4) 无论是销项税额还是进项税额都不单独予以反映,而是在现金流入项下的"其他项目"中反映它们两者的差,增值税应交税额仍列入现金流出的"应交增值税"项目。

其中第二种方式与现行会计制度不一致,需要将不含税价调整为含税价;第三种方式将销项税额和进项税额分别列示,比较麻烦;此外,这两种方式都不利于城市维护建设税和教育费附加的估算。第四种方式不仅有利于估算城市维护建设税和教育费附加,而且相对比较简单,建议采用第四种方式。在项目评估中,对增值税有4种处理方式,建议采用第一种和第四种方式。

3.5 固定资产投资贷款还本付息估算

固定资产投资贷款还本付息估算主要是测算还款期的利息和偿还贷款的时间,从而观察项目的偿还能力和收益,为财务效益评价和项目决策提供依据。

3.5.1 还本付息的资金来源

根据国家现行财税制度的规定,贷款还本的资金来源主要包括可用于归还借款的利润、固定资产折旧、无形资产及递延资产摊销费和其他还款资金来源。

1) 利润

利润是企业在一定时期内从事生产经营活动所取得的财务成果。它能够综合地反映企业的生产经营各方面的情况,通常用利润总额和利润率来反映企业的水平。

项目评估中,利润总额等于产品销售(主营业务)收入减去主营业务税金及附加和总成本费用的差额。净利润是指利润总额扣除所得税后的差额。净利润首先应当用于弥补以前年度尚未弥补的亏损,然后按照相关法律规定的分配顺序与标准进行利润分配。首先,应按净利润与以前年度尚未亏损的差额和一定百分比分别提取法定盈余公积和法定公益金;其次,提取任意盈余公积(提取比例由企业自行决定);净利润做了上述扣除后加上年初未分配利润即可确定可供资本投资者(即企业所有者)分配的利润(或股利),最后如果仍有剩余,就是年末未分配利润。在项目评估中,可假定不存在年初未分配利润,也不提取任意盈余公积,可供投资者分配的利润等于应付利润。

利润的计算公式如下:

$$利润总额 = 销售收入 - 总成本费用 - 销售税金及附加 \tag{3-24}$$

$$净利润(税后利润) = 利润总额 - 所得税 \tag{3-25}$$

$$年应纳所得税额 = (年利润总额 - 弥补以前年度亏损) \times 适用的所得税税率(33\%) \tag{3-26}$$

注意:

项目在上一年度发生的亏损,可以用当年获得的所得税前利润弥补;

当年所得税前利润不足弥补的,可以在5年内用所得税前利润延续弥补;

延续5年未弥补的亏损,用缴纳所得税后的利润弥补。

税后利润按法定盈余公积金、应付利润及未分配利润等项进行分配。

$$法定盈余公积金 = (税后利润 - 弥补亏损) \times 10\% \tag{3-27}$$

注意:盈余公积金已达注册资金50%时可以不再提取。

用于归还贷款的利润,一般应是提取了盈余公积金、公益金后的未分配利润。如果是股份制企业需要向股东支付股利,那么应从未分配利润中扣除分配给投资者的利润,然后用来归还贷款。项目投产初期,如果用规定的资金来源归还贷款的缺口较大,也可暂不提取盈余公积金、公益金,但这段时间不宜过长,否则将影响到企业的扩展能力。

2) 固定资产折旧

鉴于项目投产初期尚未面临固定资产更新的问题,作为固定资产重置准备金性质的折旧基金,在被提取以后暂时处于闲置状态。

固定资产在生产过程中,由于损耗而使其价值逐渐减少,这种现象称为固定资产折旧。固定资产折旧计入产品成本的实质,是企业的固定资金转化为流动资金的过程。在这一过程中,企业固定资产所占用的资金由于损耗而减少,企业中产品、产成品所占用的资金由于产品价值的形成则增加,随着产品销售收回货币资金,这部分计入产品成本的折旧费就得到相应的补偿。为了保证固定资产再生产的资金来源,这部分由固定资金转化的流动资金,需要事先提存并单独积累,这就形成了折旧基金,专门用于固定资产的更新改造。由此可见,折旧是固定资产的价值损耗;折旧费或折旧额是转移到产品成本中去的那部分以货币表现的价值;而折旧的基金则是固定资产更新改造的一项资金来源。

我国现行固定资产折旧主要有3种方法:

(1) 平均年限法(直线法),计提折旧额与资产使用年限成正比。

(2) 余额递减法,一种典型的加速折旧法。该方法的特点是资产使用前期提取的折旧较多,随着时间的推移,提取额越来越少。

(3) 年数和折旧法,也是一种快速折旧法。此种方法的折旧率逐年递减,大部分资产价值在其寿命期的最初三分之一被提取折旧。

3) 无形资产及递延资产摊销费

摊销费是按现行的财务制度计入项目的总成本费用,但是项目在提取摊销费后,这笔资金没有具体的用途规定,具有"沉淀"性质,因此可以用来归还贷款。摊销费与折旧费具有类似的性质,所以在计算现金流量时,也可以把它列入折旧栏目中一并计算。

4) 其他还款资金

这是指按有关规定可以用减免的销售税金来作为偿还贷款的资金来源。进行预测时,如果没有明确的依据,可以暂不考虑。

项目在建设期借入的全部固定资产投资贷款本金及其在建设期的借款利息(即资本化利息)两部分构成固定资产投资贷款总额,在项目投产后可由上述资金来源偿还。

在生产期内,固定资产投资和流动资金的贷款利息,按现行的财务制度,均应计入项目总生产成本费用中的财务费用。

【例 3-11】 拟建某工业生产项目,基础数据如下:

固定资产投资 5 058.9 万元(其中,含无形资产 600 万元)。建设期 2 年,运营期 8 年。

本项目建设投资金来源为贷款和自有资金。贷款总额为 2 000 万元,在建设期内每年贷入 1 000 万元。贷款年利率为 10%(按年计息)。按照实际偿还能力偿还贷款。无形资产在运营期 8 年中均匀摊入成本。固定资产残值 300 万元,按照直线法折旧,折旧年限为 12 年。自有资金在建设期内均匀投入。

试计算每年的折旧费、无形资产的摊销费。

表 3-3 某工业生产项目基础数据表

序 号		1	2
1	固定资产投资		
1.1	其中:自有资金	1 529.45	1 529.45
1.2	贷款	1 000.00	1 000.00

【解】 第 1 年应计利息:

$$(0+1\ 000/2)\times 10\% = 50\ 万元$$

第 2 年应计利息:

$$[1\ 000+50+1\ 000/2]\times 10\% = 155\ 万元$$

建设期利息

$$50+155 = 205\ 万元$$

固定资产折旧费 = (固定资产原值 - 残值)/折旧年限

$$= [(5\ 058.90+205-600)-300]/12 = 363.66\ 万元$$

无形资产摊销费 = 无形资产/摊销年限 = 600/8 = 75 万元

3.5.2 还款方式及还款顺序

项目贷款的还款方式应根据贷款资金的不同来源所要求的还款条件来确定。

1) 国外(含境外)借款的还款方式

按照国际惯例,债权人一般对贷款本息的偿还期限均有明确的规定。要求借款方在规定的期限内按规定的数量还清全部贷款的本金和利息。因此,需要利用资本回收系数计算出在规定的期限内每年需归还的本息总额,然后按协议的要求分别采用等额还本付息或等额还本、利息照付两种方法。

2) 国内借款的还款方式

目前虽然借贷双方在有关的借贷合同中规定了还款期限,但在实际操作过程中,主要还是根据项目的还款资金来源情况进行测算。一般情况下,先偿还当年所需的外汇借款本金,然后按照先贷先还、后贷后还,利息高的先还,利息低的后还的顺序归还国内借款。

4 资金的时间价值

4.1 资金的时间价值的基本概念

4.1.1 资金的时间价值

同样数目的资金不同时间点价值不一样,不同时间点金额不等的资金价值相等。比如,10年前的100元和今年的100元价值不等,10年前的1 000元和今年的2 500元价值相等。

4.1.2 利息与利率

利息就是资金所有者将资金存入银行而暂时失去其使用权而获得的补偿。广义的利息除信贷利息外,还包含经营利润。经营利润是由于项目占用该资金而使投资者无法将资金挪作他用的一种补偿。从这个角度定义,利息指现有资金使用者对原资金所有者的一种补偿形式。

利率就是利息与本金的比值,一般以年为计息周期。有时也以季、月、旬、周、日为计息周期。

$$利率(i\%) = \frac{每单位时间增加的利息}{原金额(本金)} \times 100\% \tag{4-1}$$

利息是资金时间价值的一种表现形式,资金随时间推移而增值。利息是绝对的,而利率是相对的。

4.1.3 单利与复利

计算利息的方式有两种:单利和复利。

单利是指一笔资金,无论存期多长,每期算利息,只有本金计取利息,即"利不生利"。

复利是指一笔资金,除本金产生利息外,在下一个计息周期内,以前各计息周期内产生的利息也计算利息的计息方法,即"利滚利"。

4.1.4 现金流量图

现金流量图是描述现金流量作为时间函数的图形,它直观地用图形表示资金在不同时间点流入与流出的情况。现金流量图是资金时间价值计算中常用的工具。

现金流量图类似于力学中的受力分析图,力的三要素为"大小、方向、作用点",现金流量图的三大要素为"大小、流向、时间点"。

【例 4-1】 某投资项目,一次性投资 1 000 万元,从第一年年末开始连续 3 年收益 200 万元,第四年年末收益 300 万元。现金流量图如图 4-1 所示。

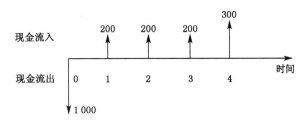

图 4-1 现金流量图

说明:

(1) 水平线是时间标度,时间的推移是自左向右,每一格代表一个时间单位(年、月、日);如以年为单位,"0"代表第一年年初,"1、2、3、4…"分别代表了第一年年末、第二年年末、第三年年末、第四年年末……

(2) 箭头表示现金流动的方向。向上代表现金的流入,向下代表现金的流出。

(3) 现金流量图与所选立脚点有关。假设第一年年初存 10 000 元到银行,站在个人角度是现金流出,站在银行角度是现金流入。

注意:

(1) 本年末即下一年年初。第一年年末的时刻点同时也表示第二年年初。

(2) 投资,假定发生在方案的寿命期初;方案实施过程中的经常性收入或支出,假定发生在当年年末。

(3) 立脚点不同,画法刚好相反。

(4) 净现金流量 = 现金流入 − 现金流出。

如果在同一个时间点,既有现金流入,又有现金流出,用净现金流量来简化现金流量图。

(5) 现金流量只计算现金收支(包括现钞、转账支票等凭证),不计算项目内部的现金转移(如折旧等)。比如,大一花 4 000 元购买笔记本,大四毕业时以 800 元卖掉。其现金流量图如图 4-2 所示。按平均年限法折旧,年折旧费=800 元/年。折旧费是笔记本由于使用造成价值每年的损失额,但实际未用现金去支出,在现金流量图中不表示。

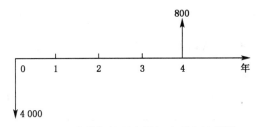

图 4-2 大学期间买卖笔记本现金流量图

【例 4-2】 某城市投资兴建一座桥梁,建设期 3 年,预计总投资 15 000 万元,所有投资从银行贷款,分 3 年等额投入建设(投资均在每年年初投入)。桥建好后即可投入使用。预计每天过往车辆 2 000 辆,每辆车收取过桥费 10 元,一年按 360 天计算。设该桥的寿命期为 50 年,桥梁每年的维修保养费为 10 万元。试绘制其现金流量图。

【解】 现金流量图如图 4-3 所示。

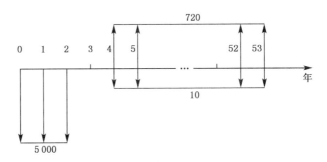

图 4-3 桥梁项目现金流量图

第 3 年年末即桥建好后的时间点,也是桥开始投入使用的时间点。自桥开始投入使用的第一年,当年收入和成本应计入当年年末,即第 4 年年末。桥的寿命期为 50 年,自第 4 年年末应连续有 50 个年收入、年成本。故年收入、年成本到第 53 年年末结束。

4.1.5 现值与终值

现值是指发生在(或折算为)某一特定时间序列起点的费用或效益,用 P 表示。
终值是指发生在(或折算为)某一特定时间序列终点的费用或效益,用 F 表示。
如图 4-4 所示。

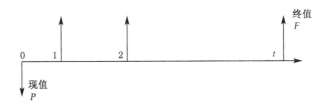

图 4-4 现值与终值现金流量图

4.1.6 年值

所谓年值是按照固定的、间隔时间相等的期间,陆续支付或领取的一系列同额款项,用 A 表示,如图 4-5 所示。

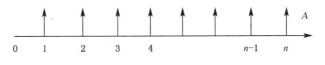

图 4-5 年值现金流量图

4.2 资金时间价值的计算

4.2.1 单利计算法

年初向银行存 P 资金,年利率为 i,按单利计息,n 年年末可取出多少?

表 4-1 单利计算表

年 份	本 金	当年应计息	本利和
1	P	$P \cdot i$	$P(1+i)$
2	P	$P \cdot i$	$P(1+2i)$
3	P	$P \cdot i$	$P(1+3i)$
…	…	…	…
n	P	Pi	$P(1+ni)$

由表 4-1 得:

利息 $\qquad I = P \cdot i \cdot n \qquad$ (4-2)

本利和 $\qquad F = P(1 + i \cdot n) \qquad$ (4-3)

【例 4-3】 假如以年利率 6%(单利)借入资金 1 000 元,共借 4 年,其偿还的情况如表 4-2 所示。

表 4-2 各年单利利息与年末欠款计算表

年 份	年初欠款	年末应付利息	年末欠款	年末偿还
1	1 000	1 000×0.06=60	1 060	0
2	1 060	1 000×0.06=60	1 120	0
3	1 120	1 000×0.06=60	1 180	0
4	1 180	1 000×0.06=60	1 240	1 240

4.2.2 复利法

年初向银行存 P 资金,年利率为 i,按复利计息,n 年年末可取出多少?

表 4-3 一次支付终值计算表

年 份	本 金	当年应计息	本利和
1	P	$P \cdot i$	$P(1+i)$
2	$P(1+i)$	$P(1+i) \cdot i$	$P(1+i)^2$
3	$P(1+i)^2$	$P(1+i)^2 \cdot i$	$P(1+i)^3$
…	…	…	…
n	$P(1+i)^{n-1}$	$P(1+i)^{n-1} \cdot i$	$P(1+i)^n$

由表 4-3 得：

本利和 $$F = P(1+i)^n \tag{4-4}$$

【例 4-4】 假如以年利率 6%（复利）借入资金 1 000 元，共借 4 年，其偿还的情况如表 4-4 所示。

表 4-4 各年复利利息与年末欠款计算表

年	年初欠款（元）	年末应付利息（元）	年末欠款（元）	年末偿还（元）
1	1 000	1 000×0.06＝60	1 060	0
2	1 060	1 060×0.06＝63.60	1 123.60	0
3	1 123.60	1 123.60×0.06＝67.42	1 191.02	0
4	1 191.02	1 191.02×0.06＝71.46	1 262.48	1 262.48

1）一次支付终值公式

图 4-6 一次支付终值公式的现金流量图

一次支付终值：

$$F = P(1+i)^n = P(F/P, i, n) \tag{4-5}$$

【例 4-5】 假设现在把 10 000 元存入银行，年利率为 10%，10 年后账上有存款多少？

【解】 现金流量图如图 4-7 所示。

图 4-7 例 4-5 现金流量图

$$F = 10\,000 \times (1+0.1)^{10} = 25\,937 \text{ 元}$$

或查复利系数表，$i=10\%, n=10, (F/P, i, n) = 2.593\,7, F = 10\,000(F/P, 10\%, 10) = 25\,937$ 元。

2) 一次支付现值公式

图 4-8 一次支付现值公式的现金流量图

一次支付现值：

$$P = F(1+i)^{-n} = F(P/F, i, n) \tag{4-6}$$

【例 4-6】 假设希望在第 10 年末得到 10 000 元钱的存款本息，银行年利率为 10%，现在应当在银行里存入多少钱？

【解】 现金流量图如图 4-9。

图 4-9 例 4-6 现金流量图

$P = 10\,000 \times (1+0.1)^{-10} = 3\,855.4$ 元,或查复利系数表,$i=10\%, n=10, (P/F, i, n) = 0.385\,5, P = 10\,000(P/F, 10\%, 10) = 3\,855$ 元。

3) 等额分付终值公式

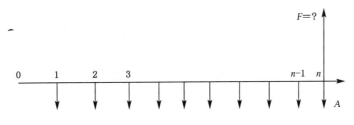

图 4-10 等额分付终值公式的现金流量图

等额分付终值公式

$$F = A(F/A, i, n) \tag{4-7}$$

【例 4-7】 某人每到年末向银行存款 1 000 元钱，连续 10 年，银行利率为 10%，问第 10

年末他的账上有多少存款?

【解】 现金流量图如图 4-11 所示。

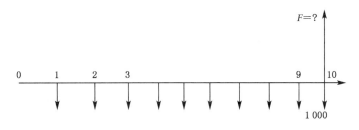

图 4-11 例 4-7 现金流量图

$F = 1\,000(F/A, i, n)$,查复利系数表,$i = 10\%$,$n = 10$,$(F/A, i, n) = 15.937\,4$,$F = 1\,000(F/A, i, n) = 15\,937.4$ 元。

年值终值公式的推导:

$$A(1+i)^{n-1} + A(1+i)^{n-2} + A(1+i)^{n-3} + \cdots + A(1+i) + A = F \quad (1)$$

式(1)两边同乘 $(1+i)$ 得:

$$A(1+i)^n + A(1+i)^{n-1} + A(1+i)^{n-2} + \cdots + A(1+i)^2 + A(1+i) = F(1+i) \quad (2)$$

式(2)减式(1)得:

$$A(1+i)^n - A = F \cdot i$$

$$F = A \cdot [(1+i)^n - 1]/i \tag{4-8}$$

在例 4-7 中,$F = A \cdot [(1+i)^n - 1]/i$,代入 $i = 10\%$,$n = 10$,得 $F = 15\,937.4$ 元。

4) 等额分付偿债基金公式

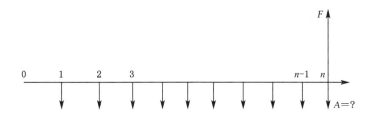

图 4-12 等额分付偿债基金公式的现金流量图

等额分付偿债基金公式:

$$A = F \cdot i/[(1+i)^n - 1] = F(A/F, i, n) \tag{4-9}$$

【例 4-8】 若要在 10 年以后偿还包括利息在内的 1 000 万元的资金,年利率为 10%,问每年应偿还多少?

【解】 现金流量图如图 4-13 所示。

图 4-13 例 4-8 现金流量图

$$A = F \cdot i/[(1+i)^n - 1]$$，代入 $i = 10\%, n = 10$，得 $A = 62.7$ 万元

或 $A = 1\,000(A/F, i, n)$ 查复利系数表，$i = 10\%, n = 10, (A/F, i, n) = 0.062\,7, A = 62.7$ 万元

5) 等额分付资本回收公式

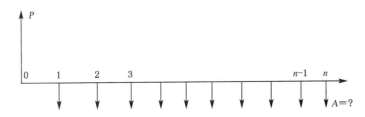

图 4-14 等额分付资本回收公式的现金流量图

等额分付资本回收公式：

$$A = P \cdot i(1+i)^n / [(1+i)^n - 1] = P(A/P, i, n) \tag{4-10}$$

【例 4-9】 元旦某人将 10 000 元存入银行，年利率为 10%，他想从第一年的 12 月 31 日起，分 10 年每年年末等额取回，问他每年可以取回多少？

【解】 现金流量图如图 4-15 所示。

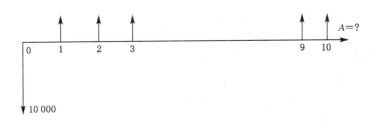

图 4-15 例 4-9 现金流量图

$$A = P \cdot i(1+i)^n / [(1+i)^n - 1]$$ 代入 $i = 10\%, n = 10$，得 $A = 1\,627$ 元

或 $A = 10\,000 \times (A/P, i, n)$ 查复利系数表，$i = 10\%, n = 10, (A/F, i, n) = 0.162\,7, A = 1\,627$ 元

6) 等额分付现值公式

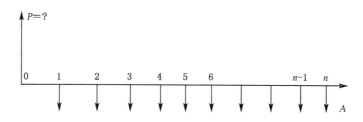

图 4-16 等额分付现值公式的现金流量图

等额分付现值公式：

$$P = A \cdot [(1+i)^n - 1]/i(1+i)^n = A(P/A, i, n) \tag{4-11}$$

【例 4-10】 为在未来的 10 年中，每年年末取回 10 000 元，现需以年利率 10% 向银行存入多少现金？

【解】 现金流量图如图 4-17 所示。

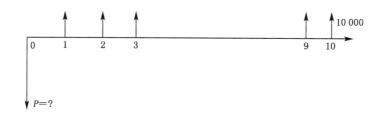

图 4-17 例 4-10 现金流量图

$P = 10\,000[(1+i)^n - 1]/i(1+i)^n$ 代入 $i = 10\%, n = 10$，得 $P = 61\,446$ 元

或 $P = 10\,000(P/A, i, n)$ 查复利系数表，$i = 10\%, n = 10, (P/A, i, n) = 6.144\,6, P = 61\,446$ 元

说明：复利计算的 6 个基本公式及注意事项：

(1) 一次支付终值：$F = P(1+i)^n = P(F/P, i, n)$

(2) 一次支付现值：$P = F(1+i)^{-n} = F(P/F, i, n)$

(3) 等额分付终值公式：$F = A(F/A, i, n)$

(4) 等额分付偿债基金公式：$A = F(A/F, i, n)$

(5) 等额分付资本回收公式：$A = P(A/P, i, n)$

(6) 等额分付现值公式：$P = A(P/A, i, n)$

总结：未知值大小 = 已知值大小 × (未知/已知, i, n)，复利系数 (未知/已知, i, n) 中未知/已知指时间关系。

运用公式应注意的问题：

(1) 本年的年末即是下一年的年初。

(2) P 是在当前年度开始时发生。

(3) F 是在当前以后的第 n 年年末发生。

(4) A 是在考察期间各年年末发生。当问题包括 P 和 A 时,系列的第一个 A 是在 P 发生一年后的年末发生;当问题包括 F 和 A 时,系列的最后一个 A 与 F 同时发生。

4.2.3 资金时间价值计算六大标准公式的推广

穿越是穿越时间和空间的简称。通俗的是指某人物因为某原因,经过某过程(也可以无原因、无过程),从所在时空(A 时空)穿越到另一时空(B 时空)的事件。

明天的昨天是昨天的明天,即今天。未来是因为现在而存在,过去,未来,将来从时间上来看是相对的。由此时间是可以穿越的,可以从古到今,可以原音重现;原本是未来的事情可以假定发生在现在。

说明:六大基本公式实际上是三组公式,现值、终值、年值的相互转换,所以只列 3 个,利用公式的可逆性即可得到另外 3 个。

1) 现值与终值的相互转换公式的推广

如图 4-18 所示,现金流量图与公式一一对应,运用公式的前提条件是现值发生在现在,即时间原点。能够解决的问题,现在投资一笔金额为 P 的资金,在确定的利率下,可计算出将来 n 年年末获得的资金的大小。现实问题,不一定现在(原点)投资。现金流量图如图 4-19 所示。

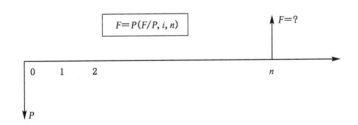

图 4-18 标准现金流量图及对应公式(P,F)

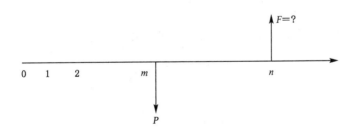

图 4-19 非标准现金流量图(P,F)

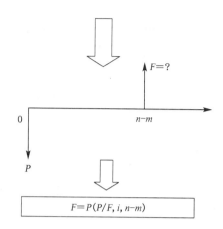

图 4-20 现值与终值相互转换公式的推广示意图

$$F = P(P/F, i, n-m) \tag{4-12}$$

m 年是相对现在的未来的 m 年,我们利用时间的穿越性,定为现在,非标准的现金流量图标准化,如图 4-20 所示,进而套用配套的公式,再研究原有现金流量图 4-19 和最后结论 [公式(4-12)] 之间的关系,可得到如下结论:单笔投资一次性回收资金的模型中,公式中的 n 指的是现值(投资)和终值(回收资本)发生时间点间隔的年限。

2) 年值与终值的相互转换公式的推广

如图 4-21 所示,现金流量图与公式一一对应,运用公式的前提条件是第一个年值发生在第一年的年末,终值和最后一个年值同时发生,能够解决的问题,第二年年初(第一年年末)连续 n 年投资 A 的资金,可计算出最后 n 年年末一次回收 F 资金的大小。现实问题,不一定第二年年初投资。现金流量图如图 4-22 所示。

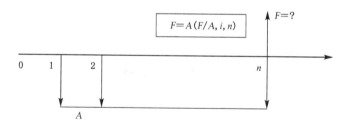

图 4-21 标准现金流量图及对应公式 (A, F)

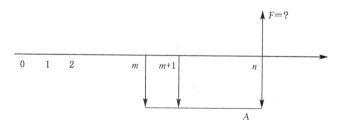

图 4-22 非标准现金流量图 (A, F)

4 资金的时间价值

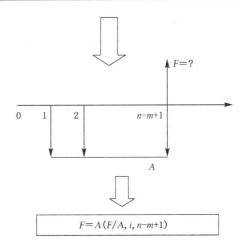

图 4-23 年值与终值的相互转换公式的推广示意图

$$F = A(F/A, i, n-m+1) \tag{4-13}$$

m 年是相对现在的未来的 m 年,我们利用时间的穿越性,定为现在,非标准的现金流量图标准化,如图 4-23 所示,进而套用配套的公式,再研究原有现金流量图 4-22 和最后结论[公式(4-13)]之间的关系,可得到如下结论:连续投资一次性回收资金的模型中,公式中 n 的起点指第一个年值发生的上一个时间点,终点指最后一个年值(终值)发生的时间点。但运用该公式的重要前提终值必须和最后一个年值同时发生。

3) 现值与年值的相互转换公式的推广

如图 4-24 所示,现金流量图与公式一一对应,运用公式的前提条件是第一个年值发生在第一年的年末,现值发生在现在,能够解决的问题,计划每年回收 A 的资金,可计算出现在投资额的大小。现实问题,不一定现在投资。现金流量图如图 4-25 所示。

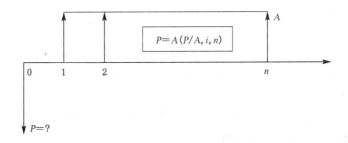

图 4-24 标准现金流量图及对应公式(A,P)

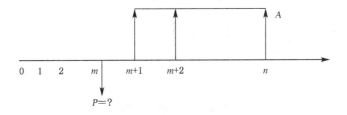

图 4-25 非标准现金流量图(A,P)

m 年是相对现在的未来的 m 年,我们利用时间的穿越性,定为现在,非标准的现金流量图标准化,如图 4-26,进而套用配套的公式,再研究原有现金流量图 4-25 和最后结论[公式(4-14)]之间的关系,单笔投资连续回收资金的模型中,公式中的 n 的起点指现值的时间点(第一个年值发生的上一个时间点),终点指最后一个年值发生的年限。但运用该公式的重要前提是现值必须在第一个年值的上一个时间点发生。

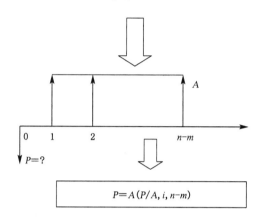

图 4-26 现值与年值的相互转换公式的推广示意图

$$P = A(P/A, i, n-m) \tag{4-14}$$

小结:进一步研究六大推广公式,我们发现公式若涉及单笔资金,时间 n 即两笔资金间隔的时间点,若涉及连续资金,在确保可用公式的前提下,时间 n 的起点指第一个年值的上一个时间点,终点指最后一个年值发生的时间点。

4.3 等值计算

等值(Equivalance Value)是指在不同的时间点上的两笔不同数额的资金具有相同的经济价值,用 E 表示。

例如,如图 4-27 所示,当 $i = 10\%$ 时,第一年年初的 100,第一年年末的 110,第二年年末的 121,第三年年末的 133 是等值的。

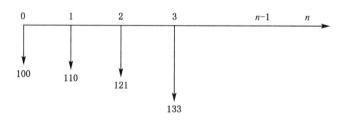

图 4-27 等值示意图

4 资金的时间价值

解释:第一种存钱方式,第一年年初存 100 元,则第一年年末可取出 $100 \times (1+10\%) = 110$ 元资金;第二种存钱方式,第一年年末存 110 元,则第一年年末可取出 110 元。两种存钱效果相同。所以,第一年年初向下流出的 100 和第一年年末向下流出的 110 是等值的。其余任意两笔资金均可按同类方法证明。

等值的资金可相互替换,不同时间点的资金相互等值替换就是等值计算。如图 4-29 所示,等值计算所用的公式与前面相同,所不同的是等值前后方向是同向的。下面以单笔资金为例予以说明。

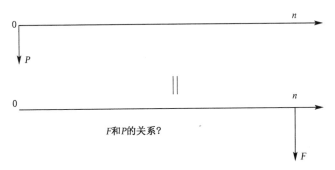

图 4-28 单笔资金等值推导示意图

如图 4-28 所示,假设第一年年初的 P 和 n 年年末的 F 是等值的,F 和 P 的关系?
第一种存钱方式:现在存 P 资金,那么 n 年年末可取出 $P(1+i)^n$。
第二种存钱方式:n 年年末存 F 资金,那么 n 年年末可取出 F。
如果是等值,结果相同,则 $F = P(1+i)^n = P(F/P, i, n)$

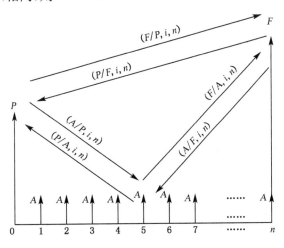

图 4-29 等值基本公式相互关系示意图

【例 4-11】 有如图 4-30 所示现金流量,写出 A 和 F 之间的关系。

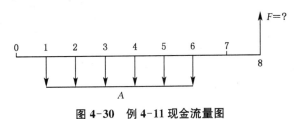

图 4-30 例 4-11 现金流量图

【解】 (1) 方法一

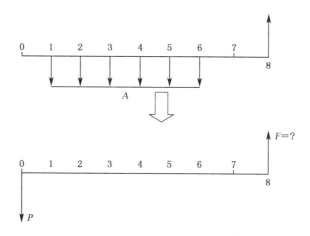

图 4-31 例 4-11 等值的现金流量图 1

假设第一年年初向下的 P 和 $1\sim6$ 年向下的 A 是等值的,由等值关系,得:

$$P = A(P/A, i, 6)$$

再由现金流量图 4-31 和一次支付终值公式得 $F = P(F/P, i, 8)$,所以:

$$F = A(P/A, i, 6)(F/P, i, 8)$$

(2) 方法二

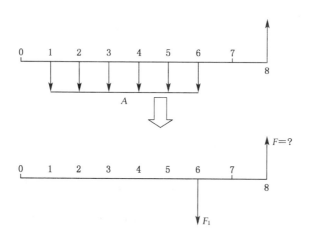

图 4-32 例 4-11 等值的现金流量图 2

假设第 6 年年末向下的 F_1 和 $1\sim6$ 年向下的 A 是等值的,由等值关系,得:

$$F_1 = A(F/A, i, 6)$$

再由现金流量图 4-32 和一次支付终值公式得 $F = F_1(F/P, i, 2)$,所以:

$$F = A(F/A, i, 6)(F/P, i, 2)$$

【例 4-12】 某公司第一年年初向银行借款 100 万元,第一年年末又借款 100 万元,第三年年初再次借款 100 万元,年利率均为 10%,到第四年年末一次偿清,应付本利和为多少万元?

【解】 (1) 方法一

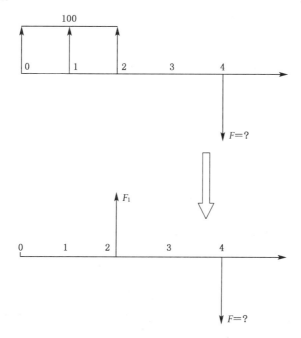

图 4-33 例 4-12 等值的现金流量图 1

假设第二年年末向上的 F_1 和 $0 \sim 2$ 年向上的 100 是等值的,由等值关系,得:

$$F_1 = 100(F/A, 10\%, 3)$$

再由现金流量图 4-33 和一次支付终值公式得 $F = F_1(F/P, i, 2)$,所以:

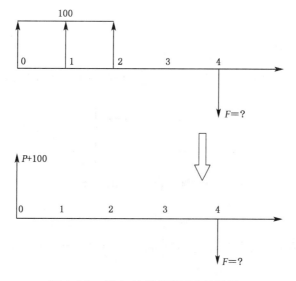

图 4-34 例 4-12 等值的现金流量图 2

$$F = 100(F/A,10\%,3)(F/P,i,2) = 100 \times 3.3100 \times 1.2100 = 400.51 \text{ 万元}$$

(2) 方法二

假设第一年年初向上的 P 和 $1 \sim 2$ 年向上的 100 是等值的，由等值关系，得：

$$P = 100(P/A,10\%,2)$$

再由现金流量图 4-34 和一次支付终值公式得：

$$F = (P+100)(F/P,i,4)$$

所以：

$$\begin{aligned} F &= [100(P/A,10\%,2)+100](F/P,i,4) \\ &= [100 \times 1.7355 + 100] \times 1.4641 \\ &= 400.51 \text{ 万元} \end{aligned}$$

【例 4-13】 某现金流量如图 4-35，k 年末的 P 和 $m-n$ 年的年值 A 是等值的，计算期利率为 i，写出 A 和 P 之间关系的表达式。

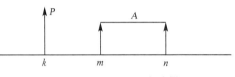

图 4-35　例 4-13 现金流量图

【解】 假设 $m-1$ 年年末的 P_1 和 $m-n$ 年的年值 A 是等值的，如图 4-36 所示，那么由等值关系得：

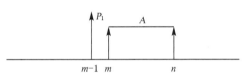

图 4-36　例 4-13 等值的现金流量图 1

$$P_1 = A(P/A,i,n-m+1)$$

而 k 年末的 P 和 $m-n$ 年的年值 A 是等值的，所以 k 年末的 P 和 $m-1$ 年年末的 P_1 是等值的，则：

$$P = P_1(P/F,i,m-k-1)$$

故

$$P = A(P/A,i,n-m+1)(P/F,i,m-k-1)$$

假设 n 年年末的 F 和 $m-n$ 年的年值 A 是等值的，如图 4-37 所示，那么由等值关系得：

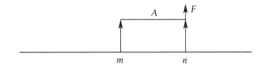

图 4-37　例 4-13 等值的现金流量图 2

$$F = A(F/A,i,n-m+1)$$

而 k 年末的 P 和 $m-n$ 年的年值 A 是等值的，所以 k 年末的 P 和 n 年年末的 F 是等值的，则：

$$P = F(P/F,i,n-k)$$

故
$$P = A(F/A, i, n-m+1)(P/F, i, n-k)$$

【例 4-14】 假定现金流量是:第 6 年年末支付 300 元,第 9、10、11、12 年年末各支付 60 元,第 13 年年末支付 210 元,第 15、16、17 年年末各获得 80 元。按 5% 计息,与此等值的现金流量的现值 P 为多少?

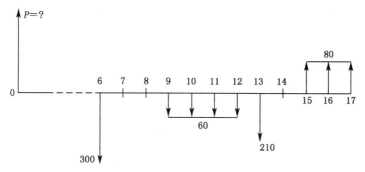

图 4-38 例 4-14 现金流量图

【解】 现金流量图如图 4-38 所示。

(1) 方法一

$P = -300(P/F,5\%,6) - 60(P/A,5\%,4)(P/F,5\%,8) - 210(P/F,5\%,13) + 80(P/A,5\%,3)(P/F,5\%,14)$

$= -300 \times 0.7462 - 60 \times 3.5456 \times 0.6768 - 210 \times 0.5303 + 80 \times 2.7232 \times 0.5051$

$= -369.16$

(2) 方法二

$P = -300(P/F,5\%,6) - 60(F/A,5\%,4)(P/F,5\%,12) - 210(P/F,5\%,13) + 80(F/A,5\%,3)(P/F,5\%,17)$

$= -300 \times 0.7462 - 60 \times 4.3101 \times 0.5568 - 210 \times 0.5303 + 80 \times 3.153 \times 0.4363$

$= -369.16$

【例 4-15】 某项目现金流量图如图 4-39 所示(单位:元)。若年利率为 5%,求图中的现值、终值、第 5 年末的等值。

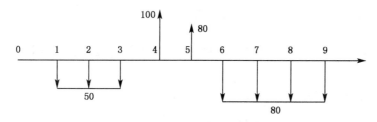

图 4-39 例 4-15 现金流量图

【解】 如图 4-40 所示：

现值 $P = -50(P/A,5\%,3) + 100(P/F,5\%,4) + 80(P/F,5\%,5) - 80(P/A,5\%,4)(P/F,5\%,5) = -50 \times 2.7232 + 100 \times 0.8227 + 80 \times 0.7835 - 80 \times 3.5460 \times 0.7835 = -213.47$

终值 $F_1 = -213.47(F/P,5\%,9) = -213.47 \times 1.5513 = -331.16$

第 5 年年末的等值 $F_2 = -213.47(F/P,5\%,5) = -213.47 \times 1.2763 = -272.45$

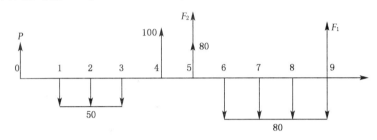

图 4-40 例 4-15 等值示意图

4.4 名义利率与实际利率

4.4.1 名义利率和计息周期利率的关系

所谓名义利率或称虚利率非实效利率，例如，年利率是 12%，按月计息，则 12% 的利率是名义利率，而实际计息的利率是 1%，1% 称为计息周期的利率（计息周期有效利率）。

（年）名义利率 = 每一计息期的有效利率 × 一年中计息期数　　　　(4-15)

【例 4-16】 已知某项目的计息期为月，月利率为 4‰，则项目的名义利率为多少？

【解】 名义利率　　$12 \times 4‰ = 48‰ = 4.8\%$

4.4.2 名义利率与有效利率的关系

推导过程：

若名义利率用 i_n 表示，实际利率用 i 表示，一年中计息 n 次，那么，计息周期的利率为 i_n/n。

代入一次支付终值公式得复利终值

$$F = P(1+i) = P(1+i_n/n)^n$$

其中，利息部分

$$I = P[(1+i_n/n)^n - 1]$$

因利率是利息与本金之比,所以

$$i = (1+i_n/n)^n - 1 \qquad (4\text{-}16)$$

【例 4-17】 某厂向外商订购设备,有两个银行可以提供贷款,甲银行年利率为 17%,计息周期为年,乙银行年利率为 16%,计息周期为 1 个月,试比较向哪家银行贷款较优。

【解】 甲行的年有效利率

$$i = i_n = 17\%$$

乙行的年有效利率

$$i = (1+16\%/12)^{12} - 1 = 17.23\%$$

因为乙行的实际利率略高于甲行的实际利率,故应向甲行贷款为宜。

【例 4-18】 2013 年 9 月,赵同学向银行贷款 40 000 元,约定工作 3 年后一次还款。银行当时计算利息的方式有以下 3 种:①年贷款利率为 5.6%,每年计息一次;②年贷款利率为 5.5%,每半年计息一次;③年贷款利率为 5.3%,每季度计息一次。那么赵同学应选择哪种贷款方式?

【解】 计算 3 种还款方式的年有效利率,选择年有效利率小的还款方式。

① 年贷款利率为 5.6%,每年计息一次,年有效利率是 5.6%。

② 年贷款利率为 5.5%,每半年计息一次,则年有效利率为:

$$(1+5.5\%/2)^2 - 1 = 5.5756\%$$

③ 年贷款利率为 5.3%,每季度计息一次,则年有效利率为:

$$(1+5.3\%/4)^4 - 1 = 5.4063\%$$

所以赵同学应选择第三种贷款方式。

【例 4-19】 现投资 1 000 元,时间为 10 年,年利率为 8%,每季度计息一次,求 10 年末的将来值。

【解】 每季度的有效利率为 8%÷4=2%,用年有效利率求解,现金流量图如图 4-41 所示。

图 4-41 按年有效利率求解现金流量图

年有效利率 i 为:

$$i = (1+2\%)^4 - 1 = 8.2432\%$$

47

$$F = 1\,000(F/P, 8.243\,2\%, 10) = 1\,000 \times (1 + 8.243\,2\%)^{10} = 2\,208 \text{ 元}$$

用季度利率求解,现金流量图如 4-42 所示。

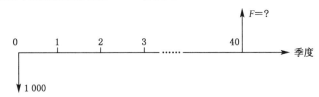

图 4-42 按季度利率求解现金流量图

$$F = 1\,000(F/P, 2\%, 40) = 1\,000 \times 2.208\,0 = 2\,208 \text{ 元}$$

【**例 4-20**】 某企业向银行借款 1 000 万元,年利率为 4%,如按季度计息,则 3 年后应偿还本利和累计为多少万元?

【**解**】 按季度利率求解较为简便。现金流量图如图 4-43 所示。

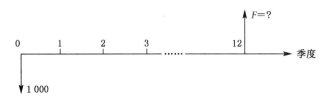

图 4-43 例 4-20 现金流量图

$$F = 1\,000(F/P, 1\%, 4 \times 3) = 1\,000(F/P, 1\%, 12) = 1\,000 \times 1.126\,8$$
$$= 1\,127 \text{ 万元}$$

【**例 4-21**】 按年利率为 12%,每季度计息一次,从现在起连续 3 年的等额年末支付借款为 1 000 元,问与其等值的第 3 年年末需支付的借款金额为多少?

【**解**】 其现金流量如图 4-44 所示。

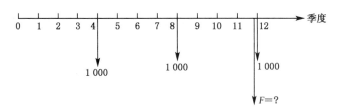

图 4-44 例 4-21 现金流量图

(1) 方法一:取一个循环周期,使这个周期的年末支付转变成等值的计息期末的年值系列,其现金流量见图 4-45。

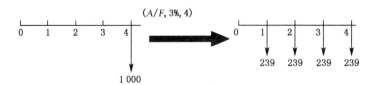

图 4-45 一个循环周期内的年末支付等值转换季度支付示意图

将年度支付转化为计息期末支付(单位:元):

$$A = F(A/F, 3\%, 4) = 1\,000 \times 0.239\,0 = 239 \text{ 元}$$

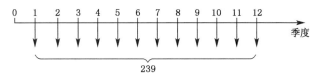

图 4-46　等值转换后的现金流量图

经转变后的现金流量图如图 4-46 所示(单位:元)。

$$F = A(F/A, 3\%, 12) = 239 \times 14.192 = 3\,392 \text{ 元}$$

(2) 方法二:把等额支付的每一个支付看作为一次支付,求出每个支付的将来值,然后把将来值加起来,这个和就是等额支付的实际结果。

$$\begin{aligned} F &= 1\,000(F/P, 3\%, 8) + 1\,000(F/P, 3\%, 4) + 1\,000 \\ &= 1\,000 \times 1.266\,8 + 1\,000 \times 1.125\,5 + 1\,000 \\ &= 3\,392 \text{ 元} \end{aligned}$$

(3) 方法三:将名义利率转化为年有效利率,以一年为基础进行计算。

年有效利率 i 为:

$$i = \left(1 + \frac{r}{n}\right)^n - 1 = \left(1 + \frac{0.12}{4}\right)^4 - 1 = 12.55\%$$

$$F = A(F/A, 12.55\%, 3) = 1\,000 \times 3.392\,3 = 3\,392 \text{ 元}$$

【例 4-22】 赵先生向银行申请住房贷款 40 万元,贷款期限为 20 年,每年年末还款。银行贷款年利率为 8%,银行采用复利法计算利息,但银行要求每半年计算一次利息,赵先生每年该还款多少?

【解】 (1) 方法一

年有效利率　　　　$i = (1 + 8\%/2)^2 - 1 = 8.16\%$

每年还款 $A = 40(A/P, 8.16\%, 20) = 40 \times 8.16\% \times (1 + 8.16\%)^{20} / [(1 + 8.16\%)^{20} - 1] = 4.124$ 万元

(2) 方法二

半年利率 $8\%/2 = 4\%$,取 2 个半年为一个周期,将每年支付转化为每半年支付,现金流量图如图 4-47、图 4-48 所示。

图 4-47　例 4-22 现金流量图

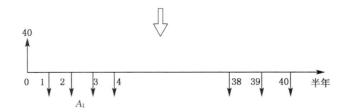

图 4-48　年末支付等值转化半年支付后的现金流量图

由等值关系得：
$$A_1 = A(A/F, 4\%, 2)$$

又由现金流量图 4-48 得：
$$A_1 = 40(A/P, 4\%, 40)$$

联立求解，每年还款　　　$A = 4.124$ 万元

说明：周期性的间断的金额相等的一列资金都可运用等值的关系转化为连续的等额资金。原理和例 4-21、例 4-22 相同。

4.5　贷款利息的计算

4.5.1　建设期贷款利息

由于建设期只有投入没有产出，所以整个建设期无偿还能力。建设期贷款在年内均衡发放时，当年贷款按半年计息。

由图 4-49 可得建设期贷款利息的计算公式：
$$q_j = (P_{j-1} + A_j/2) \cdot i \tag{4-17}$$

式中：q_j——建设期第 j 年应计的利息；

p_{j-1}——建设期第 $j-1$ 年年末贷款本息总和；

A_j——建设期第 j 年的贷款额；

i——年利率。

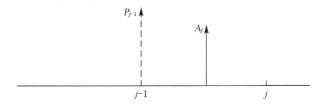

图 4-49　建设期贷款利息求解示意图

【例 4-23】 某项目总投资 1 800 万元,第一年投资 800 万元,第二年投资 600 万元,第三年投资 400 万元,全部向银行贷款,贷款在年内均衡发放,建设期内年利率为 12%,则建设期应向银行付多少利息?

【解】 第一年应计息　$q_1 = 800/2 \times 12\% = 48$ 万元

第一年年末累计贷款本息和　$P_1 = 800 + 48 = 848$ 万元

第二年应计息　$q_2 = (P_1 + 600/2) \times 12\% = 137.76$ 万元

第二年年末累计贷款本息和　$P_2 = 848 + 600 + 137.76 = 1585.76$ 万元

第三年应计息　$q_3 = (P_2 + 400/2) \times 12\% = 214.29$ 万元

建设期应向银行支付利息　$q_总 = 48 + 137.76 + 214.29 = 400.05$ 万元

【例 4-24】 某新建项目,建设期为 3 年,分年均衡贷款,第一年贷款 300 万元,第二年贷款 600 万元,第三年贷款 400 万元,年利率为 12%,计算建设期贷款利息。

【解】 第一年应计息　$q_1 = 300/2 \times 12\% = 18$ 万元

第一年年末累计贷款本息和　$P_1 = 300 + 18 = 318$ 万元

第二年应计息　$q_2 = (P_1 + 600/2) \times 12\% = 74.16$ 万元

第二年年末累计贷款本息和　$P_2 = 318 + 600 + 74.16 = 992.16$ 万元

第三年应计息　$q_3 = (P_2 + 400/2) \times 12\% = 143.06$ 万元

建设期应向银行支付利息　$q_总 = 18 + 74.16 + 143.06 = 235.22$ 万元

4.5.2 还款期贷款利息

还款期第 j 年应计的利息:

$$q_j = P_{j-1} \times i \tag{4-18}$$

式中:P_{j-1}——第 $j-1$ 年年末累计应还贷款本息和;

i——年利率。

说明:公式是银行按年计息,借款人按年还款,用年利率。若银行按月计息,借款人按月偿还,则用月利率。

还款方式(以房贷为例):

等额本息法:每月以相等的金额偿还贷款本息,当月的利息当月偿还。

等额本金法:每月等额偿还本金,当月的利息当月偿还。

【例 4-25】 首付三成按揭公积金贷款 10 年月供购买 100 m² 的住房,房价为 10 000 元/m²,每月还款多少?每月偿还多少利息,多少本金?个人住房公积金房贷利率见表 4-5。等额本息法和等额本金法还贷方式的区别?购买者应选择哪一种还贷方式?

表 4-5　最新个人住房公积金房贷利率表

五年以下(含五年)	4.00%
五年以上	4.50%

【解】（1）等额本息法还款计算原理

① 每月应还本付息总额,月供

$$A = P(A/P, i, 12n) = \frac{Pi(1+i)^{12n}}{(1+i)^{12n}-1}$$

$$i = \frac{年利率(名义)}{12}$$

式中:n——贷款年限;
P——贷款总额。

② 每月应计利息 = 每月偿还利息 = 月初贷款 × 月利率
③ 每月偿还本金 = 当月月供(A) − 每月偿还利息
④ 月末剩余贷款 = 月初贷款 + 每月应计利息 − 当月月供 = 月初贷款 − 每月偿还本金

由等额本息法计算原理可得每月还款明细,见表 4-6。

表 4-6 等额本息明细表(元)

月次	月初贷款	偿还利息	偿还本金	当月月供	月末剩余贷款
1 月	700 000	2 625.00	4 629.69	7 254.69	695 370.31
2 月	695 370.31	2 607.64	4 647.05	7 254.69	690 723.26
3 月	690 723.26	2 590.21	4 664.48	7 254.69	686 058.78
4 月	686 058.78	2 572.72	4 681.97	7 254.69	681 376.81
…	…	…	…	…	…
119 月	14 428.17	54.11	7 200.58	7 254.69	7 227.59
120 月	7 227.59	27.10	7 227.59	7 254.69	0.00

其中:公积金贷款年利率为 4.50%,按月计息,即月利率为 4.50%/12 = 0.375%,每月偿还:

$$A = 70\,000(A/P, 0.375\%, 120)$$
$$= \frac{70\,000 \times 0.375\% \times (1+0.375\%)^{120}}{(1+0.375\%)^{120}-1}$$
$$= 7\,254.69 \text{ 元}$$

(2) 等额本金法还款计算原理

① 每月偿还本金:$\frac{P}{12n}$

式中:n——贷款年限;
P——贷款总额。

② 每月应计利息 = 每月偿还利息 = 月初贷款 × 月利率
③ 当月月供 = 每月偿还本金 + 每月偿还利息
④ 月末剩余贷款 = 月初贷款 + 每月应计利息 − 当月月供 = 月初贷款 − 每月偿还本金

由等额本金法计算原理可得每月还款明细,见表 4-7。

4 资金的时间价值

表 4-7 等额本金明细表

月次	月初贷款(元)	偿还利息(元)	偿还本金(元)	当月月供(元)	月末剩余贷款(元)
1月	700 000	2 625.00	5 833.33	8 458.33	694 166.67
2月	694 166.67	2 603.12	5 833.33	8 436.46	688 333.33
3月	688 333.33	2 581.25	5 833.33	8 414.58	682 500.00
4月	682 500.00	2 559.38	5 833.33	8 392.71	676 666.67
...	...	...	...	...	...
119月	11 666.67	43.75	5 833.33	5 877.08	5 833.33
120月	5 833.33	21.87	5 833.33	5 855.20	0.00

其中公积金贷款年利率为 4.50%,按月计息,即月利率为 4.50%/12 = 0.375%,每月偿还本金 7 000 000/120 = 5 833.33 元。

(3) 个人住房贷款还款方式的区别

表 4-8 个人住房贷款两种还款方式对比

还款方式	贷款总额(元)	还款总额(元)	支付利息(元)
等额本息	700 000	870 562.63	170 562.63
等额本金	700 000	858 812.50	158 812.50

从表 4-8 可看出,等额本金法支付利息较少,还款总额较低。

① 利息的本质

利息,顾名思义,"利率生生不息",前者指具体数字,后者指时间。如果储户存款到银行,存的时间越长,利率越高,利息也越多。就个人住房贷款而言,还款的时间越久,贷款的利率越高,偿还给银行的利息也越多。等额本息法和等额本金法由于贷款本金、贷款时间和贷款利率均相同,所以银行未多算或少算利息。

可见,不管采取哪种贷款还款方式,银行和借款人之间是公平的交易,银行人未多收利息,借款人也未少还利息。

② 月供区别及原因

等额本息还款法每月还款额中的本金都不相同,偿还利息逐月减少,偿还本金逐月增加,本息合计(月供)每月相等。

等额本金还款法每月还款额中的本金都相同,偿还的利息逐月减少,本息合计(月供)逐月递减。

由银行计息本质以及两种还款利息的计算公式,月供中每月应计利息=每月偿还利息=月初贷款×月利率。

等额本息还款法,每月以相等的金额偿还贷款本息,当月的利息当月偿还。月初贷款由于每月均有本金还款,所以月初贷款不断减少,在月利率保持不变的情况下,每月偿还的利息随月初贷款的减少而减少;由于每月偿还的本息(月供)相同,每月偿还的本金随每月偿还的利息的减少而增加。

等额本金还款法,每月等额偿还本金,当月的利息当月偿还。月初贷款由于每月均有本金还款,所以月初贷款不断减少,在月利率保持不变的情况下,每月偿还的利息随月初贷款的减少而减少;由于每月偿还的本金相同,每月偿还的本息(月供)随每月偿还的利息的减少而减少。

③ 还款总额和支付总利息区别及原因

等额本息法和等额本金法,两种还款方式每月偿还的利息只与月初贷款和月利率相关。而无论哪种还款,月利率相同,决定每月还款利息的大小就是月初贷款的多少。

$$当月月初借款 = 上月月末剩余贷款 = 上月月初贷款 - 上月偿还本金$$

相同的公积金贷款,首月还款利息由于月初贷款即总贷款金额相同导致两种还款首月还款利息相同。

等额本息还款法的首月本金月还款额为 4 629.69 元,而等额本金还款法的每月本金还款额为 5 833.33 元。

第二个月还款利息与第二个月月初贷款成正比,而第二个月月初贷款即第一个月月初贷款扣除第一个月偿还本金,由于第一个月月初贷款相同且等额本息法还款首月偿还本金较少,所以第二个月等额本息法偿还利息较多。

第三个月还款利息与第三个月月初贷款成正比,而第三个月月初贷款即第二个月月初贷款扣除第二个月偿还本金,第二个月月初贷款即第一个月月初贷款扣除第一个月偿还本金,所以:

$$第三个月月初贷款 = 第一个月月初贷款 - 第一个月偿还本金 - 第二个月偿还本金$$
$$第三个月偿还利息 = 第三个月月初贷款 \times 月利率$$

两种还款方式,第一个月月初贷款相同且等额本息法还款首月偿还本金较少。

依此类推……

等额本息法相对于等额本金法,由于前期偿还本金较少,导致前期偿还利息较多,最终导致总利息较多。同时,由于等额本息法支付利息较多,还款本金总额均为贷款总额,所以偿还贷款总额较多。

等额本息法和等额本金法,就利息而言,没有本质的区别,无非还款本金的先后导致利息数量有区别。由于欠债还款,天经地义,理只有一个,两种还款殊途同归,所以从利息的角度非要分析两种还款方式的优劣没有任何的意义。没有好与坏,只有合适与否。

等额本息法,十年如一月,月供均相同。这种有规律的还款是一种有条不紊按部就班的生活习惯的表现,所以比较适合于公务员、高校教师、医生等收入和工作机会相对稳定的群体。同时,等额本息法归还本金速度较慢,有利于借款人理性理财(如以租养房等),用银行的贷款进行收益更高的投资。

等额本金法前期月供还款较多,后期月供还款较少,是一种先苦后甜的还款方式。该还款方式前期还款压力较大,适合收入较高或想提前还款人群。该还款方式后期还款压力较小,适合长远规划后期用多余的钱去投资。

5 工程项目经济评价指标及评价方法

单一方案评价实质是在"可行"与"不可行"之间进行选择。单一方案在经济上是否可行,取决于方案自身的经济性,即方案的经济效果是否达到预先确定的评价标准。具体的方法就是计算方案的经济效果指标,并按照指标的判别准则进行判断即可。

5.1 工程经济评价方法概述

5.1.1 评价指标的分类

为了全面地反映项目的经济效果,形成了不同的项目经济评价指标和方法。按照是否考虑资金的时间价值,经济效果评价指标分为静态评价指标和动态评价指标。不考虑资金时间价值的评价指标称为静态评价指标;考虑资金时间价值的评价指标称为动态评价指标。静态评价指标主要用于数据不完备和精确度要求较低的项目初选阶段;动态评价指标则用于项目最后决策的可行性研究阶段。采用静态指标评价项目经济效果的方法称为静态评价方法;采用动态指标评价项目经济效果的方法称为动态评价方法。常用的评价指标见图 5-1 所示。

作为投资人,决定投资的影响因素是投资效果、投资资金回收时间的长短。如果是负债投资项目,涉及项目债还能力(还债的时间长短、偿还债务和利息的能力)。

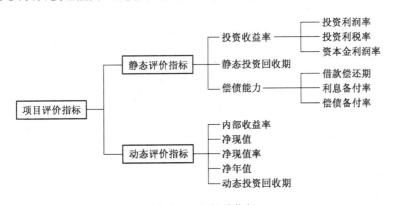

图 5-1 项目评价指标

5.1.2 项目计算期

计算期包括建设期和生产期。建设期指从开始施工阶段到全部建成投产所需的时间年。建设期的特点是只有投入,没有或少有产出。生产期指从建成到全部固定资产报废为止所经历的时间,包括投产期和达产期。

对于不同的工程投资项目,其现金流量的分布,资金的回收时间安排往往会有差异。若项目的计算期确定得太短,就有可能在决定项目取舍或投资方案比较或选择时,错过一些具有更大潜在盈利机会的投资项目。但项目的计算期又不宜定得过长,一方面,经济情况发生变化的可能性会变大,从而使计算误差变大;另一方面,按折现法计算,将几十年后的收益金额折现为现值,数额较小,不会对评价结论发生关键性影响。因此,在工程投资项目的经济分析和投资决策过程中应该合理地确定项目的计算期。

5.2 工程经济评价静态指标

5.2.1 静态投资回收期 P_t

静态投资回收期指用投资方案所产生的净现金收入补偿原投资所需要的时间。其理论数学表达式为:

$$\sum_{t=0}^{P_t} (CI - CO)_t = 0 \tag{5-1}$$

式中:$(CI - CO)_t$——第 t 年年末的净现金流量。

评价标准:

当静态投资回收期 $P_t \leqslant T_0$(国家或部门行业的基准投资回收期)时,可以接受,否则予以否定。

需要注意的问题:投资回收期可以自项目建设开始年算起,也可自项目投产年开始算起,但需予以说明。

(1)第一种情况:每年的收益都相等,按达产年净收益计算。

如果从项目投产年开始算起,其计算式为:

$$P_t = \frac{P}{A} \tag{5-2}$$

式中:P——项目的总投资;
A——年净收益。

【例 5-1】 新建某工厂一次性投资总额是 8 亿元,建成后投产产量达到设计标准时,该厂的年销售收入是 7 亿元,年产品经营成本是 6.2 亿元,试求该厂多少年可以偿还项目的总投资。

【解】 已知:

$$P = 8 亿元, A = 7 - 6.2 = 0.8 亿元$$

所以静态投资回收期为：

$$P_t = \frac{P}{A} = \frac{8}{0.8} = 10 \text{ 年}$$

如果从项目建设开始年算起，其计算式为：

$$P_t = \frac{P}{A} + m \tag{5-3}$$

式中：P——项目的总投资；
　　　A——年净收益；
　　　m——项目的建设期。

【例5-2】 某工程项目期初投资1 000万元，2年建成投产。投产后每年的净收益为250万元。该项目的投资回收期为多少？

【解】 $$P_t = \frac{P}{A} + m = \frac{1\,000}{250} + 2 = 6 \text{ 年}$$

（2）第二种情况，当年净收益不等。

此时静态投资回收期指项目正式投产之日起，累计提供的年净收益积累达到投资总额时所需的年限。其计算公式为：

$$P_t = T - 1 + \frac{\text{第}(T-1)\text{年累计净现金流量的绝对值}}{\text{第}T\text{年的净现金流量}} \tag{5-4}$$

式中：T——项目各年累计净现金流量首次为正值的年份数。

【例5-3】 某项目现金流量表见表5-1，求其静态投资回收期。

表5-1 某项目现金流量表

t 年末	0	1	2	3	4	5	6
净现金流量(元)	−550	−600	−200	76	312	560	560

【解】 计算累计净现金流量如表5-2所示。

表5-2 某项目累计现金流量表

t 年末	0	1	2	3	4	5	6
净现金流量(元)	−550	−600	−200	76	312	560	560
累计净现金流量(元)	−550	−1 150	−1 350	−1 274	−962	−402	158

第 t 年的累计净现金流量指累加至第 t 年的现金流量之和。

由表5-2得，累计净现金流量出现正值这一年 $T = 6$，代入式(5-4)，得静态投资回收期：

$$P_t = T - 1 + \frac{\text{第}(T-1)\text{年累计净现金流量的绝对值}}{\text{第}T\text{年的净现金流量}} = 6 - 1 + \frac{|-402|}{560} = 5.72 \text{ 年}$$

【例5-4】 某投资项目一次性投资1万元，第一年年末净现金流量为1 000元，以后每年递增400元，项目寿命期为10年，试求该项目的静态投资回收期。

【解】 计算累计净现金流量见表5-3。

表5-3 某投资项目累计净现金流量表（元）

项 目	年 份										
	0	1	2	3	4	5	6	7	8	9	10
净现金流量	−10 000	1 000	1 400	1 800	2 200	2 600	3 000	3 400	3 800	4 200	4 600
累计净现金流量	−10 000	−9 000	−7 600	−5 800	−3 600	−1 000	2 000	—	—	—	—

第 t 年的累计净现金流量指累加至第 t 年的现金流量之和。

由表5-4得，累计净现金流量出现正值这一年 $T=6$

代入公式(5-4)，得静态投资回收期

$$P_t = 6 - 1 + 1\,000/3\,000 = 5.33 \text{ 年}$$

【例5-5】 某工程项目期初投资1 000万元，每年的收益和经营成本见表5-4所示。该项目寿命期为10年。若基准投资回收期为7年，试计算该项目的投资回收期，并判断方案是否可行。

表5-4 某工程项目的收入和成本（万元）

项 目	年 份										
	0	1	2	3	4	5	6	7	8	9	10
投资额	1 000										
年收入		400	600	600	630	650	650	650	650	650	680
年经营成本		300	400	300	350	300	300	300	300	300	350

【解】 计算累计净现金流量见表5-5所示。

表5-5 某工程项目累计现金流量表（万元）

项 目	年 份										
	0	1	2	3	4	5	6	7	8	9	10
投资额	1 000										
年收入		400	600	600	630	650	650	650	650	650	680
年经营成本		300	400	300	350	300	300	300	300	300	350
净现金流量	−1 000	100	200	300	280	350	350	350	350	350	330
累计净现金流量	−1 000	−900	−700	−400	−120	230	—	—	—	—	—

由表5-5得，累计净现金流量出现正值这一年 $T=5$。

代入公式(5-4)，得静态投资回收期

$$P_t = T - 1 + \frac{\text{第}(T-1)\text{年累计净现金流量的绝对值}}{\text{第 }T\text{ 年的净现金流量}} = 5 - 1 + \frac{|-120|}{350} = 4.34 \text{ 年}$$

因为 $P_t <$ 基准投资回收期 T,所以项目可行。

计算步骤:

首先,计算项目各年净现金流量,净现金流量=现金流入-现金流出。

接着,计算项目各年累计现金流量,利用表格用上一年的累计现金流量加上该年的现金流量。从左至右依次计算,一直计算到累计净现金流量首次为正值为止。

最后,代入公式(5-4)计算即可求得静态投资回收期。

5.2.2 投资效果系数(E)

投资效果系数指在项目达到设计生产能力后,单位投资的盈利能力。计算式为:

$$E = \frac{A}{P} = \frac{1}{P_t} \tag{5-5}$$

式中:P——项目的总投资;

A——年净收益。

评价标准:当投资效果系数 $E \geqslant E_0$(国家或部门行业的基准投资收益率)时,可以接受,否则予以否定。

衡量投资效果更精确的指标有 3 个:投资利润率,投资利税率,资本金利润率。其计算表达式为:

$$投资利润率 = 年利润总额 / 投资总额 \tag{5-6}$$

$$投资利税率 = (年利润总额 + 年销售税金) / 投资总额 \tag{5-7}$$

$$资本金利润率 = 年利润总额 / 资本金 \tag{5-8}$$

投资利润率反映总投资和年利润之间的关系,考虑利润交所得税前后的区别,所以交所得税之前的利润即利税,交所得税之后的利润即利润。总投资中的资金既包括自有资金,也包括负债资金。考虑自有资金的投资效果即资本金利润率,自有资金即资本金。

【例 5-6】 某新建项目总投资 65 597 万元。2 年建设,投产后运行 10 年,利润总额为 155 340 万元,销售税金及附加 56 681 万元,自有资金总额为 13 600 万元,国家投资 10 600 万元,其余为国内外借款。试计算投资利润率、投资利税率和资本金利润率及静态投资回收期(从投产期开始计算)。

【解】 由式(5-6)~式(5-8)得:

$$投资利润率 = 年利润总额 / 投资总额 = \frac{155\ 340 \div 10}{65\ 597} \times 100\% = 23.7\%$$

$$投资利税率 = (年利润总额 + 年销售税金) / 投资总额$$

$$= \frac{(155\ 340 + 56\ 681) \div 10}{65\ 597} \times 100\% = 32.3\%$$

$$资本金利润率 = 年利润总额 / 资本金 = \frac{155\ 340 \div 10}{13\ 600} \times 100\% = 114.2\%$$

$$静态投资回收期 \quad P_t = \frac{P}{A} = \frac{65\ 597}{155\ 340 \div 10} = 4.22 \text{ 年}$$

说明：投资回收期和投资效果系数两个判据的优缺点。

优点：简单易懂。

缺点：太粗糙，没有全面考虑投资方案整个寿命期内现金流量的大小和发生的时间。

投资项目的资金构成一般可分为借入资金和自有资金。自有资金可长期使用，而借入资金必须按期偿还。项目的投资者自然要关心项目偿债能力；借入资金的所有者——债权人也非常关心贷出资金能否按期收回本息。因此，偿债分析是可行性分析中的一项重要内容。

5.2.3 借款偿还期

借款偿还期指项目投产后可以用作还款的项目收益来偿还项目投资借款本金和利息所需要的时间，用 P_d 表示，其计算表达式为：

$$P_d = (借款偿还后出现盈余的年份数 - 1) + \frac{当年应偿还款项}{当年可用于还款的收益额} \quad (5-9)$$

【例 5-7】 某新建项目，建设期为 3 年，共向银行贷款 1 000 万元，贷款时间为第一年 300 万元，第二年 400 万元，第三年 300 万元，年利率为 4%。若从第四年开始每年均有 300 万元的偿还能力，问该项目的借款偿还期为多少年？

【解】

表 5-6 项目还款明细表

年 份	4	5	6	7
年初欠款①	1 061.29	803.74	535.89	257.33
当年应计利息② = ①×4%	42.45	32.15	21.44	10.29
当年还款③	300	300	300	267.62
年末欠款④ = ①+②-③	803.74	535.89	257.33	0

建设期第一年贷款利息　　$q_1 = \frac{300}{2} \times 4\% = 6$ 万元

建设期第一年累计贷款本息和　　$P_1 = 300 + 6 = 306$ 万元

建设期第二年贷款利息　　$q_2 = \left(306 + \frac{400}{2}\right) \times 4\% = 20.24$ 万元

建设期第二年累计贷款本息和　　$P_2 = 300 + 400 + 6 + 20.24 = 726.24$ 万元

建设期第三年贷款利息　　$q_3 = \left(726.24 + \frac{300}{2}\right) \times 4\% = 35.05$ 万元

故建设期末（第四年年初）欠款　　$1 000 + 6 + 20.24 + 35.05 = 1 061.29$ 万元

由表 5-6 得，借款偿还后出现盈余的年份数为 7。代入公式(5-9)得借款偿还期：

借款偿还期 $= 7 - 1 + 267.62/300 = 6.89$ 年

5.2.4 利息备付率

利息备付率也称已获利息倍数,指项目在借款偿还期内各年可用于支付利息的税息前利润与当期应付利息费用的比值。其计算表达式为:

$$利息备付率 = \frac{税息前利润}{当期应付利息费用} \tag{5-10}$$

评价的准则:当利息备付率大于 2 时,认为项目的付息能力有保障;否则,表示项目的付息能力保障程度不足。

5.2.5 偿债备付率

偿债备付率指项目在借款偿还期内,各年可用于还本付息的资金与当期应还本付息金额的比值。其计算表达式为:

$$偿债备付率 = \frac{可用于还本付息资金}{当期还本付息金额} \tag{5-11}$$

评价准则:指标应当大于 1,且越高越好。当指标小于 1 时,表示当年资金来源不足以偿付当期债务,需要通过短期借款偿付已到期债务。

5.3 工程经济评价动态指标

5.3.1 净现值

1) 净现值(NPV)的计算

净现值以做决策所采用的基准时点(或基准年)为标准,把不同时期发生的现金流量(或净现金流量)按基准收益率折算为基准时点的等值额,求其代数和即得净现值。其数学表达式为:

$$NPV = \sum_{t=0}^{n} (CI - CO)_t (1 + i_c)^{-t} \tag{5-12}$$

式中:$(CI - CO)_t$——第 t 年的净现金流量;

n——投资方案的寿命期;

i_c——基准收益率。

(1) 评价标准

当 $NPV \geqslant 0$ 时,可以接受,否则予以否定。

(2) 意义

① $NPV>0$ 时,收益超过预先确定的收益水平 i_c。
② $NPV=0$ 时,收益刚好达到预先确定的收益水平 i_c。
③ $NPV<0$ 时,收益未达到预先确定的收益水平 i_c。

【例 5-8】 已知某项目的现金流量,其具体收入和支出的情况如表 5-7 所示,$i_c=10\%$,其净现值为多少?

表 5-7 某项目收入和支出表(万元)

年 末	收入(CI)	支出(CO)	$F_{jt}=(CI-CO)$
0	0	5 000	−5 000
1	4 000	2 000	2 000
2	5 000	1 000	4 000
3	0	1 000	−1 000
4	7 000	0	7 000

【解】 由表 5-7 画项目的现金流量图。

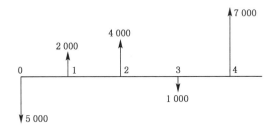

图 5-2 例 5-8 项目的现金流量图

由图 5-2 代入式(5-12)计算净现值:

$$NPV = \sum_{t=0}^{n}(CI-CO)_t(1+i_c)^{-t}$$
$$= -5\,000 + 2\,000(P/F,10\%,1) + 4\,000(P/F,10\%,2)$$
$$\quad -1\,000(P/F,10\%,3) + 7\,000(P/F,10\%,4)$$
$$= -5\,000 + 2\,000 \times 0.909\,1 + 4\,000 \times 0.826\,4 - 1\,000 \times$$
$$\quad 0.751\,3 + 7\,000 \times 0.683\,0$$
$$= 4\,153.5 \text{ 万元}$$

【例 5-9】 某投资方案初始投资 2 000 万元,寿命期为 5 年。在寿命期内每年收益为 900 万元,年经营费用为 300 万元,若基准收益率为 10%,则该投资方案不考虑所得税的累计净现值为多少万元?

【解】 画项目的现金流量图,如图 5-3 所示。

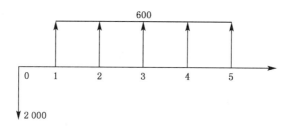

图 5-3 例 5-9 项目的现金流量图

由图 5-3 代入式(5-12)计算净现值：

$$NPV = -2\,000 + (900 - 300) \times (P/A, 10\%, 5)$$
$$= -2\,000 + 600 \times 3.790\,8$$
$$= 274.48 \text{ 万元}$$

【例 5-10】 某工程项目第 1 年投资 1 000 万元，第 2 年投资 500 万元，2 年建成投产并获得收益。每年的收益和经营成本见表 5-8。该项目寿命期为 8 年。若基准折现率为 5%，试计算该项目的净现值，并判断方案是否可行。

表 5-8 工程项目的收入、成本及净现金流量（万元）

项目	年份									
	0	1	2	3	4	5	6	7	8	9
投资额	1 000	500								
年收入			500	500	550	550	550	550	550	600
年经营成本			400	350	300	300	300	300	300	300
净现金流量	−1 000	−500	100	150	250	250	250	250	250	300

【解】 先计算项目的净现金流量如表 5-8 所示。

再根据题意，绘制该项目的现金流量图如图 5-4 所示。

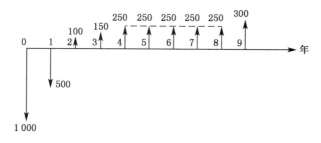

图 5-4 例 5-10 项目的现金流量图

根据现金流量图，可计算该项目的净现值为：

$$NPV = 100(P/F, 5\%, 2) + 150(P/F, 5\%, 3) + 250(P/A, 5\%, 5)(P/F, 5\%, 3)$$
$$+ 300(P/F, 5\%, 9) - 500(P/F, 5\%, 1) - 1\,000$$
$$= 100 \times 0.907\,0 + 150 \times 0.863\,8 + 250 \times 4.329\,5 \times 0.863\,8 + 300 \times 0.644\,6$$

$$-500\times0.9524-1\,000$$
$$=-127.6\text{ 万元}$$

因为项目的 $NPV<0$,所以该项目不可行,不能接受。

2) 基准收益率(基准贴现率)

在计算净现值指标时,利率 i 是一个重要的参数。在方案评价和选择中所用的这种利率被称为基准贴现率、最低期望收益率(MARR,Minimum Attractive Rate of Return)等,是决策者对技术方案投资资金时间价值的估算或行业的平均收益率水平的评估,是行业或主管部门重要的一个经济参考数,由国家公布。投资者可以接受的,按其风险程度在金融市场上可以获得的收益率,又称目标收益率、最低期望收益率,用来贴现求现值,又称为贴现率、折现率。

如果这种基准贴现率算出某投资方案的净现值等指标为负值,那么表示该方案并没有达到该部门和行业最低可以达到的经济效果水平,资金不应该应用在这个方案上,而应投向其他工程方案。

如果基准贴现率定得太高,可能会使经济效益好的方案被拒绝;如果定得太低,则可能会接受过多的方案,其中一些的效益并不好。

常用的基准收益率有:

(1) 行业财务基准收益率:代表行业内投资资金应获得的最低财务盈利水平。

(2) 社会折现率:从国家的角度对资金机会成本和资金时间价值以及对资金盈利能力的估算。

基准收益率的确定必须考虑资金成本、目标利润、投资风险、资金限制。

5.3.2 净现值率($NPVR$)

净现值指标用于多个方案比选时,没有考虑各方案投资额的多少,因而不能直接反映资金的利用效率,通常用净现值率($NPVR$)作为净现值的辅助指标。

净现值率指单位投资现值所能带来的净现值。其计算表达式为:

$$NPVR=\frac{NPV}{K_P} \tag{5-13}$$

式中:K_P——全部投资现值之和。

评价标准:当 $NPVR\geqslant0$,方案才可行,否则不可行。

进一步:

(1) 当 $NPVR\geqslant1$ 时,说明方案的经济效益好。

(2) $0<NPVR<1$ 时,说明方案有经济效益,但效益一般。

【例 5-11】 某工程项目建设期 3 年,第 1 年投资 5 000 万元,第 2 年投资 3 000 万元,第 3 年投资 2 000 万元。建成当年投产并获得收益,每年的净收益为 4 000 万元,建成后寿命期为 8 年(不含建设期)。如年折现率为 5%,请用净现值指数判断方案的可行性。

【解】 画项目现金流量图如图 5-5 所示。

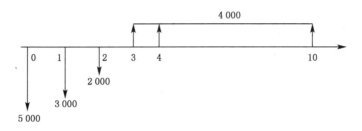

图 5-5　例 5-11 项目现金流量图

根据图 5-5 计算项目的净现值和投资现值：

$$NPV = 4\,000(P/A,5\%,8)(P/F,5\%,2) - 2\,000(P/F,5\%,2)$$
$$\quad - 3\,000(P/F,5\%,1) - 5\,000$$
$$= 4\,000 \times 6.463\,2 \times 0.907\,0 - 2\,000 \times 0.907\,0 - 3\,000 \times 0.952\,4$$
$$\quad - 5\,000$$
$$= 13\,777.3\ \text{万元}$$

$$K_P = 2\,000(P/F,5\%,2) + 3\,000(P/F,5\%,1) + 5\,000$$
$$= 2\,000 \times 0.907\,0 + 3\,000 \times 0.952\,4 + 5\,000$$
$$= 9\,671.2\ \text{万元}$$

所以

$$NPVR = \frac{NPV}{K_P} = \frac{13\,777.3}{9\,671.2} = 1.42$$

因为工程项目 $NPVR > 0$，所以项目可行，且 $NPVR > 1$，该项目经济效益较好。

5.3.3　净将来值（NFV）

净将来值以将来某一年为标准，把不同时期发生的现金流量（或净现金流量）按基准收益率折算为基准时点的等值额，求其代数和即得净将来值。如图 5-6，净将来值 NFV 和净现值 NPV 的关系即终值 F 和现值 P 的关系，故

$$NFV(i) = NPV(i)(F/P,i_c,n) \tag{5-14}$$

评价标准：当 $NFV \geqslant 0$ 可行，否则不可行。

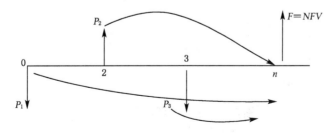

图 5-6　净将来值计算示意图

5.3.4 净年值(年度等值)(NAV)

净年值以把不同时期发生的现金流量(或净现金流量)按基准收益率折算为寿命期每一年年末的等值额,求其代数和即得净年值。净年值 NAV 和净现值 NPV 的关系即年值 A 和现值 P 的关系,故

$$NAV = NPV(A/P, i_c, n) \tag{5-15}$$

评价标准:当 $NAV \geqslant 0$ 可行,否则不可行。

【例 5-12】 某投资项目初期投资为 20 000 元,寿命期为 3 年,每年的净收益为 12 000 元。若基准收益率为 10%,试判断项目是否可行。

【解】

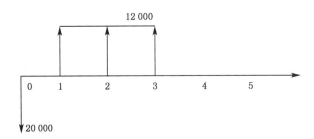

图 5-7 例 5-12 项目现金流量图

根据图 5-7 计算净年值:

$$\begin{aligned} NAV &= -20\,000(A/P, 10\%, 3) + 12\,000 \\ &= -20\,000 \times 0.402\,1 + 12\,000 \\ &= 3\,958\,元/年 \end{aligned}$$

因为 $NAV \geqslant 0$,所以项目可行。

【例 5-13】 某投资项目初期投资为 10 000 元,寿命期为 6 年,1~5 年每年年末的净收益为 5 000 元,第 6 年年末无收益。若基准收益率为 10%,试判断项目是否可行。

【解】

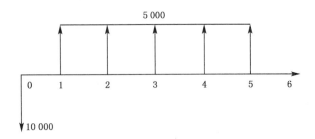

图 5-8 例 5-13 项目现金流量图

根据图 5-8 计算净年值:

$$NAV = [-10\,000 + 5\,000(P/A, 10\%, 5)](A/P, 10\%, 6)$$
$$= [-10\,000 + 5\,000 \times 3.790\,8] \times 0.229\,6$$
$$= 2\,056 \text{元} / \text{年}$$

因为 $NAV \geqslant 0$,所以项目可行。

说明:净年值可根据定义或根据净现值来求,但无论采用哪一种计算方法,在进行折算时,净年值指寿命期每一年年末的值。

5.3.5 内部收益率(Internal Rate of Return)

内部收益率指方案寿命期内可以使净现金流量的净现值等于零的利率。其数学表达式为:

$$NPV(i_r) = \sum_{t=0}^{n}(CI - CO)_t \frac{1}{(1+i_r)^t} = 0 \tag{5-16}$$

式中:n——方案的寿命期;

$(CI - CO)_t$——第 t 年的净现金流量;

i_r——内部收益率。

1) 净现值函数图

净现值是按照一个给定的折现率计算项目的现值之和。这样,不同的折现率就会得出不同的净现值,而且净现值与折现率之间存在一定的函数关系。净现值函数就是研究净现值与折现率之间的函数关系。图 5-9 为净现值函数图,从图中看出,净现值曲线与横轴的交点即为内部收益率。

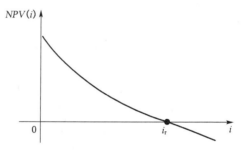

图 5-9 净现值函数图

2) 内部收益率的计算方法

按照净现值的定义来求解内部收益率需解 N 阶高次方程,通常情况下很难得到精确解。我们通常采取近似算法。

(1) 近似算法步骤

① 试算找 i_1、i_2。

② 满足 i_1 对应的 $NPV_1 > 0$,满足 i_2 对应的 $NPV_2 < 0$ 且 $|i_2 - i_1| < 5\%$。

③ 代入公式计算。

(2) 近似算法公式的推导

由图 5-10 得:

$$\frac{NPV_1}{|NPV_2|} = \frac{i_r - i_1}{i_2 - i_r}$$

推导出内部收益率的近似值:

$$i_r = i_1 + \frac{NPV_1(i_2 - i_1)}{NPV_1 + |NPV_2|} \tag{5-17}$$

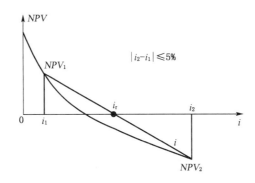

图 5-10 内部收益率近似算法推导图

从图 5-10 可看出,采用线性内插法计算 IRR 时,其计算精度与 i_1 和 i_2 之间的差距有关,因为折现率和净现值不是线性关系,因此 i_1 和 i_2 之间的差距越小,则内部收益率计算的精度就越好。所以为了保证 IRR 的精度,i_1 和 i_2 之间的差距一般控制在 5% 以内。

3) 评价标准

当 $i_r \geqslant i_c$ 时,项目可行,否则不可行。

4) 内部收益率和净现值的关系

从图 5-11 可以看出:

当 $i < i_r$ 时,$NPV(i) > 0$;

当 $i > i_r$ 时,$NPV(i) < 0$。

因此,通常情况下,与净现值等判据有相一致的评价准则。当内部收益率大于基准收益率 i_c 时,投资方案是可取的,此时方案必有大于零的净现值 $NPV(i_c)$。

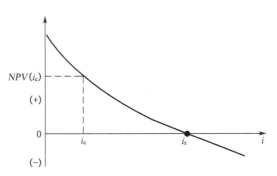

图 5-11 内部收益率和净现值关系图

【例 5-14】 某方案现金流量如表 5-9 所示,设基准收益率为 15%,用内部收益率判断方案的可行性。

表 5-9 某方案现金流量表

年 份	0	1	2	3	4	5
净现金流量(万元)	−100	20	30	20	40	40

【解】 设 $i_1 = 12\%, i_2 = 15\%$

$NPV(i_1) = -100 + 20(P/F, 12\%, 1) + 30(P/F, 12\%, 2) + 20(P/F, 12\%, 3)$
$\qquad + 40(P/F, 12\%, 4) + 40(P/F, 12\%, 5)$
$\qquad = -100 + 20 \times 0.8929 + 30 \times 0.7972 + 20 \times 0.7118 + 40 \times 0.6355 + 40$
$\qquad \times 0.5674$
$\qquad = 4.124 \text{ 万元}$

$NPV(i_2) = -100 + 20(P/F, 15\%, 1) + 30(P/F, 15\%, 2) + 20(P/F, 15\%, 3)$
$\qquad + 40(P/F, 15\%, 4) + 40(P/F, 15\%, 5)$
$\qquad = -100 + 20 \times 0.8696 + 30 \times 0.7561 + 20 \times 0.6575 + 40 \times 0.5718 + 40$

$$\times 0.4972$$
$$= -4.015 \text{ 万元}$$

满足条件① $i_1 < i_2$ 且 $i_2 - i_1 \leqslant 5\%$；② $NPV(i_1) > 0, NPV(i_2) < 0$
用内插法算出：

$$IRR = i_1 + \frac{NPV(i_1)}{NPV(i_1) + |NPV(i_2)|}(i_2 - i_1)$$

$$= 12\% + \frac{4.124}{4.124 + 4.015} \times (15\% - 12\%) = 13.5\% < 15\%（基准收益率）$$

所以该方案不可行。

【例 5-15】 某项目期初投资 10 000 元，当年投产并获得收益，每年的净收益为 3 000 元。基准收益率为 10%，寿命期为 10 年。试用内部收益率指标判断项目是否可行。

【解】 项目的净现值等于零时的方程式为：

$$NPV = 3\,000(P/A, i, 10) - 10\,000 = 0$$

$(P/A, i, 10) = 3.33$，反查复利系数表，$(P/A, 25\%, 10) = 3.5705$，$(P/A, 30\%, 10) = 3.0915$，初步估算内部收益率介于 25% 和 30% 之间。

取 $i_1 = 25\%, NPV(i_1) = 711.51$ 元
取 $i_2 = 30\%, NPV(i_2) = -725.38$ 元
满足条件 ① $i_1 < i_2$ 且 $i_2 - i_1 \leqslant 5\%$；② $NPV(i_1) > 0, NPV(i_2) < 0$
代入内部收益率公式计算：

$$i_r = 25\% + \frac{711.51}{711.51 + |-725.38|} \times (30\% - 25\%) = 27.48\%$$

因为基准收益率 $i_c = 10\% <$ 内部收益率 $i_r = 27.48\%$，所以项目可行。

5.3.6 动态投资回收期(P_t')

动态投资回收期指在给定的基准收益率下，用方案各年的净收益的现值来回收全部投资现值所需的时间。其数学表达式为：

$$\sum_{t=0}^{P_t'} \frac{(CI - CO)_t}{(1 + i_c)^t} = 0 \tag{5-18}$$

式中：$(CI - CO)_t$——第 t 年的净现金流量；

i_c——基准收益率。

评价标准：当动态投资回收期 $P_t' \leqslant$ 基准投资回收期 T_0，项目可行，否则不可行。
其计算方法分两种情况：

1）等额年收益的 P'_t

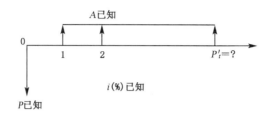

图 5-12 动态投资回收期求解现金流量图

由动态投资回收期定义得：

$$P = A \frac{(1+i)^{P'_t} - 1}{i(1+i)^{P'_t}}$$

由此推导出：

$$P'_t = \frac{-\lg\left(1 - \frac{P \cdot i}{A}\right)}{\lg(1+i)} \tag{5-19}$$

现金流量图 5-12 与公式(5-19)一一对应，运用公式的前提条件是第一个年值发生在第一年的年末，现值发生在现在，能够解决的问题，现计划投资 P，下一年开始每年回收 A，可推算出投资回收期 P'_t。现实问题，不一定现在投资，也不一定一次投资，现金流量图如图 5-13 所示。

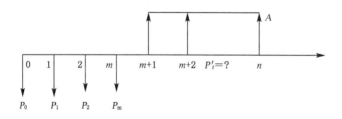

图 5-13 非标准等额年收益动态投资回收期求解现金流量图

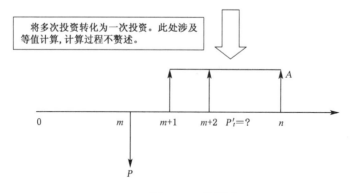

图 5-14 等效图

5 工程项目经济评价指标及评价方法

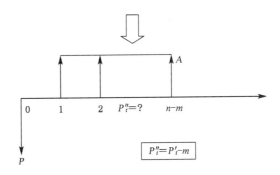

图 5-15 新动态投资回收期求解图

$$P'_t = \frac{-\lg\left(1-\frac{Pi}{A}\right)}{\lg(1+i)} + m \tag{5-20}$$

如图 5-14 和图 5-15 所示，m 年是相对现在的未来的 m 年，我们利用时间的穿越性，定为现在，非标准的现金流量图标准化，进而套用配套的式(5-19)，同时新投资回收期 P''_t 与原投资回收期 P'_t 间隔 m 年，再研究原有现金流量和最后结论之间式(5-20)的关系。当年收益相等时的动态投资回收期的求解模型中，公式中的一次投资是多次投资等值转换到收益前一年的资金，动态投资回收期时间点是相对一次投资发生的时间点。

【例 5-16】 某建设项目，征收土地费为 28 万元，工期 2 年，到建成投产时，建设单位管理费为 16 万元，建筑及安装工程费用 1 200 万元，设备购置费用 340 万元，投产后每年可获得净利润 240 万元，基准收益率为 12%，求该项目的动态投资回收期。

【解】 $16 + 1\,200 + 340 = 1\,556$ 万元

由图 5-16 得，到第 2 年为止的总投资为：

$$K = 28(1+12\%)^2 + 1\,556 = 1\,591 \text{ 万元}$$

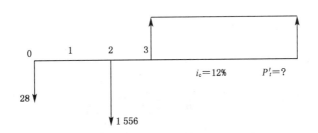

图 5-16 例 5-16 某项目现金流量图

由图 5-17 得，动态投资回收期为：

$$P'_t = \frac{-\lg\left(1-\frac{Pi}{A}\right)}{\lg(1+i)} + m = \frac{-\lg\left(1-\frac{1\,591 \times 12\%}{240}\right)}{\lg(1+12\%)} + 2 = 16.01 \text{ 年}$$

【例 5-17】 永久性建筑，第二年年初投资 600 万元，第三年年初投资 400 万元，第三年年末开始获利，以后每年(包括第三年)净收益均为 200 万元，设利率为 10%，求动态投资回

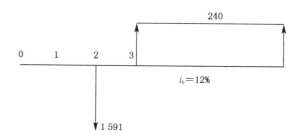

图 5-17 例 5-16 某项目新现金流量图

收期。

【解】 由图 5-18 得,将多年投资转化到第二年年末投资:

$$P = 600 \times (1+10\%) + 400 = 1060 \text{ 万元}$$

代入公式

$$P'_t = \frac{-\lg\left(1 - \frac{Pi}{A}\right)}{\lg(1+i)} + m$$

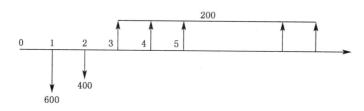

图 5-18 例 5-17 某项目现金流量图

解得动态投资回收期为:

$$P'_t = \frac{-\lg\left(1 - \frac{Pi}{A}\right)}{\lg(1+i)} + m = \frac{-\lg\left(1 - \frac{1060 \times 10\%}{200}\right)}{\lg(1+10\%)} + 2 = 9.92 \text{ 年}$$

2) 非等额年收益回收投资 P'_t(列表计算)

$$P'_t = T' - 1 + \frac{\text{第}(T'-1)\text{年累计净现金流量现值的绝对值}}{\text{第}T'\text{年的净现金流量现值}} \quad (5-21)$$

式中: T'——累计净现金流量现值首次出现正值的年份数。

【例 5-18】 某项目有关数据见表 5-10。设基准收益率为 10%,寿命期为 6 年,求该项目动态投资回收期。

表 5-10 某项目有关数据

年 序(年)	1	2	3	4	5	6
净现金流量(万元)	−200	60	60	60	60	60

【解】 (1)方法一:用列表计算可直接求得,较简便。

表 5-11 累计净现金流量现值计算表(万元)

年序(年)	1	2	3	4	5	6
净现金流量①	−200	60	60	60	60	60
净现金流量现值 ② = ①(P/F,10%,t)	−181.82	49.58	45.08	40.98	37.25	33.87
累计净现金流量现值	−181.82	−132.24	−87.16	−46.18	−8.93	24.94

由表 5-11 知,累计净现金流量现值首次出现正值的年份数 $T'=6$,动态投资回收期:

$$P'_t = T'-1 + \frac{第(T'-1)年累计净现金流量现值的绝对值}{第T'年的净现金流量现值}$$

$$= 6-1+\frac{|-8.93|}{33.87} = 5.26 \text{ 年}$$

(2) 方法二:画图计算求解

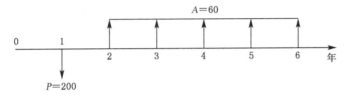

图 5-19 例 5-18 某项目现金流量图

由图 5-19 得动态投资回收期:

$$P'_t = \frac{-\lg\left(1-\frac{Pi}{A}\right)}{\lg(1+i)} + m = \frac{-\lg\left(1-\frac{200\times10\%}{60}\right)}{\lg(1+10\%)} + 1 = 5.25 \text{ 年}$$

【例 5-19】 某投资者在市区购买了 30 000 万 m² 的写字楼拟出租经营,购买价格为 10 000 元/m²,同时按照购买价格 4% 的比例支付契税、0.5% 的比例支付手续费、0.5% 的比例支付律师费、0.3% 的比例支付其他费用。其中 30% 的购房费用和各种税费均由投资者的自有资金支付,70% 的购房费用使用商业贷款,贷款期限为 15 年,年利率为 7.5%(假设在还款期内利率不变),按照每年末等额还本付息的方式归还贷款。

目前同一商圈内同等类型写字楼的出租价格为每天 4.5 元/m²,据分析,这一价格在 5 年内以 2% 的年增长率上升,从第 6 年开始保持与第 5 年相同的价格水平。该写字楼前 3 年的出租率分别为 65%、75% 和 85%,从第四年开始出租率达到 95%,且在此后的出租经营期内始终保持该出租率。出租经营期间的经营成本为经营收入的 10%,税率为经营收入的 17.5%。如果购买投资发生在第一年的年初,每年的经营收入和抵押贷款还本付息支出均发生在年末,土地使用年限为 50 年,建设期已使用 2 年,土地使用年限期止建筑物的残值收入约为其建安造价的 50%,该建筑物的建安造价约为 4 500 元/m²。投资者的基准收益率为 12%。编制该项投资的自有资金现金流量表并计算所得税前的净现值、内部收益率和动态投资回收期,判断该项目的可行性。

【解】 项目计算期为 50−2 = 48 年,基准收益率为 12%。

(1) 现金流入

写字楼租赁收入：

第 1 年　　 30 000×4.5×30×12×65%/10 000 = 3 159.00 万元

第 2 年　　 30 000×4.5×1.02×30×12×75%/10 000 = 3 717.90 万元

第 3 年　　 30 000×4.5×1.02²×30×12×85%/10 000 = 4 297.89 万元

第 4 年　　 30 000×4.5×1.02³×30×12×95%/10 000 = 4 899.60 万元

第 5～48 年　　 30 000×4.5×1.02⁴×30×12×95%/10 000 = 4 997.59 万元

回收固定资产余值：

第 48 年　　 4 500×30 000×50%/10 000 = 6 750.00 万元

(2) 现金流出

$$自有资金流出 = 30\ 000 \times 1 \times (30\% + 4\% + 0.5\% + 0.5\% + 0.3\%)$$
$$= 10\ 590.00\ 万元$$

借款还本付息采用等额资金回收的公式计算，计算公式为：

$$A = P \times i(1+i)^n / [(1+i)^n - 1]$$

故：

借款还本付息 A = 30 000×70%×1×7.5%×(1+7.5%)¹⁵/[(1+7.5%)¹⁵ - 1]
　　　　　　　　 = 2 379.03 万元

$$经营成本 = 租赁收入 \times 10\%$$

$$销售税金及附加 = 租赁收入 \times 17.5\%$$

具体数据见表 5-12 所示。

(3) 净现金流量

$$净现金流量 = 现金流入 - 现金流出$$

(4) 指标计算

① 财务净现值：财务净现值为折现净现金流量的累计，如现金流量表（表 5-12）中所示，财务净现值为 962.76 万元。

② 内部收益率：该项目财务净现值大于零，则其内部收益率一定大于基准收益率，故取 13% 的折现率进行试算。设折现率为 13% 时，计算所得的净现值为 −454.21 万元，故内部收益率在 12%～13%，计算过程如下：

$$内部收益率 = 12\% + [962.76/(962.76 + 454.21)]\% = 12.68\%$$

③ 动态投资回收期：根据表中折现净现金流量累计可以看出，在第 29 年末，折现净现金流量计为 −64.22 万元，第 30 年末为 56.72 万元，所以动态投资回收期为：

$$29 + \frac{|-64.22|}{|-64.22| + |56.72|} = 29.53\ 年$$

(5) 结论

因为该项目净现值 962.72 > 0，内部收益率 12.68% > 12%，故该项目可行。

5 工程项目经济评价指标及评价方法

表 5-12 现金流量表（自有资金）（万元）

序号	年份	0	1	2	3	4	5	6~10	11	12~15	16~29	30	31~47	48
1	现金流入		3 159.00	3 717.90	4 297.89	4 899.60	4 997.59	4 997.59×5	4 997.59	4 997.59×4	4 997.59×14	4 997.59	4 997.59×17	11 747.59
1.1	租赁收入		3 159.00	3 717.90	4 297.89	4 899.60	4 997.59	4 997.59×5	4 997.59	4 997.59×4	4 997.59×14	4 997.59	4 997.59×17	4 997.59
1.2	回收固定资产余值													6 750.00
2	现金流出	10 590.00	3 247.76	3 401.45	3 560.95	3 726.42	3 753.37	3 753.37×5	3 753.37	3 753.37×4	1 374.34×14	1 374.34	1 374.34×17	1 374.34
2.1	自有资金	10 590.00												
2.2	借款还本利息		2 379.03	2 379.03	2 379.03	2 379.03	2 379.03	2 379.03×5	2 379.03	2 379.03×4				
2.3	经营成本		315.9	371.79	429.79	489.96	499.76	499.76×5	499.76	499.76×4	499.76×14	499.76	499.76×17	499.76
2.4	销售税金及附加		522.83	650.63	752.13	857.43	874.58	874.58×5	874.58	874.58×4	874.58×14	874.58	874.58×17	874.58
3	所得税前净现金流量	-10 590.00	-88.76	316.45	736.94	1 173.18	1 244.22	1 244.22×5	1 244.22	1 244.22×4	3 623.25×14	3 623.25	3 623.25×17	10 373.25
	所得税前净现金流量累计	-10 590.00	-10 678.76	-10 362.31	-9 625.37	-8 452.19	-7 207.97	-986.85	257.37	5 234.26	55 959.79	59 583.04	121 178.33	131 551.58
4	折现净现金流量	-10 590.00												
5	折现系数 ($i=12\%$)	1.000 0	0.892 9	0.797 2	0.711 8	0.635 5	0.567 4	0.506 6~0.322 0	0.287 5	0.256 7~0.182 7	0.163 1~0.037 4	0.033 4	0.029 8~0.004 9	0.004 3
6	折现净现金流量	-10 590.00	-79.25	252.27	524.54	745.58	706.01	630.36~400.61	357.68	319.36~227.31	591.03~135.45	120.94	107.98~17.61	45.02
7	折现净现金流量累计	-10 590.00	-10 669.25	-10 416.98	-9 892.44	-9 146.86	-8 440.85	-5 895.86	-5 538.18	-4 451.77	-64.22	56.72	917.74	962.76

评价指标	
财务内部收益率（%）	12.68
财务净现值（$i=12\%$）	962.76
投资回收期（年）	10.79 年

6 工程项目的多方案比选

前面第 5 章,研究对象为单方案。一个方案需要解决的问题可行与否,不必做选择,原因在于只有一个,没得选。而本章针对多个方案需要解决的问题哪一个最好。

6.1 多方案间的关系类型

1)互斥型
在多个被选方案中只能选择一个,其余均必须放弃,不能同时存在。
2)独立型
在不考虑资金约束的情况下,其中任一个方案的采用与否与其可行性有关,而和其他方案是否采用无关。
两种情况:
① 完全独立型关系
无资金限制条件独立方案,经济评价只需要进行绝对效果检验即可。
方案的经济评价只需要进行绝对效果检验即可。
② 资金有限独立型关系
在不超出资金限额的条件下,决策者可选出最佳的方案组合。
方案比选处理的方法是把独立型关系转化为一定程度的互斥型关系,这样就可以参照互斥型方案的比选方法选出最佳方案。
3)相关型
某一方案的采用与否对其他方案的现金流量带来一定的影响,进而影响其他方案是否采用或拒绝。
两种类型:
① 依存型
依存型是指决策者接受和实施一个方案,是以另一方案的接受为前提的。在依存型关系中,某一(些)方案的接受是以另一(些)方案的接受作为前提条件,后者叫做前提方案,前者叫做从属方案。
② 现金流量相关型
现金流量相关型方案是指决策者对一个方案的取舍会直接导致另一个方案现金流量的变化。
相关型方案比选处理的基本思路,也是将相关型关系转化为互斥型关系。
4)混合型
在一组方案中,方案之间有些具有互斥关系,有些具有独立关系,则称这一组合方案为混合方案。

两种基本形式：

第一种：在一组独立多方案中，每个独立方案下又有若干个互斥方案的形式。

第二种：在一组互斥方案中，每个互斥方案下又有若干个独立方案的形式。

5）互补型

在多方案中，出现技术经济互补的方案称为互补型方案。

互补方案之间往往存在相互依存的关系，又有互斥关系的方案。

【例 6-1】 甲借给乙多少钱的问题。

方案	贷款金额（元）	贷款利率（%）	利息额（元）
A_1	10 000	10	1 000
A_2	20 000	8	1 600
A_3	30 000	6	1 800

乙借给 A、B、C 三人的选择问题。

方案	贷款金额（元）	贷款利率（%）	利息额（元）
A	10 000	10	1 000
B	20 000	8	1 600
C	30 000	6	1 800

第一类方案是互斥型方案。甲借给乙多少钱最终结果只有一个，所以 A_1、A_2、A_3 三个方案是互相排斥的，不可能同时存在。

第二类方案是独立型方案。假设乙有足够多的钱，即"大土豪"，A、B、C 三人能否借到钱不受影响。最终结果有 8 种可能性：A、B、C、AB、AC、BC、ABC、0，而 8 种可能性是相互排斥的，所以独立型方案可转化为互斥型方案进行比选。所以本章仅针对互斥型方案进行研究。

6.2 互斥方案的比选

6.2.1 净现值法（NPV 法）

1）比选原则

在寿命期相等的互斥方案中，净现值最大且非负的方案为最优可行方案。

2）步骤

(1) 分别计算各个方案的净现值。

(2) 对每一个方案用可行性分析，用判断准则进行检验，剔除 $NPV < 0$ 的方案。

(3) 对所有 $NPV \geqslant 0$ 方案的净现值进行比较,根据净现值最大准则,选择净现值最大的方案为最佳投资方案。

【例 6-2】 某投资项目有 3 个不同的设计方案备选,3 个方案的寿命期均为 6 年,$i_c = 10\%$,有关基础数据见表 6-1,试问哪个方案为优?

表 6-1 投资项目基础数据表(万元)

方案	投资	年成本	年收入	年净收益
甲	150	100	154	54
乙	200	110	230	120
丙	300	100	222	122

【解】 计算各方案的净现值:

$NPV_甲 = -150 + 54(P/A, 10\%, 6) = -150 + 54 \times 4.3553 = 85.18$ 万元

$NPV_乙 = -200 + 120(P/A, 10\%, 6) = -200 + 120 \times 4.3553 = 322.64$ 万元

$NPV_丙 = -300 + 122(P/A, 10\%, 6) = -300 + 122 \times 4.3553 = 231.35$ 万元

因为 $NPV_乙 > NPV_丙 > NPV_甲 > 0$,所以乙方案最优。

6.2.2 年值法(NAV 法)

1) 比选原则

净年值最大且非负的方案为最优可行方案。

2) 步骤

(1) 计算各个方案的净年值。

(2) 选择可行的方案,用判断准则进行检验,剔除 $NAV < 0$ 的方案。

(3) 对所有 $NAV \geqslant 0$ 方案的净年值进行比较,根据净年值最大准则,选择净年值最大的方案为最佳投资方案。

【例 6-3】 条件同例 6-2,用年值法比选最优方案。

【解】 计算各方案的净年值:

$NAV_甲 = -150(A/P, 10\%, 6) + 54 = -150 \times 0.2296 + 54 = 19.56$ 万元

$NAV_乙 = -200(A/P, 10\%, 6) + 120 = -200 \times 0.2296 + 120 = 74.08$ 万元

$NAV_丙 = -300(A/P, 10\%, 6) + 122 = -300 \times 0.2296 + 122 = 53.12$ 万元

因为 $NAV_乙 > NAV_丙 > NAV_甲 > 0$,所以乙方案最优。

说明:对于寿命期相同的方案可用 NPV 法和 NAV 法,且结论均相同;对于寿命期不同的方案,常用 NAV 法进行比较,NPV 法不可直接使用。

6.2.3 投资增额净现值法(NPV_{B-A} 法)

投资增额净现值指两个方案现金流量之差的现金流量净现值,用 NPV_{B-A} 表示。

1) 比选原则

(1) 若 $NPV_{B-A} > 0$，则 B 优于 A。

(2) 若 $NPV_{B-A} < 0$，则 A 优于 B。

(3) 若 $NPV_{B-A} = 0$，无法判断。

【例 6-4】 A、B 方案寿命期均为 3 年，B 方案比 A 方案多投资 1 000 万元，每年多收益 500 万元，基准收益率为 10%，问 A、B 哪个方案较优？

【解】 画出 (B-A) 方案的现金流量图，如图 6-1 所示。

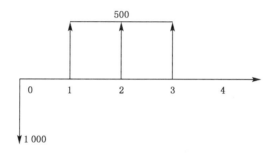

图 6-1 (B-A) 方案现金流量图

计算投资增额净现值：

$NPV_{B-A} = -1\,000 + 500(P/A, 10\%, 3) = -1\,000 + 500 \times 2.486\,9 = 243.45$ 万元 > 0，故 B 方案较优。

【例 6-5】 有 3 个投资方案备选，3 个方案的寿命期均为 10 年，$i_c = 15\%$，有关基础数据见表 6-2，哪个方案为优？

表 6-2 投资项目 A_1、A_2、A_3 基础数据表（万元）

方 案	投 资	年净收益
A_1	5 000	1 400
A_2	10 000	2 500
A_3	8 000	1 900

第一步：先把方案按照初始投资的递升顺序排列 $A_0 \to A_1 \to A_3 \to A_2$，如表 6-3，同时增加了 A_0 方案，A_0 为全不投资方案。

表 6-3 投资项目按投资递升排列表（万元）

方 案	投 资	年净收益
A_0	0	0
A_1	5 000	1 400
A_3	8 000	1 900
A_2	10 000	2 500

79

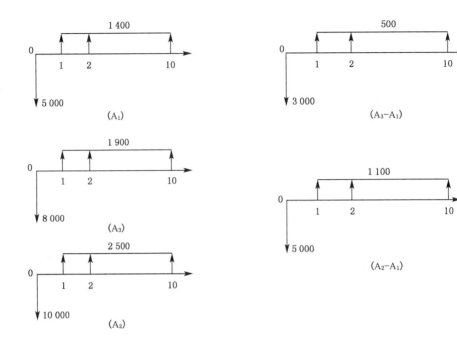

图 6-2 A_1,A_2,A_3,(A_3-A_1),(A_2-A_1) 现金流量图

第二步：选择初始投资最少的方案作为临时的最优方案，这里选定全不投资方案作为这个方案。

第三步：选择初始投资较高的方案 A_1 作为竞赛方案。计算这两个方案的现金流量之差，见图 6-2 所示，按基准贴现率计算现金流量增额的净现值。假定 $i_c=15\%$，则：

$$NPV(15\%)_{A_1-A_0} = -5\,000 + 1\,400(P/A,15\%,10)$$
$$= -5\,000 + 1\,400 \times 5.018\,8 = 2\,026.32 \text{ 元}$$

因为 $NPV(15\%)_{A_1-A_0} = 2\,026.32$ 元 >0，所以 A_1 优于 A_0。

A_1 作为临时最优方案（否则 A_0 仍为临时最优方案）。

第四步：把上述步骤反复下去，直到所有方案都比较完毕，最后可以找到最优的方案。

由图 6-2 得：

$$NPV(15\%)_{A_3-A_1} = -3\,000 + (1\,900-1\,400)(P/A,15\%,10)$$
$$= -3\,000 + 500 \times 5.018\,8$$
$$= -490.6 \text{ 元} < 0$$

所以 A_1 作为临时最优方案。

由图 6-2 得：

$$NPV(15\%)_{A_2-A_1} = -5\,000 + (2\,500-1\,400)(P/A,15\%,10)$$
$$= -5\,000 + 1\,100 \times 5.018\,8$$
$$= 520.68 \text{ 元} > 0$$

所以方案 A_2 优于 A_1，A_2 是最后的最优方案。

2) 比选步骤

(1) 先把方案按照初始投资的递升顺序排列,增加"0"方案。

这一步必须增加"0"方案,投资增额净现值法仅比较两个方案的相对优劣,不是绝对好坏。增加"0"方案,避免了"矮子中挑将军"。

(2) 选择初始投资最少的方案作为临时的最优方案,这里选定全不投资方案作为这个方案。

(3) 选择初始投资较高的方案 A_1 作为竞赛方案。计算这两个方案的现金流量之差,并按基准贴现率计算现金流量增额的净现值。如果现金流量增额的净现值大于零,选取竞赛方案为临时的最优方案;反之,临时的最优方案不变。

(4) 把上述步骤反复下去,直到所有方案都比较完毕,最后可以找到最优的方案。

因为投资增额净现值是针对两个方案现金流量之差的净现值,所以容易证明

$$NPV_{B-A} = NPV_B - NPV_A$$

因此按方案的净现值的大小直接进行比较,会和上述的投资增额净现值的比较有完全一致的结论。实际直接用净现值的大小来比较更为方便。

由图 6-2 得:

$$NPV(15\%)_{A_0} = 0$$
$$NPV(15\%)_{A_1} = 2\,026.32\ 元$$
$$NPV(15\%)_{A_2} = 2\,547.00\ 元$$
$$NPV(15\%)_{A_3} = 1\,535.72\ 元$$

选最大的净现值且非负的方案为最优,即 A_2 为最优,与投资增额净现值法结论一致。

实际上,净现值法和净年值法只有对每个方案的现金流量都已知的情况下才适用,在仅知道方案差别情况下则可直接用投资增额净现值法较为简便。

6.2.4 差额内部收益率法 i'_{B-A}

差额内部收益率法是使投资增额净现值为零的收益率,即 $NPV_{B-A} = 0$ 时的 i。

$$NPV_{B-A}(i'_{B-A}) = 0$$

表达式:

$$\sum_{t=0}^{n} \frac{[(CI_t - CO_t)_B - (CI_t - CO_t)_A]}{(1 + i'_{B-A})^t} = 0 \tag{6-1}$$

评价标准:

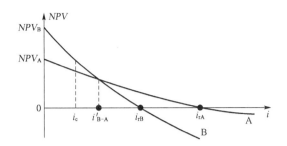

图 6-3 差额内部收益率法的评价标准之一图

(1) 当 i_{rA}、i_{rB} 均不小于 i_c 且 $i'_{B-A} > i_c$ 时,选投资大的为优(B方案)。

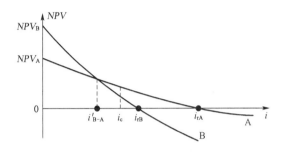

图 6-4 差额内部收益率法的评价标准之二图

(2) 当 i_{rA}、i_{rB} 均不小于 i_c 且 $i'_{B-A} < i_c$ 时,选投资小的为优(A方案)。

式中:i_{rA}、i_{rB}——A、B两方案的内部收益率;

i_c——基准收益率;

i'_{B-A}——差额内部收益率。

评价标准的原理:以第一条评价标准为例说明。由内部收益率的定义知,内部收益率是使净现值为零的利率。如图 6-3 所示,A、B方案两条净现值曲线与横轴的交点即为各自的内部收益率 i_{rA}、i_{rB},而由差额内部收益率的定义知,使投资增额净现值为零的收益率 $NPV_{B-A}(i'_{B-A}) = 0$,即 $NPV_B(i'_{B-A}) = NPV_A(i'_{B-A})$。在图 6-3 中,A、B方案两条净现值曲线的交点所对应的利率即差额内部收益率 i'_{B-A},当 i_{rA}、i_{rB} 均不小于 i_c 且 $i'_{B-A} > i_c$ 时,基准收益率 i_c 必然在 i_{rA}、i_{rB}、i'_{B-A} 对应点的左边,此时用净现值法进行判断,由于 $NPV_B > NPV_A > 0$,所以 B 方案较优。再由净现值曲线图 6-5 所示,净现值曲线水平渐近线与横轴的距离代表了初始投资额的大小,A、B 两方案比较而言,B方案投资额较大,所以最终选择投资大的方案。

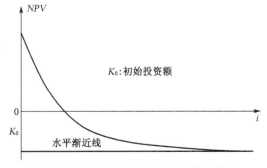

图 6-5 常规投资方案净现值曲线特征图

评价标准的例外情况:评价标准中相同前提条件是两方案内部收益率均大于基准收益率,在此前提下,如果差额内部收益率也大于基准收益率,则选择大投资;反之,如果差额内部收益率比基准投资收益率小,则选择小投资。即在两个方案都可行的情况下,起决定因素的是差额内部收益率。

在此标准之外,如果两个方案只有一个方案内部收益率大于基准收益率,则选择内部收益率大于基准收益率的方案,因为只有这个方案可行。如果两个方案没有一个方案内部收益率大于基准收益率,则两个方案均不选,因为两个方案均不可行。

【例 6-6】 某项目有 4 种方案,各方案的投资、现金流量及有关评价见表 6-4。若已知基准收益率 $i_c = 18\%$ 时,则经比较选择最优方案。

表 6-4 各方案投资及评价表

方案	投资额(万元)	内部收益率 i_r(%)	差额内部收益率 i'_{B-A}(%)
A	250	20	—
B	350	24	$i'_{B-A}=20\%$
C	400	18	$i'_{C-B}=25\%$
D	500	26	$i'_{D-C}=31\%$

【解】 方案 A 和方案 B 比较:由于 i_{rA}、i_{rB} 均大于 i_c,且 $i'_{B-A} > i_c$,所以方案 B 优于方案 A。

同理,方案 C 优于方案 B,方案 D 优于方案 C,所以最终方案 D 最优。

【例 6-7】 已知甲方案投资 200 万元,内部收益率为 8%;乙方案投资额为 150 万元,内部收益率为 10%。甲、乙两方案差额内部收益率为 5%,若基准收益率分别取 4%、7%、11% 时,哪个方案最优?

【解】 (1) 当 $i_c = 4\%$ 时,甲优于乙。

(2) 当 $i_c = 7\%$ 时,乙优于甲。

(3) 当 $i_c = 11\%$ 时,两个方案都不可取。

前面净现值法、净年值法、投资增额净现值法、差额内部收益率法都是针对一些常规方案的比选方法。对于一些情况比较特殊的方案,比如系列方案收益相同或未知的、寿命期无限的、寿命期不同的等,需要采取一些方法,使备选方案的基础相一致。

6.2.5 收益相同或未知的互斥方案的比选

用最小费用法进行比选,包括:

1) 费用现值法(PC 法)

费用现值指将方案所有的费用在基准收益率水平下折算到基准期的费用。其数学表达式为:

$$PC = \sum_{t=0}^{n} F_t (P/F, i_c, t) \tag{6-2}$$

从图 6-6 上看,费用现值即和原有现金流量(只考虑费用)等值的起始点向下资金的

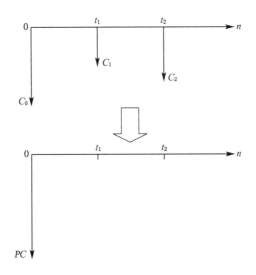

图 6-6 费用现值计算示意图

大小。

(1) 比选原则

在寿命期相等的互斥方案中,费用现值最小方案为最优方案。

(2) 步骤

① 分别计算各个方案的费用现值;

② 对所有方案的费用现值进行比较,选最小费用现值对应的方案为优。

2) 年费用法(AC 法)

年费用指将方案的所有费用在基准收益率水平下折算到方案寿命期每一年年末的费用。其数学表达式为:

$$AC = \left[\sum_{t=0}^{n} F_t(P/F, i_c, t)\right] \cdot (A/P, i_c, n) \tag{6-3}$$

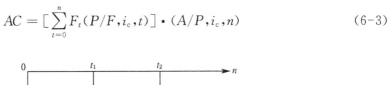

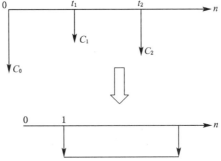

图 6-7 年费用计算示意图

从图 6-7 上看,年费用即和原有现金流量(只考虑费用)等值的每一年年末向下资金的大小。

84

步骤:
(1) 分别计算各个方案的年费用。
(2) 对所有方案的年费用进行比较,选最小年费用对应的方案为优。

【例 6-8】 某项目有 3 个设计方案 A、B、C 均能满足同样的需要。其费用数据如表 6-5 所示。若基准收益率为 5%,试分别用费用现值和费用年值比较方案的优劣。

表 6-5 A、B、C 方案的费用数据表(万元)

方 案	年份		
	总投资 (第 0 年) P	年运营费用 (第 1~5 年) C_1	年运营费用 (第 6~10 年) C_2
A	1 000	40	50
B	1 200	30	40
C	900	50	60

【解】 3 个方案 A、B、C 的现金流量图如图 6-8 所示。

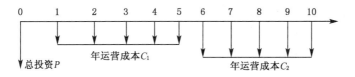

图 6-8 三方案现金流量图

3 个方案的费用现值分别为:

$PC_A = 50(P/A,5\%,5)(P/F,5\%,5) + 40(P/A,5\%,5) + 1\,000$
$\quad\quad = 50 \times 4.329\,5 \times 0.783\,5 + 40 \times 4.329\,5 + 1\,000$
$\quad\quad = 1\,342.788\,2$ 万元

$PC_B = 40(P/A,5\%,5)(P/F,5\%,5) + 30(P/A,5\%,5) + 1\,200$
$\quad\quad = 40 \times 4.329\,5 \times 0.783\,5 + 40 \times 4.329\,5 + 1\,000 + 1\,200$
$\quad\quad = 1\,465.571\,5$ 万元

$PC_C = 60(P/A,5\%,5)(P/F,5\%,5) + 50(P/A,5\%,5) + 900$
$\quad\quad = 60 \times 4.329\,5 \times 0.783\,5 + 40 \times 4.329\,5 + 900$
$\quad\quad = 1\,320.004\,8$ 万元

因为 $PC_C < PC_A < PC_B$,所以 C 方案最优。

再计算 3 个方案的费用年值:

$AC_A = PC_A(A/P,i,n) = 1\,342.788\,2(A/P,5\%,10)$
$\quad\quad\quad = 1\,342.788\,2 \times 0.129\,5$
$\quad\quad\quad = 173.891\,1$ 万元

$AC_B = PC_B(A/P,i,n) = 1\,465.571\,5(A/P,5\%,10)$

$$= 1\,465.571\,5 \times 0.129\,5$$
$$= 189.791\,5 \text{ 万元}$$
$$AC_C = PC_C(A/P,i,n) = 1\,320.004\,8(A/P,5\%,10)$$
$$= 1\,320.004\,8 \times 0.129\,5$$
$$= 170.940\,6 \text{ 万元}$$

因为 $AC_C < AC_A < AC_B$，所以 C 方案最优。

说明：年费用法是一种比其他几种方法应用更广泛的方法。因为若寿命期不同的方案进行比选常用 AC 法，而不能用 PC 法。此外，最小费用法只能比较互斥方案的相对优劣，并不代表方案自身在经济上的可行合理性。因此必须先进行各方案的可行性分析方可用最小费用法。在例 6-8 中，选择 C 方案为最优。其前提是 3 个方案均能满足同样的需要，暗含 3 个方案都是可行的方案。

6.2.6 寿命期无限的互斥方案的比选

寿命期有限年的费用折算到现在（起始点）费用，可通过 $P = A(P/A,i,n)$ 求得。但是对于寿命期无限的费用折算到现在如何求解？特别是对于一些特殊方案，比如道路桥梁寿命期较长，而一些费用是每年都发生的，如果需要将无限年的费用转化为现在的费用，如图 6-9，P 和 A 之间有怎样的关系呢？

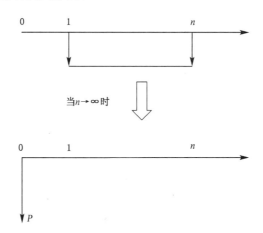

图 6-9 寿命期无限方案年值 A 和现值 P 之间关系示意图

通过对有限年等额分付现值公式求极限，公式(6-4)推导如下：

$$P = \lim_{n \to \infty}\left[A \cdot \frac{(1+i)^n - 1}{i(1+i)^n}\right] = \lim_{n \to \infty}\left\{A \cdot \frac{1}{i}\left[1 - \frac{1}{(1+i)^n}\right]\right\} = \frac{A}{i} \tag{6-4}$$

根据等值的可逆性，得：当 $n \to \infty$ 时，$A = Pi$。

说明：现值 P 发生在第一个年值 A 的上一个年度。

【**例 6-9**】 某城市修建跨越某河流的大桥，有南北两处可以选址。南桥方案是通过河面最宽的地方,桥头连接两座小山,且须跨越铁路和公路,所以要建吊桥。其投资为2 500万元,建桥购地用款120万元,年维护费2万元,水泥桥面每8年返修一次,每次返修费用为4万元。北桥方案跨度较小,建桁架即可,但需补修附近道路,预计共需投资1 500万元,年维护费1万元,该桥每4年粉刷一次,每次需1.5万元,每10年喷砂整修一次,每次需5万元,购地用款1 000万元。若年利率为10%,比较哪个方案较优。

【解】 $PC_{南} = 2\,500 + 120 + [2 + 4(A/F, 10\%, 8)]/10\%$
$= 2\,500 + 120 + [2 + 4 \times 0.087\,4]/10\%$
$= 2\,643$ 万元

$PC_{北} = 1\,500 + 1\,000 + [1 + 1.5(A/F, 10\%, 4) + 5(A/F, 10\%, 10)]/10\%$
$= 1\,500 + 1\,000 + [1 + 1.5 \times 0.215\,5 + 5 \times 0.062\,7]/10\%$
$= 2\,516$ 万元

因为 $PC_{南} > PC_{北}$,所以北桥较优。

这里涉及把周期性的费用折算成每一年的费用,和第4章资金的时间价值例4-21和例4-22类似,具体不再赘述。

6.2.7 寿命期不同的互斥方案的比选

1) 研究期法(以 NPV 法为基础)

如前所述,净现值法不适用于寿命期不同的方案比选,如果把不同方案寿命期变成相同寿命期,则净现值法仍然适用,于是就产生了研究期法。取寿命期最短或最长的方案的寿命期,或是期望的计算期为研究期,对它们的 NPV 进行比较,以 NPV 最大且可行者为优。

由于研究期法个人主观因素占相当大的比重,比选结果缺乏公信力,所以运用范围不广,仅适用于方案的粗选。

2) 最小公倍数法(以 NPV 法为基础)

取两方案服务寿命的最小公倍数作为一个共同期限,并假定各个方案均在这一个共同计算期内重复进行。在一个计算期内求各个方案的净现值,以 NPV 最大且可行为优。

相对于研究期法,最小公倍数法共同研究期唯一,所以运用范围较广。但如果两方案寿命期的最小公倍数过大,也不宜使用。

3) 年值法(以 NAV 为基础)

用年值法作为评比标准简单,假定方案重复进行,所以只计算一个周期。即计算各自方案寿命期每一年的年值 NAV,以 NAV 最大且可行为优。

【例6-10】 假设有 A、B 两个互斥方案,A 方案的初期投资为10 000元,寿命期为6年,1~5年每年年末的净收益为5 000元,第6年年末无收益;B 方案的初期投资为20 000元,寿命期为3年,每年的净收益为10 000元。若基准收益率为10%,用最小公倍数法或年值法(NAV)选择方案。

【解】 (1) 最小公倍数法

两个方案寿命期的最小公倍数为6年。为了计算方便,画出两个方案在最小公倍数内重复实施的现金流量图,如图 6-10 和图 6-11 所示。

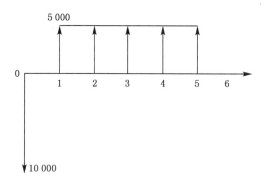

图 6-10 A 方案重复实施的现金流量图

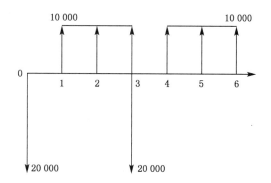

图 6-11 B 方案重复实施的现金流量图

现在计算两个方案在最小公倍数内的净现值。

$$NPV_A = -10\,000 + 5\,000(P/A, 10\%, 5)$$
$$= -10\,000 + 5\,000 \times 3.790\,8$$
$$= 8\,954 \text{ 元}$$

$$NPV_B = -20\,000 - 20\,000(P/F, 10\%, 3) + 10\,000(P/A, 10\%, 6)$$
$$= -20\,000 - 20\,000 \times 0.751\,3 + 10\,000 \times 4.355\,3$$
$$= 8\,527 \text{ 元}$$

因为 $NPV_A > NPV_B > 0$,所以 A 方案较佳。

(2) 年值法

由图 6-12、图 6-13 计算 A、B 两个方案各自寿命期的净年值,再比较大小。

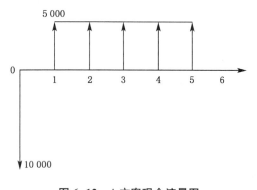

图 6-12 A 方案现金流量图

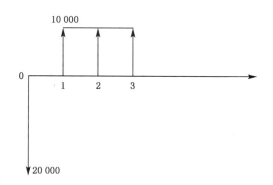

图 6-13 B 方案现金流量图

$$NAV_A = [-10\,000 + 5\,000(P/A, 10\%, 5)](A/P, 10\%, 6)$$
$$= [-10\,000 + 5\,000 \times 3.790\,8] \times 0.229\,6$$
$$= 2\,056 \text{ 元/年}$$

$$NAV_B = -20\,000(A/P, 10\%, 3) + 10\,000$$
$$= -20\,000 \times 0.402\,1 + 10\,000$$
$$= 1\,958 \text{ 元/年}$$

因为 $NAV_A > NAV_B > 0$，所以 A 方案较佳。

【例 6-11】 某公司选择施工机械，有两种方案可供选择，设备方案的数据如表 6-6 所示，应选用哪个方案？设利率为 10%。

表 6-6 两方案的数据表

项 目	单位	方案 A	方案 B
投 资	元	10 000	15 000
年收入	元	6 000	6 000
年支出	元	3 000	2 500
残 值	元	1 000	1 500
寿命期	年	6	9

【解】 本例中两个方案的最小公倍数为 18，用年值法简便一些。

画 A、B 两个方案各自寿命期的现金流量图，见图 6-14 和图 6-15。

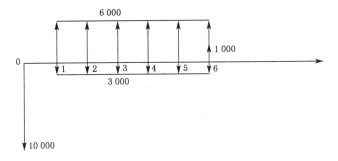

图 6-14 A 方案现金流量图

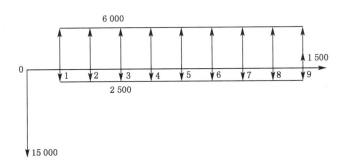

图 6-15 B 方案现金流量图

$NAV_A = -10\ 000(A/P,10\%,6) + 6\ 000 - 3\ 000 + 1\ 000(A/F,10\%,6)$
　　　$= -10\ 000 \times 0.229\ 6 + 6\ 000 - 3\ 000 + 1\ 000 \times 0.129\ 6$
　　　$= 833.6 \text{ 元}$

$NAV_B = -15\ 000(A/P,10\%,9) + 6\ 000 - 2\ 500 + 1\ 500(A/F,10\%,9)$
　　　$= -15\ 000 \times 0.173\ 6 + 3\ 500 + 1\ 500 \times 0.073\ 6$
　　　$= 1\ 006.4 \text{ 元}$

因为 $NAV_B > NAV_A > 0$，所以 B 方案优于 A 方案，应选择 B 方案。

7 不确定性分析

在前面介绍第 5 章内容时,评价项目是否可行所用的各种基础数据,如投资规模、工期、成本、产量、原材料价格、销售收入等,大多来自预测和估计,那么用这些基本数据分析计算出来的经济效果指标也存在着一定的误差。为了提高经济评价的准确度和可信度,尽量避免和减少投资决策的失误,有必要对投资项目做不确定性分析,为投资决策提供客观、科学的依据。

所谓不确定性分析,即计算分析不确定因素的假想变动,对经济效果评价的影响程度,以预测项目可能承担的风险,确保项目在财务经济上的可靠性。

产生不确定性因素的原因很多,一般情况下,产生不确定性的主要原因如下:

(1) 所依据的基本数据的不足或者统计偏差。
(2) 预测方法的局限,预测的假设不准确。
(3) 未来经济形势的变化,如通货膨胀、市场供求结构的变化。
(4) 技术进步,如生产工艺或技术的发展和变化。
(5) 无法以定量来表示的定性因素的影响。
(6) 其他外部影响因素,如政府政策的变化,新的法律、法规的颁布,国际政治经济形势的变化等,均会对项目的经济效果产生一定的甚至是难以预料的影响。

由于预测的不确定性导致项目有风险,但不确定性和风险有区别。1921 年,经济学家 Frank Knight 区分了不确定性和风险:习惯上,当这些不确定性的结果可以用发生的概率来加以表述和分析时,称之为风险分析;反之,不能用概率表示的,称为不确定性分析。本书的不确定性分析包括风险分析。

进行不确定性分析有许多方法,这里主要介绍盈亏平衡分析、敏感性分析和概率分析。

7.1 盈亏平衡分析

盈亏平衡分析(Break-even Analysis)是在一定的市场、生产能力的条件下,研究拟建项目成本与收益的平衡关系的方法。盈亏平衡分析又称"量—本—利"分析,它是根据产品产量或销售量、成本和利润三者之间相互依存关系进行的综合分析,其目的是找出投资项目盈利或亏损的临界点——盈亏平衡点(Break-even Point),以预测项目的风险大小,从而为投资决策提供合理的依据。

7.1.1 销售收入、成本费用与产量的关系

1) 销售收入与产品产量的关系

$$TR = pQ \tag{7-1}$$

式中：TR——年销售收入；

　　p——销售单价；

　　Q——产品年销量。

2）总成本费用 TC 与产品产量的关系

企业的总成本费用（TC），可分为固定成本费用和变动成本费用。

固定成本费用（CF）是指在一定条件下不随产品产量变化而变化的费用，比如企业管理费等。即使产量为零，固定成本也是必须要支出的一笔不变的费用。

可变成本费用（CV）随产量变化而变化，比如原材料费、燃料动力费、计件工资等。

$$TC = CF + CV = CF + C_V Q \tag{7-2}$$

式中：TC——年总成本；

　　CF——年固定成本；

　　CV——年可变成本；

　　C_V——单位变动成本；

　　Q——产品年产量。

7.1.2 线性盈亏平衡分析

1）线性盈亏平衡分析的前提条件

（1）产量等于销售量，即当年生产的产品当年销售出去。

（2）产量变化，单位可变成本不变，从而总成本费用是产量的线性函数。

（3）产量变化，产品售价不变，从而销售收入是销售量的线性函数。

（4）只生产单一产品，或者生产多种产品，但可以换算为单一产品计算。

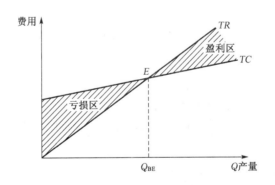

图 7-1　线性盈亏平衡分析图

2）线性盈亏平衡分析模型

如图 7-1 所示，横坐标表示产品产量，纵坐标表示销售收入与成本费用。销售收入线 TR 与总成本费用线 TC 的交点 E 称为盈亏平衡点，也就是项目盈利与亏损的临界点。在平衡点 E 的左边，总成本大于销售收入，为亏损区；在平衡点 E 的右边，销售收入大于总成本，为盈利区；在平衡点 E 上，企业不盈不亏。

项目盈亏平衡点（BEP）有多种表达形式。可以用绝对值表示，如以产品产销量、单位产品售价、单位产品的可变成本、年固定总成本以及年销售收入等表示的盈亏平衡点;也可以用相对值表示,如以生产能力利用率表示的盈亏平衡点。其中以产销量和生产能力利用率表示的盈亏平衡点应用最为广泛。

与盈亏平衡点对应的产量称为盈亏平衡点产量。设盈亏平衡点产量为 Q_{BE},则在盈亏平衡点处,年销售收入与年总成本相等。即:

$$TR = TC \tag{7-3}$$

代入销售收入、成本费用与产量的关系式,即公式(7-1)和公式(7-2),同时根据产量与销量相等的假设条件,得:

$$pQ = CF + C_V Q$$

解得,盈亏平衡点产量:

$$Q_{BE} = CF/(p - C_V) \tag{7-4}$$

最低生产能力利用率:

$$f_0 = Q_{BE}/Q_0 \tag{7-5}$$

式中:Q_0——已知的设计生产能力。

【例 7-1】 某市拟建一个商品混凝土搅拌站,年设计产量 10 万 m^3,混凝土平均售价 105 元/m^3,平均可变成本为 76.25 元/m^3,平均销售税金为 5.25 元/m^3,该搅拌站的年固定总成本为 194.39 万元,试计算该项目用产量和生产能力利用率表示的盈亏平衡点。

【解】 盈亏平衡点产量:

$$Q_{BE} = 1\,943\,900/(105 - 76.25 - 5.25) = 82\,700 \text{ m}^3$$

最低生产能力利用率:

$$f_0 = 82\,700/100\,000 \times 100\% = 82.7\%$$

3) 盈亏平衡产量和风险的关系

在销售价格和单位可变成本费用一定的情况下,产量只有达到盈亏平衡点产量,投资项目才能盈利,否则就会亏损。盈亏平衡产量 Q_{BE} 越低,说明项目盈利的可能性越大,亏损的可能性越小,风险越小。同样,最低生产能力利用率 f_0 越小越好,说明项目抗风险能力越强,亏损的可能性越小。

4) 线性盈亏平衡分析在多方案比较中的应用

在前面的线性盈亏平衡分析中,先分析了成本、收益和产量之间的关系,接着令成本与收益相等,求出盈亏平衡点的产量,再分析盈亏平衡点的左右所对应成本与收益的大小。在多方案比较中也可以运用这种思路,选择最优方案。

当有 2 个或 2 个以上的方案可供选择时,首先确定某一分析指标(如有收入时,可以是利润;当各方案收入相等时,可以是成本),然后将这一分析指标用同一变量表示,即确定分析指标的函数式。令方案的分析指标函数式相等,便可以求出该变量的某一特定值,此特定值叫做方案的优劣平衡点(或盈亏平衡点),最后分析优劣平衡点的左右方案的优劣。

(1) 两个互斥方案的比选

设有两个互斥方案，假设用成本（或收益）作为分析指标，它们的成本函数（或收益函数）取决于一个共同的变量 X 时：

$$C_1 = f_1(X)；C_2 = f_2(X)$$

令 $C_1 = C_2$，即 $f_1(X) = f_2(X)$。

由此，可求出优劣平衡点 X 值，据此再分析方案的优劣。

【例 7-2】 有一挖土方工程，有两个挖土方案：一是人工挖土，单价为 4 元/m^3；另一个是机械挖土，单价为 2 元/m^3，但需机械租赁费 1 万元。该土方工程应采用人工挖土还是机械挖土？

【解】 设土方量为 Q，则：

人工挖土费用 $\quad C_1 = 4Q$

机械挖土费用 $\quad C_2 = 2Q + 10\ 000$

令 $C_1 = C_2$，即 $4Q = 2Q + 10\ 000$，解得优劣平衡点：

$$Q = 5\ 000\ m^3$$

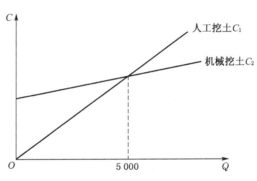

图 7-2 挖土优劣平衡分析图

如图 7-2 所示，当土方量小于 $5\ 000\ m^3$ 时，应采用人工挖土，当土方量大于 $5\ 000\ m^3$ 时应采用机械挖土。

【例 7-3】 拟用建筑设备有两套方案备选，方案甲的设备购置费为 $1\ 400$ 元，使用 4 年后的残值为 200 元，每年设备维护费为 120 元，设备运转每小时的动力费为 0.84 元；方案乙的设备购置费为 550 元，使用 4 年后无残值，设备运转每小时的动力费为 0.8 元，每小时的维护费为 0.57 元。若寿命都为 4 年，设基准收益率为 10%，试确定甲、乙设备的优劣范围。

【解】 若设备每年运转小时数为 t，并建立甲、乙方案的年度总费用函数。

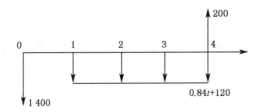

图 7-3 方案甲现金流量图

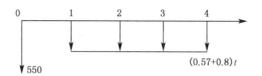

图 7-4 方案乙现金流量图

由图 7-3 和图 7-4 得:

方案甲的设备年费用:

$$AC_{甲} = 1\,400(A/P,10\%,4) - 200(A/F,10\%,4) + 120 + 0.84t$$
$$= 1\,400 \times 0.3155 - 200 \times 0.2155 + 120 + 0.84t$$
$$= 518.6 + 0.84t$$

方案乙的设备年费用:

$$AC_{乙} = 550(A/P,10\%,4) + (0.57 + 0.8)t = 550 \times 0.3155 + 1.37t$$
$$= 173.53 + 1.37t$$

令 $AC_{甲} = AC_{乙}$,即

$$518.6 + 0.84t = 173.53 + 1.37t$$

解得优劣平衡点 $t = 651$ 小时。

设备优劣平衡图如图 7-5 所示,当年运转小时数大于 651 时,选甲方案有利;当年运转小时数小于 651 时,选乙方案有利;当年运转小时数等于 651 时,选甲方案或乙方案优劣相同。

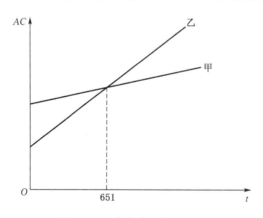

图 7-5 设备优劣平衡分析图

(2) 多个互斥方案的比选

若有多个方案,可以参照两方案的优劣分析方法,先列出各方案经济分析指标的函数式,然后进行两方案比较,找出优劣平衡点,之后再综合,找出各方案的优劣范围。

设多方案的总成本(或收益)受同一个共同变量的影响,每个方案的成本(或收益)都可以表示为该共同变量的函数,如

$$C_1 = f(X) \quad C_2 = f(X) \quad C_3 = f(X) \cdots$$

令 $C_1 = C_2$;

$C_2 = C_3$；
$C_3 = C_1$
……

两两比较，求出两个方案的优劣平衡点——等成本平衡点（等收益平衡点），分析比较，从中选择最优方案。

【例 7-4】 某单位修建面积为 $500\sim1\,000\ \text{m}^2$ 的住宅，拟定砖混结构、钢砖结构和砖木结构 3 种方案，其费用如表 7-1 所示。规定利率为 8%，试确定各方案的优劣范围。

表 7-1　3 种方案费用表

方　案	造价(元/m²)	寿命(年)	维修费(元/年)	取暖费(元/年)	残　值
砖混结构	600	20	28 000	12 000	0
钢砖结构	725	20	25 000	7 500	3.2%造价
砖木结构	875	20	15 000	6 250	1%造价

【解】 设住宅总年度成本是面积 x 的函数，用 $C(x)$ 表示。

现金流量图由四部分组成，见图 7-6。其中，P 为总造价，A_1 为年维修费，A_2 为年取暖费，F 为残值。

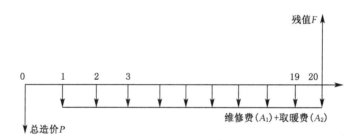

图 7-6　各方案现金流量图

各方案的总年度成本如下：

$$AC(x)_1 = 600x(A/P, 8\%, 20) + 28\,000 + 12\,000$$
$$= 600x \times 0.101\,9 + 40\,000$$
$$= 61.14x + 40\,000$$

$$AC(x)_2 = 725x(A/P, 8\%, 20) + 25\,000 + 7\,500 - 725x \times 3.2\% \times (A/F, 8\%, 20)$$
$$= 725x \times 0.101\,9 + 32\,500 - 725x \times 3.2\% \times 0.021\,9$$
$$= 73.37x + 32\,500$$

$$AC(x)_3 = 875x(A/P, 8\%, 20) + 15\,000 + 6\,250 - 875x \times 1\%(A/F, 8\%, 20)$$
$$= 875x \times 0.101\,9 + 21\,250 - 875x \times 1\% \times 0.021\,9$$
$$= 88.97x + 21\,250$$

将上述三方案分别组合联立：

$$AC(x)_1 = AC(x)_2$$
$$61.14x + 40\,000 = 73.37x + 32\,500$$

$$x_1 = 613$$
$$AC(x)_1 = AC(x)_3$$
$$61.14x + 40\,000 = 88.97x + 21\,250$$
$$x_2 = 674$$
$$AC(x)_2 = AC(x)_3$$
$$73.37x + 32\,500 = 88.97x + 21\,250$$
$$x_3 = 721$$

从而可以确定,修建 $500 \sim 674$ m² 住宅时以砖木结构为宜;修建 $674 \sim 1\,000$ m² 住宅时,取砖混结构为宜。参见图 7-7。

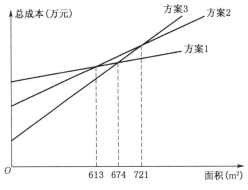

图 7-7 多方案优劣平衡分析图

7.1.3 非线性盈亏平衡分析

在实际经济活动中,产品的成本函数或销售收入函数并不呈直线变化,可能出现多个盈亏平衡点,如图 7-8 所示。

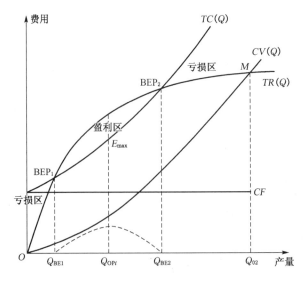

图 7-8 非线性盈亏平衡分析图

如图 7-8 所示,在 $Q_{BE1} \sim Q_{BE2}$ 区间才能盈利,并可找到最大利润所对应的产量 Q_{OPi}。而且还可看到,在 Q_{02} 以后,当销售收入降低到等于可变费用时,就达到关门点。意指当产量达到关门点时,工厂应停产关门,因为此时继续生产所造成的亏损比关门停产造成的亏损更大。这时的销售收入只能补偿可变费用,亏损额正好等于固定成本。

如果销售收入、成本和利润三者之间的关系均能用非线性函数表示时,则可定量地确定方案可盈利的范围,并求出相应的盈亏平衡点、最大利润和关门点的产量等。

(1) 盈亏平衡点的产量 Q_{BE}

设销售收入 TR 和总成本 TC 均为产量 Q 的函数,在盈亏平衡处,则有:

$$TR(Q) = TC(Q)$$

当求出满足上式的 Q 值,即为盈亏平衡时的产量。

(2) 利润最大的产量 Q_{OPi}

设利润函数为:

$$P(Q) = TR(Q) - TC(Q)$$

令

$$P'(Q) = 0 \text{ 且 } P''(Q) < 0$$

满足上式的产量 Q 即为利润最大时的产量 Q_{OPi}。

(3) 关门点的产量 Q_{02}

当 $TR(Q) = CV(Q)$ 时,对应的产量 Q,即为关门点产量 Q_{02}。

【例 7-5】 某厂生产某产品,年销售收入 $TR(Q) = 200Q - 0.02Q^2$ 元,年固定成本 $CF = 127\,500$ 元,年可变成本 $CV(Q) = 100Q - 0.01Q^2$ 元,试求盈亏平衡点、最大利润和关门点的产量。

【解】 其总成本函数为:

$$TC(Q) = 100Q - 0.01Q^2 + 127\,500$$

其利润函数为:

$$P(Q) = 100Q - 0.01Q^2 - 127500$$

(1) 盈亏平衡点的产量 Q_{BE}

$$P(Q) = 0$$

即

$$100Q - 0.01Q^2 - 127\,500 = 0$$

解得盈亏平衡点的产量 Q_{BE} 为:

$$Q_{BE1} = 1\,500(单位), Q_{BE2} = 8\,500(单位)$$

(2) 利润最大的产量 Q_{OPi}

令 $P'(Q) = 0$

$$\frac{dP(Q)}{dQ} = \frac{d}{dQ}(-0.01Q^2 + 100Q - 127\,500) = -0.02Q + 100 = 0$$

解得:

$$Q = 5\,000(单位)$$

此时:

$$P''(Q) = -0.02 < 0$$

故利润最大的产量： $Q_{OPi} = 5\ 000$

(3) 关门点的产量 Q_{02}

$$TR(Q) = CV(Q): 100Q - 0.01Q^2 = 0$$

解得： $Q_1 = 0, Q_2 = 10\ 000(单位)$

显然,关门点的产量为 10 000(单位)。

7.1.4 盈亏平衡分析的不足

盈亏平衡分析是一种静态分析,没有考虑货币的时间价值因素和项目计算期的现金流量的变化,因此其计算结果和结论是比较粗略的,还需要采用其他的动态的方法来分析因不确定因素变化而引起项目本身盈利水平变化幅度的变化。

7.2 敏感性分析

敏感,反映事物之间相互的影响程度。人对花粉过敏,反映花粉对人的影响很大。含羞草现象,反映外界的触碰对含羞草影响很大。

敏感性分析(Sensitivity Analysis),指预测分析项目不确定因素(如销售收入、成本、投资、价格等)发生变动而导致经济指标(如内部收益率、净现值等)发生变动的灵敏度,从中找出敏感因素,并确定其影响程度与影响的正负方向,进而制定控制负敏感因素的对策,确保项目的经济评价总体评价的安全性。

敏感性分析按不确定因素变化的数目分为单因素敏感性分析和多因素敏感性分析。

单因素敏感性分析是分析单一的不确定因素的变化对经济指标的影响,即假设各个不确定性因素之间相互独立,在其他因素保持不变的前提下只考察一个因素的变化,从而分析这个单一的可变因素对经济评价指标的影响程度。单因素敏感性分析是敏感性分析最常用的方法。

多因素敏感性分析是假设两个或两个以上的不确定因素同时发生变化时,分析这些因素的变化对经济评价指标的影响程度。

对于某一特定方案,如果某个影响因素发生较小的变化时,导致经济效果指标发生较大变化,则称经济效果指标对此因素敏感,该因素为敏感性因素;反之,如果某一影响因素发生较大变化时,而经济效果指标变化较小,则称经济效果指标对此因素不敏感,该因素为非敏感性因素。

如果有几个方案相比较,当影响因素发生同样变化时,经济效果指标变化大的方案为敏感性强的方案,经济效果指标变化小的方案为敏感性弱的方案。

7.2.1 敏感性分析的步骤

1) 确定项目经济效果评价指标

工程项目经济效果评价指标有很多,如净现值、净年值、内部收益率、投资回收期等,一般选择一个主要指标即可。

2) 选取不确定性因素

选择需要分析的不确定性因素时主要考虑两个方面：

(1) 在评价工程项目经济效果时采用的预测的基础数据发生变化的可能性较大。

(2) 对项目经济效果评价指标影响较大的，而且应尽可能选择彼此独立的不确定性因素。

3) 确定不确定性因素变化率

实践中不确定性因素变化程度主要以变化率表示，通常取±5%、±10%、±20%的变化率。

4) 在选定的不确定性因素变化率下重新计算评价指标

5) 计算敏感性分析的指标

常用的敏感性分析的指标有敏感度系数、临界点。

(1) 敏感度系数

敏感度系数是项目经济效果评价指标变化的百分率与不确定性因素变化的百分率之比。其计算公式为：

$$S = (\Delta A/A)/(\Delta F/F) \tag{7-6}$$

式中：S——敏感度系数；

$\Delta F/F$——不确定性因素 F 的变化率(%)；

$\Delta A/A$——不确定性因素 F 发生 ΔF 变化时，评价指标 A 的相应变化率(%)。

S 绝对值越大，表明评价指标 A 对于不确定性因素越敏感，该因素为敏感性因素；反之，则越不敏感，该因素为非敏感性因素。

敏感度系数不能直接显示变化后评价指标的值，通常我们通过敏感分析图辅助分析，将不确定性因素变化率作为横坐标，以工程经济评价指标作为纵坐标，即可作出工程经济评价指标随每种不确定性因素变化的曲线。图中每一条直线的斜率的绝对值反映经济评价指标对该不确定性因素的敏感程度，斜率的绝对值越大敏感度越高。

(2) 临界点（又称开关点）

临界点指不确定性因素的极限变化（最大幅度），变化幅度超过这个界限，项目将不可行。比如选用净现值作为评价项目是否可行的评价指标，则不确定性因素的临界点即使项目净现值等于零的变化百分率；比如选用内部收益率作为评价项目是否可行的评价指标，则不确定性因素的临界点即使项目财务内部收益率等于基准收益率时的变化百分率。

临界点的高低与设定的基准收益率有关，对于同一个投资项目，随着设定基准收益率的提高，临界点就会变低（即临界点表示的不确定性因素的极限变化变小）。

在一定的基准收益率下，临界点越低，说明该因素对项目经济评价指标影响越大，项目对该因素就越敏感。这一点对于净现值同样适用。

6) 敏感性分析及分析结果

对敏感性分析的结果应进行汇总，通常是将敏感性分析的结果汇集于敏感性分析表，并用敏感性分析曲线辅助说明。

如果对某一特定项目进行敏感性分析，则需重视敏感性因素对项目的影响。

如果进行敏感性分析的目的是对不同的投资项目或某一项目的不同方案进行选择，一般应选择敏感程度小、承受风险能力强、可靠性大的项目或方案。

7.2.2 单因素敏感性分析

单因素敏感性分析是仅分析某一个不确定性因素的变动对项目经济评价指标的影响。

【例 7-6】 已知某项目的投资额、单位产品价格和年经营成本在初始值的基础上分别变动±10%时对应的净现值的计算结果见表 7-2。

(1) 根据该表的数据计算各因素的敏感系数,并对 3 个因素的敏感性进行排序。

(2) 根据表中的数据绘制单因素敏感性分析图,列式计算并在图中标出单位产品价格的临界点。

表 7-2 单因素变动情况下的净现值表

	−10%	0	10%
投资额	1 410	1 300	1 190
单位产品价格	320	1 300	2 280
年经营成本	2 050	1 300	550

【解】 (1) 本项目工程经济评价指标:净现值;

不确定性因素:投资额、单位产品价格和年经营成本;

不确定性因素变化率:±10%;

如表 7-2 所示为 3 个不确定因素的变化对应的净现值。

(2) 根据公式(7-4)计算敏感度系数:

$$S_{投资1} = (\Delta A/A)/(\Delta F/F) = (1\,410 - 1\,300)/1\,300/(-10\%) = -0.85$$

$$S_{投资2} = (\Delta A/A)/(\Delta F/F) = (1\,190 - 1\,300)/1\,300/(10\%) = -0.85$$

同理,可计算单位产品价格和年经营成本的敏感度系数.具体结果参照表 7-3。

表 7-3 敏感度系数表

	−10%	0	10%	敏感度系数	敏感度排序
投资额	1 410	1 300	1 190	−0.85	3
单位产品价格	320	1 300	2 280	7.54	1
年经营成本	2 050	1 300	550	−5.77	2

(3) 敏感性分析

敏感度系数的绝对值越大,表明评价指标净现值对于不确定性因素越敏感。所以,敏感度排列为:单位产品价格＞年经营成本＞投资额。

(4) 敏感性分析图

将不确定性因素变化率作为横坐标,以净现值作为纵坐标,得到 3 条敏感性分析曲线,每条曲线与横坐标的交点称为该不确定性因素的临界点,该点对应的横坐标即为不确定性因素变化的临界值。如图 7-9 所示,单位产品价格的临界值为−13.27%。

7 不确定性分析

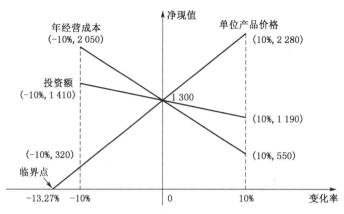

图 7-9 单因素敏感性分析图 1

【例 7-7】 某投资项目基础数据如表 7-4 所示,所采用的数据是根据对未来最可能出现的情况预测估算的(期末资产残值为 0)。通过对未来影响经营情况的某些因素的预测,估计投资额 K、经营成本 C、收入 B 均有可能在 $\pm 20\%$ 的范围内变动。已知基准折现率为 10%。试分别就 K、C、B 三个不确定性因素对项目净现值作单因素敏感性分析。

表 7-4 基础数据表(万元)

年 份	0	1	2~11
投资额 K	200		
经营成本 C			50
收入 B			110
净现金流量	−200	0	60

【解】 根据表中数据,可计算出确定性分析结果为:

$$NPV = -K + (B-C)(P/A,10\%,10)(P/F,10\%,1)$$
$$= -200 + 60 \times 6.144 \times 0.909\ 1 = 135.13 \text{ 万元}$$

设 K、C、B 变动百分比分别为 ΔK、ΔC、ΔB,则分析 K、C、B 分别变动对 NPV 影响的计算式为:

$$NPV = -K(1+\Delta K) + (B-C)(P/A,10\%,10)(P/F,10\%,1)$$
$$NPV = -K + [B(1+\Delta B) - C](P/A,10\%,10)(P/F,10\%,1)$$
$$NPV = -K + [B - C(1+\Delta C)](P/A,10\%,10)(P/F,10\%,1)$$

查复利系数表 $(P/A,10\%,10) = 6.144\ 6$ $(P/F,10\%,1) = 0.909\ 1$

假设各变化因素均按 $\pm 10\%$、$\pm 20\%$ 变动,计算结果如表 7-5 所示。

表 7-5 单因素变动情况下的净现值表

不确定性因素	变 化 率					敏感度系数	敏感程度
	−20%	−10%	0	+10%	+20%		
投资额 K	175.13	155.13	135.13	115.13	95.13	−1.48	不敏感
经营成本 C	190.99	163.06	135.13	107.20	79.28	−2.07	敏感
收入 B	12.249	73.69	135.13	196.5	258.01	+4.54	最敏感

根据表中数据绘出敏感性分析图,如图7-10所示。

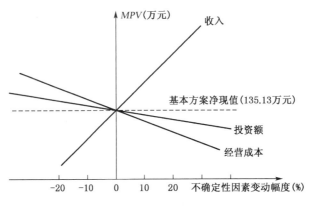

图7-10 单因素敏感性分析图2

由表7-5和图7-10可以看出,对项目 NPV 的影响由大到小的顺序为 B、C、K,最敏感因素就是收入。

另外,分别使用前述3个计算公式,令 $NPV=0$,可得:$\Delta K=67.6\%$,$\Delta C=48.4\%$,$\Delta B=-22\%$。临界值越低,该因素越敏感,同样收入是最敏感因素。

7.2.3 多因素敏感性分析

单因素的敏感性分析仅就一个因素发生变动,只适用于分析最敏感的因素,它忽略了各不确定性因素之间相互作用的可能性。实际上,不确定性因素往往是同时变化的,所以,有必要进行多因素敏感性分析。

多因素敏感性分析计算比单因素敏感性分析要复杂得多。单因素敏感性分析得到的是一条敏感性曲线,若分析两个不确定性因素同时变化的敏感性,则可以得到敏感性分析曲面。如果需要分析的不确定性因素超过3个,则是三维敏感性分析体。下面仅进行双因素敏感性分析。

【例7-8】 某企业为研究一项投资方案,提供了数据资料如表7-6所示。

表7-6 方案的现金流量表(元)

项 目	投资	寿命	残值	年收入	年支出	基准收益率
参数值	10 000	5 年	2 000	5 000	2 200	8%

假定最关键的不确定性因素是投资和年收入,试用净现值指标进行双因素的敏感性分析。

【解】 设 x 表示初始投资变化的百分数,y 表示年收入变化的百分数,则净现值 NPV 与投资变化 x、年收入变化 y 的函数关系式为:

$NPV=-10\,000(1+x)+[5\,000(1+y)-2\,200](P/A,8\%,5)+2\,000(P/F,8\%,5)$

查复利系数表 $(P/A,8\%,5)=3.992\,7$ $(P/F,8\%,5)=0.680\,6$

令 $NPV=0$,则有:

7 不确定性分析

$$y = -0.1273 + 0.5009x$$

当 $NPV > 0$ 即 $y > -0.1273 + 0.5009x$ 时，则该投资方案便可以盈利8%以上。

取 x 和 y 双因素的变动量均为 ±10%和±20%作图，可得双因素敏感性分析图，见图7-11。

如图7-11所示，x 与 y 的任一组合均代表初始投资和年销售收入变化的一个可能状态。直线 $y = -0.1273 + 0.5009x$ 是一条临界线，在临界线上 $NPV = 0$。在此临界线左上方的区域 $NPV > 0$；在此临界线右下方的区域 $NPV < 0$。当初始投资和年销售收入同时变动时，若变动量所对应的点落到的 $NPV < 0$ 区域，方案就会变为不可行。

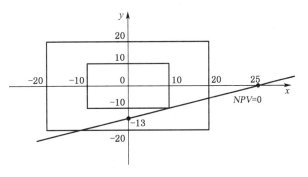

图7-11 双因素敏感性分析图

7.2.4 敏感性分析的不足

敏感性分析有助于找出影响项目经济效果的敏感因素及其影响程度，便于决策者全面了解投资方案可能出现的经济效果变动情况，从而设法采取措施减少不利因素的影响，以利于提高项目的经济效果。然而，敏感性分析是建立在各个不确定性因素发生变动可能性相同的前提下进行的，它忽略了这种变动是否发生和可能发生的程度有多大。比如，两个同样敏感的因素向不同方向变动的概率，一个可能性很大，而另一个很小。显然，前一个因素会给项目带来很大的影响，而后一个因素虽也很敏感，但它变化的可能性很小，对项目的影响自然也很小，敏感性分析无法区别这两个因素对项目带来的风险程度，这就要靠概率分析来完成。

7.3 概率分析

概率是指事件的发生所产生某种后果的可能性的大小。概率分析（Probability Analysis），是利用概率来研究和预测不确定性因素对项目经济评价指标的影响的一种定量分析方法。

7.3.1 单方案的概率分析

单方案概率分析中，一般是计算工程项目净现值的期望值和净现值大于或等于零时的累计概率。如果计算出的累计概率值越大，说明工程项目承担的风险越小。

概率分析的主要步骤：
(1) 列出要考虑的各种风险因素，如投资、经营成本、销售价格等。
(2) 设想各种风险因素可能发生的状态，即确定其数值发生变化个数。

(3) 分别确定各种状态可能出现的概率,并使可能发生状态概率之和等于1。

(4) 分别求出各种风险因素发生变化时,方案净现金流量各状态发生的概率和相应状态下的净现值 $NPV^{(j)}$。

方案净现值的期望值为:

$$E(NPV) = \sum_{j=1}^{k} NPV^{(j)} \cdot P_j \tag{7-7}$$

式中:P_j——第 j 种状态出现的概率;

k——可能出现的状态数。

(5) 求方案净现值的期望值(均值)$E(NPV)$。

(6) 求出方案净现值非负的累计概率。

(7) 对概率分析结果作说明。

【例 7-9】 某商品住宅小区开发项目现金流量的估计值如表 7-7 所示,根据经验推断,销售收入和开发成本为离散型随机变量,其值在估计值的基础上可能发生的变化及其概率见表 7-8。试确定该项目净现值大于等于零的概率。基准收益率 $i_c = 12\%$。销售税及附加税率为 6.5%。

表 7-7 基本方案的参数估计(万元)

年　　　份	1	2	3
销售收入	857	7 143	8 800
开发成本	5 888	4 873	6 900
销售税及附加税	56	464	572
净现金流量	−5 087	1 806	1 328

表 7-8 不确定性因素的变化范围

概率　　变幅　　因素	−20%	0	+20%
销售收入	0.2	0.6	0.2
开发成本	0.1	0.3	0.6

【解】 (1) 项目净现金流量未来可能发生的 9 种状态(如图 7-12)

(2) 分别计算项目净现金流量各种状态的概率 $P_j(j = 1, 2, \cdots, 9)$

$P_1 = 0.2 \times 0.6 = 0.12$(销售收入降低 20%,开发成本增加 20%)

$P_2 = 0.2 \times 0.3 = 0.06$(销售收入降低 20%,开发成本不变化)

$P_3 = 0.2 \times 0.1 = 0.02$(销售收入降低 20%,开发成本降低 20%)

其余类推。结果见图 7-12。

(3) 分别计算项目各状态下的净现值 $NPV^{(j)}(j = 1, 2, \cdots, 9)$

$$NPV^{(1)} = \sum_{t=1}^{3} (CI - CO)_t^{(1)} (1 + 12\%)^{-t} = -2\,157.2 \text{ 万元}$$

7 不确定性分析

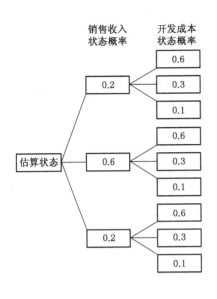

可能状态 (j)	状态概率 (P_j)	$NPV^{(j)}$	$P_j \cdot NPV^{(j)}$
1	0.12	3 123.2	374.8
2	0.06	653.5	341.4
3	0.02	−4 967.9	165.2
4	0.36	−2 157.2	−50.9
5	0.18	2 425.9	436.7
6	0.06	4 993.0	299.6
7	0.12	−1 767.0	−212.0
8	0.06	−838.7	−50.3
9	0.02	1 728.5	34.6
合计	1.00		1 339.1

图 7-12 项目各种可能状态概率及净现值图

其余类推,结果见图 7-12。

(4) 计算项目净现值的期望值

净现值的期望值 = 0.12×3 123.2+0.06×5 690.4+0.02×8 257.6+0.36×
(−141.3)+0.18×2 425.9+0.06×4 993.0+0.12×
(−1 767)+0.06×(−838.7)+0.02×1 728.5
= 1 339.1 万元

(5) 计算净现值大于等于零的概率

$$P(NPV \geqslant 0) = 1 - 0.36 - 0.12 - 0.06 = 0.46$$

(6) 分析

该项目净现值的期望值大于零,是可行的。但净现值大于零的概率不够大,说明项目存在一定的风险。

7.3.2 多方案的概率分析

1) 损益期望值法

损益期望值:几种状态损益值的加权之和。

$$E(A_i) = \sum_{j=1}^{n} P(\theta_j) \cdot a_{ij} \tag{7-8}$$

式中:$E(A_i)$——A_i 方案的损益期望值;
$P(\theta_j)$——自然状态 θ_j 的发生概率;
a_{ij}——A_i 方案在自然状态 θ_j 下的损益值;
n——自然状态数。

对于多个投资方案运用概率分析进行决策,损益期望值应用最为广泛。由于损益期望值体现了损益值的平均水平,对于互斥方案的比选,通常选择收益期望值较大的方案或是选择成本期望值较低的方案。

【例7-10】 某项目工程,施工管理人员要决定下个月是否开工。若开工后遇天气不下雨,则可按期完工,获利润5万元;若遇天气下雨,则要造成1万元的损失。假如不开工,不论下雨还是不下雨都要付窝工费1 000元。据气象预测,下个月天气不下雨的概率为0.2,下雨概率为0.8,利用期望值的大小为施工管理人员作出决策。

【解】 开工方案的期望值

$$E_1 = 50\,000 \times 0.2 + (-10\,000) \times 0.8 = 2\,000 \text{ 元}$$

不开工方案的期望值

$$E_2 = (-1\,000) \times 0.2 + (-1\,000) \times 0.8 = -1\,000 \text{ 元}$$

$E_1 > E_2$,应选开工方案。

2) 决策树法

对于复杂项目,可以运用决策树来辅助进行分析。决策树是模拟树木的生长过程的树状图形。

决策树的画法(见图7-13):

(1) 先画一个方框作为出发点,又称决策点。
(2) 从出发点向右引出若干条直线,这些直线叫做方案枝。
(3) 在每个方案枝的末端画一个圆圈,这个圆圈称为机会点。
(4) 从自然状态点引出代表各自然状态的分枝,称为概率分枝。
(5) 如果问题只需要一级决策,则概率分枝末端画三角形,表示终点。

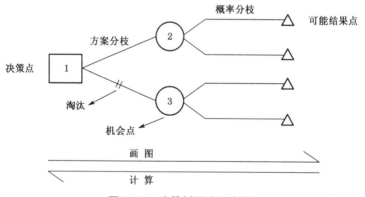

图7-13 决策树画法示意图

决策树形象直观,思路清晰,层次分明,一目了然,程序上先画图,再计算;在计算之前,先对决策点"□"和机会点"○"进行编号,编号的原则是从左至右、从上到下。计算与编号的顺序相反,先计算编号大的机会点的损益期望值,再计算编号小的损益期望值,遇到决策点,再根据期望值结果作出选择(选择收益期望值较大的方案枝或是选择成本期望值较低的方案枝),被否定的方案枝用"//"代表"剪枝",接着把被选方案枝的期望值前移至决策点,一直计算到最初的决策原点。最后,决策点"□"上只留下一枝最佳方案。

如例 7-10 的决策树如图 7-14 所示。

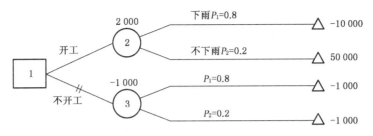

图 7-14 例 7-10 决策树

【例 7-11】 某承包商对某项工程做是否投标和如何投标的决策。根据该承包商过去的投标经验和施工资料,已知条件见表 7-9。用决策树法作出决策。

表 7-9 过去投标经验和施工资料表

方 案	自然状态	发生概率	可能的利润(万元)
投高标	中标: 　施工顺利 　一般 　施工难度大 失标:	0.3 0.3 0.5 0.2 0.7	80 50 −30 −10
投低标	中标: 　施工顺利 　一般 　施工难度大 失标:	0.6 0.3 0.5 0.2 0.4	60 40 −20 −10
不 投		1.0	0

【解】 (1) 从左至右逐步绘制决策树,见图 7-15。
(2) 逆顺序逐步计算各个机会点"○"的损益期望值
节点⑥:$60\times0.3+40\times0.5+(-20)\times0.2=34$
节点③:$80\times0.3+50\times0.5+(-30)\times0.2=43$
节点⑤:$34\times0.6+(-10)\times0.4=16.4$
节点②:$43\times0.3+(-10)\times0.7=5.9$
节点④:0

决策点节点①通过比较机会点节点⑤、节点②、节点④的期望值,节点⑤的期望值最大,故应选择投低标,剪掉投高标和不投标。

例 7-11 中的决策比较简单,只有一个决策点。对于复杂的决策,可能会有多个决策点。

【例 7-12】 某工程分两期进行施工,第一期工程完工后,由于某种原因,第二期工程要半年后才能上马,这样工地上的施工机械设备就面临着是否要搬迁的问题。如搬迁,半年后再搬回来,共需搬迁费 8 000 元;如不搬迁,对工地上的设备必须采取保养性措施:当遇到天气好(概率为 0.6),可采取一般性保养措施,需费用 3 000 元,当遇到天气经常下雨(概率为

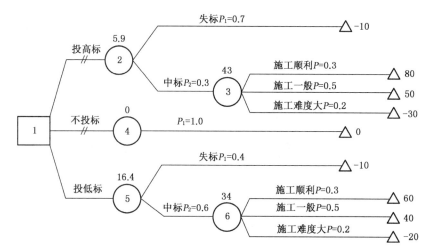

图 7-15 承包商投标决策树

0.4),仍采取一般性保养措施,需费用 3 000 元,且肯定会造成 10 万元经济损失,若采取特殊保养措施,需费用 10 000 元,则有 0.8 的可能性造成 1 000 元损失,0.2 的可能性造成 4 000 元损失。试用决策树选择方案。

【解】 (1) 从左至右逐步绘制决策树,见图 7-16。

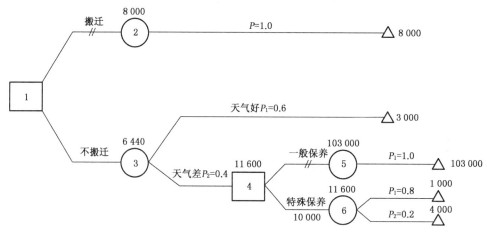

图 7-16 施工机械搬迁决策树

(2) 逆顺序逐步计算各个机会点"○"的损益期望值

节点⑤:10 300 元

节点⑥:$1\,000 \times 0.8 + 4\,000 \times 0.2 + 10\,000 = 11\,600$ 元

比较计算结果,应选择特殊保养措施,"剪掉"一般保养措施。因此,决策点节点④的期望值为 11 600 元。

节点③:$11\,600 \times 0.4 + 3\,000 \times 0.6 = 6\,440$ 元

节点②:8 000 元

比较计算结果,节点②的期望值大于节点③的期望值,故应选择不搬,"剪掉"搬迁方案。

所以,最终的决策方案为不搬,若天气差,采取特殊保养措施,该方案的损失期望值为 6 440 元。

8 价值工程

VE/VA 是二战时期美国设计师麦尔斯(L. S. Miles)在石棉短缺问题上研究出代替材料的方法,他总结出一套在保证相同功能的前提下降低成本的较完整的科学技术方法,其后又发展到改进设计、工艺和生产领域,而至目前完善成为一种技术经济分析方法,统称为价值工程。

我国对这种方法的认识是在 1978 年,现已被重视和普及。今天的 VE 和 VA 是一回事,但严格地说它们是有区别的。从产品投产到制造进行的价值活动分析即事后分析,称价值分析(VA);在科研、设计、生产、准备、试制新产品的生产过程之前进行价值活动分析即事前分析,称价值工程(VE)。

8.1 价值工程的基本原理和工作程序

8.1.1 基本原理

1) 价值工程的概念

价值工程(Value Engineering,VE)是以提高产品或作业价值为目的,通过有组织的创造性工作,寻求用最低的全寿命周期成本,可靠地实现使用者所需功能的一种管理技术。价值工程中所述的"价值",它不是对象的使用价值,也不是对象的交换价值,而是对象的比较价值,是作为评价事物有效程度的一种尺度提出来的。这种对比关系可用一个数学公式表示为:

$$V = \frac{F}{C} \tag{8-1}$$

式中:V——研究对象的价值;

F——研究对象的功能;

C——研究对象的成本,即寿命周期成本。

价值即性价比,反映投入和产出的关系。从消费者角度购买产品,花了钱即成本或代价,得到的是产品的质量,即功能。

全寿命周期成本指产品从设计制造到交付使用,直到报废为止的全过程的生产费用和使用费用之和。如图 8-1 所示,生产成本和功能是正相关,而使用成本则是负相关。比如房屋,

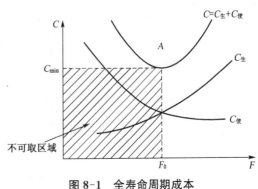

图 8-1 全寿命周期成本

质量好的房子价格贵,但后期维修费用低,也有可能小区环境好、污染少、PM2.5 低而少生病。

最低的寿命周期成本 A 点所对应的功能水平(F_0)是从成本方面考虑的最为适宜的功能水平。在 A 点的左边,功能较低,使用成本较高,增加的成本转移到用户身上去了。在 A 点的右边,生产成本偏高,但功能提高,以适应追求功能而不惜花钱的用户的需求。

2)价值工程的特点

价值工程涉及价值、功能和全寿命周期成本 3 个基本要素。价值工程具有以下特点:

(1)价值工程的目标是以最低的寿命周期成本,使产品具备它所必须具备的功能。

(2)价值工程的核心是对产品进行功能分析。因此,价值工程分析产品,首先不是分析其结构,而是分析其功能。在分析功能的基础之上,再去研究结构、材质等问题。

(3)价值工程将产品价值、功能和成本作为一个整体同时来考虑。提高价值为目标,反映了生产者和用户的共同利益。

(4)价值工程强调不断改革和创新。

(5)价值工程要求将功能定量化,即将功能转化为能够与成本直接相比的量化值。

(6)价值工程是有组织的集体创造活动。

3)提高产品价值的途径

(1)在提高产品功能的同时,又降低产品成本,这是提高价值最为理想的途径。

(2)在产品成本不变的条件下,通过提高产品的功能,提高利用资源的成果或效用。

(3)在保持产品功能不变的前提下,通过降低成本达到提高价值的目的。

(4)产品功能有较大幅度提高,产品成本有较少提高。

(5)产品功能略有下降,产品成本大幅度降低。

8.1.2 工作程序

价值工程的工作程序一般可分为准备、分析、创新、实施与评价 4 个阶段。其工作步骤实质上就是针对产品的功能和成本提出问题、分析问题和解决问题的过程,见表 8-1。

表 8-1 价值工程的工作程序

工作阶段	工作步骤	对应问题
一、准备阶段	对象选择 组成价值工程工作小组 制定工作计划	(1)价值工程的研究对象是什么? (2)围绕价值工程对象需要做哪些准备工作?
二、分析阶段	收集整理资料 功能定义 功能整理 功能评价	(3)价值工程对象的功能是什么? (4)价值工程对象的成本是多少? (5)价值工程对象的价值是多少?
三、创新阶段	方案创造 方案评价 提案编写	(6)有无其他方法可以实现同样功能? (7)新方案的成本是多少? (8)新方案能满足要求吗?
四、方案实施与评价阶段	方案审批 方案实施 成果评价	(9)如何保证新方案的实施? (10)价值工程活动的效果如何?

8.2 对象选择和信息资料的收集

8.2.1 选择对象的原则及方法

对象选择的一般原则:优先考虑在企业生产经营上有迫切需要的对国计民生有重大影响的项目;在改善价值上有较大潜力的产品或项目。

价值工程对象选择的方法有多种,常用的方法有以下几种:

1) 因素分析法

因素分析法又称经验分析法,是指根据价值工程对象选择应考虑的各种因素,凭借分析人员的经验集体研究确定选择对象的一种方法。

因素分析法是一种定性分析方法,依据分析人员经验作出选择,简便易行。特别是在被研究对象彼此相差比较大以及时间紧迫的情况下比较适用。因素分析法的缺点是缺乏定量依据,准确性较差。

2) ABC 分析法

ABC 分析法又称重点选择法或不均匀分布定律法。在价值工程中,这种方法的基本思路是:首先将一个产品的各种部件(或企业各种产品)按成本的大小由高到低排列起来,然后绘成费用累积分配图(如图 8-2)。然后将占总成本 70%~80% 而占零部件总数 10%~20% 的零部件划分为 A 类部件;将占总成本 5%~10% 而占零部件总数 60%~80% 的零部件划分为 C 类;其余为 B 类。其中 A 类零部件是价值工程的主要研究对象,如表 8-2 所示。

表 8-2 ABC 分析法

零件种类	零件数量 $n(\%)$	零件成本 $C(\%)$	研究对象的选择
A	少 10%~20%	高 70%~80%	重点对象
B	其余	其余	一般对象
C	多 70%~80%	低 10%~20%	不作为对象

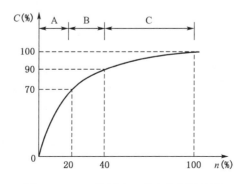

图 8-2 ABC 分析法—成本费用累计图

【例 8-1】 某 8 层住宅工程,结构为钢筋混凝土框架,材料、机械、人工费总计为 216 357.83 元,建筑面积为 1 691.73 m²,各分部所占费用见表 8-3。

表 8-3 分部费用百分比表

分部名称	代 号	费 用(元)	百分比(%)
基 础	A	29 113.01	13.46
墙 体	B	41 909.53	19.37
框 架	C	75 149.86	34.73
楼地面	D	10 446.04	4.83
装 饰	E	20 571.49	9.51
门 窗	F	33 777.31	15.61
其 他	G	5 390.59	2.49
总 计		216 357.83	100

【解】 按费用(或其百分比)大小排序,并依次计算累计百分比,见表 8-4。

表 8-4 累计费用百分比表

分部名称	代 号	费 用(元)	百分比(%)	累计百分比(%)
框 架	C	75 149.86	34.73	34.73
墙 体	B	41 909.53	19.37	54.1
门 窗	F	33 777.31	15.61	69.71
基 础	A	29 113.01	13.46	83.17
装 饰	E	20 571.49	9.51	92.68
楼地面	D	10 446.04	4.83	97.51
其 他	G	5 390.59	2.49	100
总 计		216 357.83	100	—

由表 8-4 可知:应选框架、墙体、门窗作为研究对象。

ABC 分析法简单易懂,但没有将费用与功能联系起来共同考虑,容易忽视功能重要但成本不高的对象。

3) 价值系数法

这是以功能重要程度作为选择价值工程对象的一种分析方法。具体做法是:先求出分析对象的成本系数、功能系数,然后得出价值系数,以揭示出分析对象的功能与成本之间是否相符。如果不相符,价值低的则被选为价值工程的研究对象。这种方法在功能评价和方案评价中也有应用。

第一步,用强制确定法(又称 FD 法或 01 评分法)计算功能系数。

由 5~10 个专家按功能的重要程度两两比较,重要者得 1 分,不重要者得 0 分,自己与自己比较不得分用"×"表示,再累计,用公式计算:

$$功能系数(f_i) = \frac{零部件得分累计}{总分} \quad (8-2)$$

例如,某个产品有 5 个零部件,相互间进行功能重要性对比。以某一评价人员为例,见表 8-5。

表 8-5 功能系数计算表

零件名称	A	B	C	D	E	得分	功能系数
A	×	1	1	0	1	3	0.3
B	0	×	1	0	1	2	0.2
C	0	0	×	1	0	1	0.1
D	1	1	0	×	1	3	0.3
E	0	0	1	0	×	1	0.1
总分						10	1.0

例如,A 得分为 3 分,则 A 功能系数为 3/10 = 0.3,其他零部件的功能系数也按同样方法求出,见表 8-5。

第二步,求成本系数。

成本系数指各零部件成本占总成本的比例,其计算公式为:

$$成本系数(c_i) = \frac{零部件成本}{总成本} \quad (8-3)$$

第三步,求价值系数。

价值系数指零部件的功能系数和成本系数之比,其计算公式为:

$$价值系数(V_i) = \frac{功能系数(f_i)}{成本系数(c_i)} \quad (8-4)$$

最后按以下原则进行选择:

(1) 如果价值系数 $V_i < 1$,说明其零部件相对于功能的重要性而言成本偏高,应作为分析对象。

(2) 如果价值系数 $V_i > 1$,说明其零部件相对于功能的重要性而言成本偏低,较理想,可不必分析。但若 V_i 很大,可能存在质量隐患,则要考虑作为价值工程分析的对象。

(3) 如果价值系数 $V_i = 1$,说明该零部件功能与成本相符,"一分钱一分货",不必分析。

从图 8-3 价值系数分析图上看,选择价值工程研究对象的先后顺序与和价值系数偏离 1 的程度有关,偏离得越远,越有值得上升的空间,达到价值系数=1 的理想状态,越值得作为价值工程研究的对象。

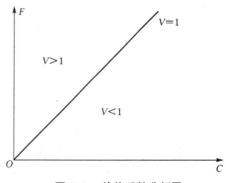

图 8-3 价值系数分析图

4) 最合适区域法(田中法)

最合适区域法是日本东京大学田中教授于 1973 年在美国价值工程师学会举办的国际学术讨论会上提出的,所以又叫田中法。

最合适区域法是一种在价值系数法的基础上利用一个最合适区域来精选价值工程对象、选择价值工程改进对象的方法。

在零部件价值系数相同的情况下,如果功能系数和成本系数的绝对值不同,那么它们对经济效果的影响也不同。所以不能简单地以价值系数来选择价值工程对象,还应考虑各对象的功能系数和成本系数,对两者较大的应作重点考虑,对两系数较小的对象可不作重点考虑或不考虑。例如有 A、B、C、D 四个零件,有关数据见表 8-6。

表 8-6 零件 A、B、C、D 有关数据

零件名称	功能评价系数	目前成本(元)	成本系数	价值系数
A	0.080	100	0.10	0.8
B	0.008	10	0.01	0.8
C	0.20	100	0.10	2.0
D	0.02	10	0.01	2.0
…	…	…	…	…
合计	1.00	1 000	1.00	—

表 8-6 中 A、B 两零件价值系数相等,但由于它们各自的成本系数与功能评价系数的绝对值不同,因而对产品价值的实际影响有很大差异。如果零件 A 价值系数变为 1,则成本可降低 20 元;而零件 B 价值系数变为 1,则成本可降低 2 元。在选择目标时不应把价值系数相同的对象同等看待,最合适区域法在选择价值工程对象时,不仅要考虑价值系数值大于 1 或小于 1 的情况,而且还要考察功能系数和成本系数绝对值的大小,从而对各对象加以区别对待。

如图 8-4 所示,横坐标表示成本系数,纵坐标表示功能系数,价值系数=1 的点即过原点倾角为 45°的直线。两条曲线 $y_1 = \sqrt{x^2 - 2s}$ 和 $y_2 = \sqrt{x^2 + 2s}$ 所夹的区域为合理区域,即图 8-4 中的阴影部分区域。

在两条曲线方程式中,s 是一个常数。s 取值视选择目标的需要人为给定。在应用时可以通过试验,代入不同的 s 值,直到获

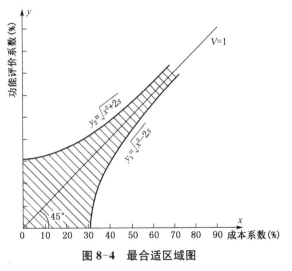

图 8-4 最合适区域图

得满意结果为止。s 大,阴影部分面积大,价值工程分析的目标将选择得少;反之,若给定的 s 较小,选定的价值工程分析的目标就多。

最合适区域法的原理与价值系数法是一致的,认为价值系数在 1 附近是合适的,可不作为改进对象。曲线内称为最合适区,曲线外的对象皆为价值工程分析的对象。

现举自来水笔作例子来说明这一方法。

把自来水笔分为墨水、笔尖、笔圈、吸墨水管、押簧、杆身、杆尾、气孔、笔套9个零件。根据功能分析求出各零件的功能系数、成本系数,并已求得各零件的价值系数(见表8-7)。

表8-7 自来水笔各零件功能系数、成本系数、价值系数表

编 号	零件名称	功能系数	成本系数	价值系数
1	气 孔	4.35	1.12	3.88
2	押 簧	5.65	1.23	4.59
3	杆 尾	7.76	3.91	1.98
4	笔 圈	9.08	6.50	1.40
5	墨 水	16.06	6.93	2.32
6	笔 尖	13.60	8.41	1.62
7	吸墨水管	7.25	11.62	0.62
8	笔 套	20.54	13.97	1.47
9	杆 身	15.68	36.31	0.43

通过试验取 $s = 50$,在价值系数坐标图上作出两条曲线,并把表中的数值画在图8-5最合适区域图上。

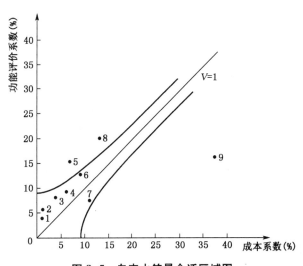

图8-5 自来水笔最合适区域图

从图8-5上可以看出,笔尖、笔圈、杆尾、押簧、气孔、吸墨水管都在最合适区域内,可以不列为价值工程分析目标,墨水、笔套、杆身都在最合适区域外,特别是杆身远离最合适区域,可以列为价值工程分析的目标。

8.2.2 信息资料的收集

1) 使用及销售方面

收集这方面的信息资料是为了充分理解用户对对象产品的期待、要求。例如,用户对产

品规格、使用环境、使用条件、耐用寿命、价格、性能、可靠性、服务、操作及美观等方面的要求。

2) 技术方面

收集这方面的信息资料是为了明白如何进行产品的设计改进才能更好地满足用户的要求,根据用户的要求内容如何进行设计和改进。

例如科技进步方面的有关科研成果、技术发明、专利、新材料、新结构、新工艺、新技术,国内外同类产品的发展趋势和技术资料、标准化要求及发展动态等;设计及制造方面的施工工艺、施工方法、使用的设备、工器具、合格品率、优良品率,外协件供应者、外协方法等。

3) 经济方面

成本是计算价值的必需依据,是功能成本分析的主要内容。实际产品中,往往由于设计、施工、运营等方面的原因,其成本存在着较大的改善潜力。在广泛占有经济资料(主要是成本资料)的基础上,通过成本的实际与标准的比较,不同企业间比较,揭露矛盾,分析差距,降低成本,提高产品价值,这方面的信息资料是必不可少的。

4) 企业生产经营方面

掌握这方面的资料是为了明白价值工程活动的客观制约条件,使创造出的方案既先进又切实可行。这方面资料包括企业设计研究能力,施工生产能力,质量保证能力,采购、供应、运输能力,筹措资金的能力等。

5) 国家和社会方面诸如政策、方针、规定等方面

了解这方面的内容是为了使企业的生产经营活动,包括开展价值工程活动与国民经济的发展方向协调一致。

收集信息资料的4个原则:目的性、计划性、可靠性、适时性。

所谓目的性,就是以价值工程的对象为目标,将与其有关的信息资料尽量收集齐全。

所谓计划性,就是收集信息资料不能漫无边际,要有明确的范围和内容,编制好计划,并有步骤地逐步实现。

所谓可靠性,就是要对信息资料的真伪加以处理,做到去伪存真。

所谓适时性,就是只有在需要信息资料时保证得到所需的信息资料才有价值,才能适应决策的需要。

8.3　功能分析

功能分析是价值工程活动的核心和基本内容。功能分析包括功能定义、功能整理等内容。通过功能分析,回答对象"是干什么用的"提问,从而准确地掌握用户的功能要求。

8.3.1　功能的分类

根据功能的不同特性,可将功能从不同的角度进行分类:

(1) 按功能的重要程度分类。产品的功能一般可分为基本功能和辅助功能两类。

(2) 按功能的性质分类。产品的功能可分为使用内在功能和美学外在功能。使用功能是从功能的内涵反映其使用属性，是一种动态功能。美学功能是从产品的外观反映功能的艺术属性，是一种静态的外观功能。

(3) 按用户的需求分类。功能可分为必要功能和不必要功能。必要功能是指用户所要求的功能以及与实现用户所需求功能有关的功能，使用功能、美学功能、基本功能、辅助功能等均为必要功能；不必要功能是不符合用户要求的功能，又包括多余功能、重复功能和过剩功能。

(4) 按功能的量化标准分类。产品的功能可分为过剩功能与不足功能。

总之，用户购买一项产品，其目的不是为了获得产品本身，而是通过购买该项产品来获得其所需要的功能。因此，价值工程中的功能，一般是指必要功能。

8.3.2 功能定义

功能定义就是以简洁的语言对产品的功能加以描述，要求简明扼要，一般采用"两词法"，即用两个词组成的词组来定义功能。常采用动词加名词的方法，动词是功能承担体发生的动作，而动作的作用对象就是作为宾语的名词。

例如，基础的功能是"承受荷载"，这里基础是功能承担体，"承受"是表示功能承担体（基础）发生动作的动词，"荷载"则是作为动词宾语的名词。

功能承担体、功能承担体发出的动作及动作的作用对象，三者构成了主、谓、宾关系。例如圈梁加固墙体、间壁墙分隔空间、上水管输送自来水等。

8.3.3 功能整理

1) 功能整理的目的

功能整理是用系统的观点将已经定义了的功能加以系统化，找出各局部功能相互之间的逻辑关系，并用图表形式表达，以明确产品的功能系统，从而为功能评价和方案构思提供依据。通过功能整理，应满足以下要求：

(1) 明确功能范围。

(2) 检查功能之间的准确程度。

(3) 明确功能之间上下位关系和并列关系，即功能之间的目的和手段关系。

2) 功能整理的一般程序

功能整理的主要任务就是建立功能系统图。因此，功能整理的过程也就是绘制功能系统图的过程，其工作程序如下：

(1) 编制功能卡片。

(2) 选出最基本的功能。

(3) 明确各功能之间的关系。逐个研究功能之间的关系，也就是找出功能之间的上下位关系。

(4) 对功能定义作必要的修改、补充和取消。

(5) 按上下位关系，将经过调整、修改和补充的功能，排列成功能系统图。

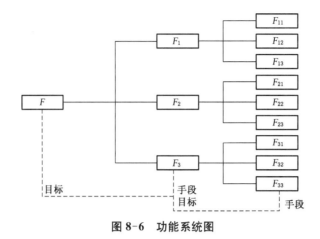

图 8-6 功能系统图

在图 8-6 中,从整体功能 F 开始,由左向右逐级展开,在位于不同级的相邻两个功能之间,左边的功能(上级)是右边功能(下级)的目标,而右边的功能(下级)是左边功能(上级)的手段。

8.4 功能评价

通过功能分析与整理明确必要功能后,价值工程的下一步工作就是功能评价。功能评价,即评定功能的价值,是指找出实现功能的最低费用作为功能的目标成本(又称功能评价值),以功能目标成本为基准,通过与功能现实成本(目前成本)的比较,求出两者的比值(功能价值)和两者的差异值(改善期望值),然后选择功能价值低、改善期望值大的功能作为价值工程活动的重点对象。

其计算公式为:

$$V = F/C = 目标成本 / 目前成本 \tag{8-5}$$

式中:F——功能评价值(目标成本);

C——功能现实成本(目前成本);

V——功能价值(价值系数)。

$$功能改善期望值 = C - F$$

此时功能评价值 F 常常被作为功能成本降低的奋斗目标,亦称标准成本。公式中目标成本即理想成本,目前成本即现实成本。

功能评价的程序如图 8-7 所示。

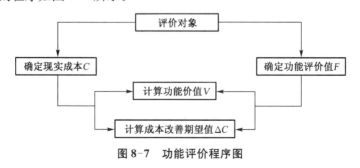

图 8-7 功能评价程序图

8.4.1 功能现实成本 C 的计算

1）功能现实成本的计算

功能现实成本的计算与一般的传统成本核算既有相同点,也有不同之处。两者相同点是指它们在成本费用的构成项目上是完全相同的,而两者的不同之处在于功能现实成本的计算是以对象的功能为单位,而传统的成本核算是以产品或零部件为单位。

当一个构配件只实现一项功能,且这项功能只由这个构配件实现时,构配件的成本就是功能的现实成本。

当一项功能由多个构配件实现,且这多个构配件只为实现这项功能服务时,这多个构配件的成本之和就是该功能的现实成本。

当一个构配件实现多项功能,且这多项功能只由这个构配件实现时,则按该构配件实现各功能所起作用的比重将成本分配到各项功能上去,即为各功能的现实成本。

更多的情况是多个构配件交叉实现多项功能,且这多项功能只由这多个构配件交叉实现。计算各功能的现实成本,可通过填表进行。首先将各构配件成本按该构配件对实现各功能所起作用的比重分配到各项功能上去,然后将各项功能从有关构配件分配到的成本相加,便可得出各功能的现实成本,如表 8-8 所示。

构配件对实现功能所起作用的比重,可请几位有经验的人员集体研究确定,或者采用评分方法确定。

表 8-8 功能现实成本计算表

零部件			功能区或功能领域					
序号	名称	成本(元)	F_1	F_2	F_3	F_4	F_5	F_6
1	甲	300	100		100			100
2	乙	500		50	150	200		100
3	丙	60				40		20
4	丁	140	50	40			50	
		C	C_1	C_2	C_3	C_4	C_5	C_6
合计		1 000	150	90	250	240	50	220

2）成本系数的计算

成本系数是指评价对象的现实成本在全部成本中所占的比率。计算式如下：

$$第 i 个评价对象的成本系数 c_i = \frac{第 i 个评价对象的现实成本 C_i}{全部成本} \quad (8-6)$$

8.4.2 功能评价值 F 的计算

对象的功能评价值 F（目标成本）,是指可靠地实现用户要求功能的最低成本。确定方法如下：

1）经验估算法

这种方法是邀请一些有经验的人，根据收集到的有关信息资料，构思出几个实现各功能或功能区域的方案，然后每个人对构思出的方案进行成本估算，取其平均值，最后从各方案中取成本最低者。这种方法有时不一定很准确，但对经验丰富的人来说，还是比较实用的。

2）实际调查法

这种方法是通过广泛地调查，收集具有同样功能产品的成本，从中选择功能水平相同而成本最低的产品，以这个产品的成本作为功能评价值。

具体步骤如下：

（1）广泛收集企业内外完成同样功能的产品资料，包括反映功能水平的各项性能指标和可靠性、安全性、操作性、维修性、外观等。

（2）将收集到的产品资料进行分析整理，按各自功能要求的程度排出顺序。

（3）绘制坐标图，作出实际最低成本线。以横坐标表示功能水平，纵坐标表示成本。按功能水平等级分类，把各产品功能水平等级和成本标在坐标图上，这样在每个等级的功能水平上总有一个产品的成本是最低的。将各功能水平等级的最低成本点连接起来，所形成的线即为最低成本线，如图8-8所示，因而可以把这条线上的各点作为对应功能的评价值。

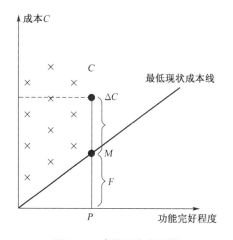

图8-8 功能评价值图解

实际调查法确定的功能评价值（目标成本），是已经实现了的成本目标值，它比较可靠，效果明显直观。但应注意到最低成本线是不断变化的，现实产品中难免存在不必要的功能。因此，要根据变化情况不断修正，去掉不必要的功能。

3）理论计算法

这种方法是利用工程上的一些计算方法和某些费用标准（如材料价格等），找出功能与成本之间的关系，从而确定功能评价值。

具体步骤如下：

（1）首先分析该功能是否可以利用公式进行定量计算，例如"支承负荷"、"传递扭矩"、"输入电流"等功能，即可利用此方法确定功能评价值。

(2) 选择有关公式进行计算。例如,"支承负荷"这个功能,当外力(弯矩、压力、拉力或扭矩等)已知时,可以利用材料力学公式,计算出使用材料的尺寸和用量,根据材料价格,进一步计算出材料和费用,从而求得实现该功能的最低材料费用,在此基础上考虑加工材料的加工费用和其他费用,以确定功能的最低成本,即功能评价值。

4) 功能重要程度评价法

功能重要性系数评价法是一种根据功能重要性系数确定功能评价值的方法。这种方法是把功能划分为几个功能区(即子系统),并根据各功能区的重要程度和复杂程度,确定各个功能区在总功能中所占的比重,即功能重要性系数。然后将产品的目标成本按功能重要性系数分配给各个功能区作为该功能区的目标成本,即功能评价值。

(1) 确定功能重要性系数

功能重要性系数又称功能评价系数或功能指数,是指评价对象(如零部件等)的功能在整体功能中所占的比率。确定功能重要性系数的关键是对功能进行打分,常用的打分方法有强制打分法(0~1评分法或0~4评分法)、多比例评分法、逻辑评分法、环比评分法等。

① 环比评分法,又称 DARE 法。这是一种通过确定各因素的重要性系数来评价和选择创新方案的方法。具体做法如下:

A. 根据功能系统图(参见图 8-6)决定评价功能的级别,确定功能区 F_1、F_2、F_3、F_4。
B. 对上下相邻两项功能的重要性进行对比打分,所打的分作为暂定重要性系数。
C. 对暂定重要性系数进行修正。
D. 计算各功能区的重要性系数。

具体计算示例见表 8-9。

表 8-9　功能重要性系数计算表

功能区	功能重要性评价		
	暂定重要性系数	修正重要性系数	功能重要性系数
(1)	(2)	(3)	(4)
F_1	1.5	9.0	0.47
F_2	2.0	6.0	0.32
F_3	3.0	3.0	0.16
F_4	—	1.0	0.05
合　计		19.0	1.00

环比评分法适用于各个评价对象之间有明显的可比关系,能直接对比,并能准确地评定功能重要程度比值的情况。

② 强制评分法,又称 FD 法。包括 0~1 评分法和 0~4 评分法两种方法。它是采用一定的评分规则,采用强制对比打分来评定评价对象的功能重要性。

A. 0~1 评分法。具体示例见表 8-10。

表 8-10 功能重要性系数计算表

零部件	A	B	C	D	E	功能总分	修正得分	功能重要性系数
A	×	1	1	0	1	3	4	0.267
B	0	×	1	0	1	2	3	0.200
C	0	0	×	0	1	1	2	0.133
D	1	1	1	×	1	4	5	0.333
E	0	0	0	0	×	0	1	0.067
合计						10	15	1.00

B. 0～4 评分法。0～1 评分法中的重要程度差别仅为 1 分,不能拉开档次。为弥补这一不足,将分档扩大为 4 级,其打分矩阵仍同 0～1 评分法。档次划分如下:

F_1 比 F_2 重要得多: F_1 得 4 分,F_2 得 0 分;
F_1 比 F_2 重要: F_1 得 3 分,F_2 得 1 分;
F_1 与 F_2 同等重要: F_1 得 2 分,F_2 得 2 分;
F_1 不如 F_2 重要: F_1 得 1 分,F_2 得 3 分;
F_1 远不如 F_2 重要: F_1 得 0 分,F_2 得 4 分。

强制确定法适用于被评价对象在功能重要程度上的差异不太大,并且评价对象子功能数目不太多的情况。

$$第\ i\ 个评价对象的功能系数\ f_i = \frac{第\ i\ 个评价对象的功能得分值\ F_i}{全部功能得分值} \tag{8-7}$$

【例 8-2】 某产品各零部件功能重要程度采用 0～4 评分法,评分结果见表 8-11。

表 8-11 某产品采用 0～4 评分法评分结果表

零部件	A	B	C	D	E
A	×				
B		×			
C		3	×		
D	0	1	2	×	
E	4	3	0	1	×

在不修正各功能累计得分的前提下,求零部件 D 的功能重要性系数。

【解】 先利用对角线规则将表中相应的数据填上,见表 8-12。

表 8-12 某产品采用 0~4 评分法完整评分结果表

零部件	A	B	C	D	E
A	×			4	0
B		×	1	3	1
C		3	×	2	4
D	0	1	2	×	3
E	4	3	0	1	×

零部件 D 的得分 = 0+1+2+3 = 6，用 0~4 评分法打分，5 个零部件，在不修正的情况下，总得分应该是 40 分，因此，零部件 D 的功能重要性系数 = 6/40 = 0.15。

(2) 确定功能评价值 F

在第一步求出功能重要性系数之后，可根据新产品和老产品不同情况，求出相应的功能评价值。功能评价值的确定分以下两种情况：

① 新产品设计。

一般在产品设计之前，根据市场供需情况、价格、企业利润与成本水平，已初步设计了目标成本。因此，在功能重要性系数确定之后，就可将新产品设定的目标成本（如为 1 000 元）按已有的功能重要性系数加以分配计算，求得各个功能区的功能评价值，并将此功能评价值作为功能的目标成本，如表 8-13 所示。

表 8-13 新产品功能评价计算表

功能区 (1)	功能重要性系数 (2)	功能评价值(F) (3)=(2)×1 000
F_1	0.47	470
F_2	0.32	320
F_3	0.16	160
F_4	0.05	50
合计	1.00	1 000

② 老产品的改进设计。

由于是老产品，则可将目前的现实成本（目前成本）按功能重要性系数重新分配各功能的现实成本，再与其功能的实际现实成本比较，取两者之间较小者作为功能的目标成本。具体计算见表 8-14。

表 8-14 老产品功能评价值计算表

功能区	功能现实成本 C(元) (1)	功能重要性系数 (2)	根据产品现实成本和功能重要性系数重新分配的功能区成本 (3)=(2)×500 元	功能评价值 F（或目标成本） (4)	成本降低幅度 $\Delta C = (C-F)$ (5)=
F_1	130	0.47	235	130	—

续表 8-14

功能区	功能现实成本 C(元)	功能重要性系数	根据产品现实成本和功能重要性系数重新分配的功能区成本	功能评价值 F（或目标成本）	成本降低幅度 $\Delta C = (C - F)$
F_2	200	0.32	160	160	40
F_3	80	0.16	80	80	—
F_4	90	0.05	25	25	65
合计	500	1.00	500	395	105

8.4.3 功能价值 V 的计算及分析

1) 功能成本法（又称绝对值法）

$$\text{第} i \text{个评价对象的价值系数} V = \frac{\text{第} i \text{个评价对象的功能评价值} F}{\text{第} i \text{个评价对象的现实成本} C} \quad (8-8)$$

一般可采用表 8-15 进行定量分析。

表 8-15 功能评价值与价值系数计算表

序 号	项 目					
	子项目	功能重要性系数 ①	功能评价值 ②＝目标成本×①	现实成本 ③	价值系数 ④＝②/③	改善幅度 ⑤＝③－②
1	A					
2	B					
3	C					
…	…					
合 计						

根据式(8-8)，功能的价值系数计算结果有以下 3 种情况：

(1) $V = 1$，即功能评价值等于功能现实成本。一般无需改进。

(2) $V < 1$，即功能现实成本大于功能评价值。表明评价对象的现实成本偏高，而功能要求不高。这时，一种可能是由于存在着过剩的功能；另一种可能是功能虽无过剩，但实现功能的条件或方法不佳，以致使实现功能的成本大于功能的实际需要。这两种情况都应列入功能改进的范围，并且以剔除过剩功能及降低现实成本为改进方向，使成本与功能比例趋于合理。

(3) $V > 1$，即功能现实成本低于功能评价值，表明该部件功能比较重要，但分配的成本较少。此时，应进行具体分析，功能与成本的分配可能已较理想，或者不必要的功能，或者应该提高成本。

2) 功能系数法（又称相对值法）

$$\text{第} i \text{个评价对象的价值系数} V_i = \frac{\text{第} i \text{个评价对象的功能系数} f_i}{\text{第} i \text{个评价对象的成本系数} c_i} \quad (8-9)$$

一般可采用表 8-16 进行定量分析。

表 8-16 价值系数计算表

零部件名称	功能系数①	现实成本(元)②	成本系数③	价值系数④=①/③
A				
B				
C				
…				
合 计	1.00		1.00	

价值指数的计算结果有以下 3 种情况：

(1) $V_i = 1$。此时评价对象的功能比重与成本比重大致平衡，合理匹配，可以认为功能的现实成本是比较合理的。

(2) $V_i < 1$。此时评价对象的成本比重大于其功能比重，表明相对于系统内的其他对象而言，目前所占的成本偏高，从而会导致该对象的功能过剩。应将评价对象列为改进对象，改善方向主要是降低成本。

(3) $V_i > 1$。此时评价对象的成本比重小于其功能比重。出现这种结果的原因可能有 3 种：①由于现实成本偏低，不能满足评价对象实现其应具有的功能要求，致使对象功能偏低，这种情况应列为改进对象，改善方向是增加成本；②评价对象目前具有的功能已经超过其应该具有的水平，也即存在过剩功能，这种情况也应列为改进对象，改善方向是降低功能水平；③评价对象在技术、经济等方面具有某些特征，在客观上存在着功能很重要而需要消耗的成本却很少的情况，这种情况一般不列为改进对象。

8.4.4 确定价值工程功能对象的改进范围

确定对象改进范围的原则如下：
(1) F/C 值低的功能区域。
(2) C-F 值大的功能区域。成本改善期望值的表达式为：

$$\Delta C = C - F \tag{8-10}$$

式中：ΔC——成本改善期望值，即成本降低幅度。

当 ΔC 大于零时，ΔC 大者为优先改进对象。

【例 8-3】 某产品目标成本为 800 万元，该产品分为 4 个功能区，各功能区重要性系数和功能现实成本见表 8-17。

表 8-17 某产品功能重要性系数和功能现实成本表

功能区	功能重要性系数	功能现实成本(万元)
F_1	0.35	302
F_2	0.24	230

续表 8-17

功能区	功能重要性系数	功能现实成本(万元)
F_3	0.22	210
F_4	0.19	178

写出该产品功能的改进顺序。

【解】

表 8-18 某产品功能评价值与价值系数计算表

序号	项目					
	子项目	功能重要性系数 ①	功能评价值 ②=目标成本×①	现实成本 ③	价值系数 ④=②/③	改善幅度 ⑤=③-②
1	F_1	0.35	280	302	0.93	22
2	F_2	0.24	192	230	0.83	38
3	F_3	0.22	176	210	0.84	34
4	F_4	0.19	152	178	0.85	26
合计		1.00	800	920	—	120

由表 8-18 可以看出，功能改进顺序为 F_2—F_3—F_4—F_1。

8.5 方案创造及评价

8.5.1 方案创造

方案创造可以采取各种方法，比较常用的方法有以下几种：

1) 头脑风暴法(Brain Storming，BS)

头脑风暴法是指自由奔放地思考问题。具体来说，就是由对改进对象有较深了解的人员组成的小集体在非常融洽和不受任何限制的气氛中进行讨论、座谈，打破常规，积极思考，互相启发，集思广益，提出创新方案。这种方法可使获得的方案新颖、全面、富于创造性，并可以防止片面和遗漏。

2) 歌顿(Gordon)法

这种方法也是在会议上提方案，但究竟研究什么问题，目的是什么，只有会议的主持人知道，以免其他人受约束。

这种方法的指导思想是把要研究的问题适当抽象，以利于开拓思路。在研究到新方案时，会议主持人开始并不全部摊开要解决的问题，而是只对大家作一番抽象笼统的介绍，要求大家提出各种设想，以激发出有价值的创新方案。

3) 专家意见法

这种方法又称德尔菲(Delphi)法,是由组织者将研究对象的问题和要求函寄给若干有关专家,使他们在互不商量的情况下提出各种建议和设想,专家返回设想意见,经整理分析后,归纳出若干较合理的方案和建议,再函寄给有关专家征求意见,再回收整理。如此经过几次反复后专家意见趋向一致,从而最后确定出新的功能实现方案。

4) 专家检查法

这种方法是先由设计主管部门提出改进的设计方案,然后将提出的改进设想整理成书面材料,送给各部门的专家审查,提出一定意见。最后由总工程师、总会计师综合各方意见,决定取舍。这种方法的特点是专家们彼此不见面,研究问题时间充裕,可以无顾虑、不受约束地从各种角度提出意见和方案。缺点是花费时间较长,缺乏面对面的交谈和商议。

8.5.2 方案评价

方案评价是在方案创造的基础上对新构思方案的技术、经济和社会效果等方面进行评估,以便于选择最佳方案。按其做法分为概略评价和详细评价。

1) 概略评价

概略评价是对已创造出来的方案从技术、经济和社会3个方面进行初步研究。其目的是从众多的方案中进行粗略的筛选,减少详细评价的工作量,使精力集中于优秀方案的评价。

2) 详细评价

方案的详细评价,就是对概略评价所得的比较抽象的方案进行调查和收集信息资料,使其在材料、结构、功能等方面进一步具体化,然后对它们作最后的审查和评价。

在详细评价阶段,对产品的成本究竟是多少,能否可靠地实现必要的功能,都必须得到准确的解答。总之,要证明方案在技术和经济方面是可行的,而且价值必须得到真正的提高。

详细评价又可分为技术评价、经济评价和社会评价3个方面。当然,也有将以上3个方面结合起来的综合评价。

技术、经济、社会以及综合评价,均可参照前述有关章节的评价方法进行。

用于方案综合评价的方法有很多,常用的定性方法有德尔菲(Delphi)法、优缺点列举法等;常用的定量方法有直接评分法、加权评分法、比较价值评分法、环比评分法、强制评分法、几何平均值评分法等。下面简要介绍几种方法。

(1) 优缺点列举法。

(2) 直接评分法。

(3) 加权评分法。又称矩阵评分法。加权评分法主要包括以下4个步骤:

① 确定评价项目及其权重系数。

② 根据各方案对各评价项目的满足程度进行评分。

③ 计算各方案的评分权数和。

④ 计算各方案的价值系数,以较大的为优。

8.6 价值工程在设计阶段造价管理中的应用

根据有关资料分析表明,在项目方案设计及决策阶段,对工程造价的影响为75%~95%,而在施工阶段对工程造价的影响可能性只有5%~35%,设计阶段是决定建设项目功能的阶段,设计阶段也是对建设项目的工程造价影响最大的阶段。加强设计阶段的工程造价管理,在设计阶段应用价值工程原理来进行方案优选和优化,有一定的现实意义。

8.6.1 价值工程在设计阶段造价管理中应用的意义

1) 设计方案更为合理

在设计阶段应用价值工程原理,对现有设计方案进行分析,找出其中不合理或功能价值低的部分,发挥设计的创造性,进行方案修改和完善。

一般来说,同一工程项目的设计可有多套设计方案可供选择,不同的设计方案的项目实施成本肯定不一样。在设计方案选择中开展价值工程,一方面通过对不同设计方案的技术经济分析和评价,可以选出最佳设计方案;另一方面通过价值工程的应用,进一步优化设计方案,使项目整体成本最优,从而降低整个项目的成本,提高效益。

2) 有效控制工程造价

应用价值工程是控制工程造价的有效途径。价值工程是技术与经济相结合的现代化管理科学,它通过分析产品功能,以最低总成本实现产品的必要功能。

在设计中应用价值工程,可避免因追求高标准而导致功能过剩,从而降低项目投资。设计应兼顾建设和运行费用,力求使项目全寿命周期费用最低。

在建设项目设计方案基本确定的情况下,应用价值工程原理分析成本与功能的辩证关系,针对项目功能和成本之间的联系展开分析,可以有效地将项目中的一些可能对成本造成忽略的问题给予解决,制定出合理的控制工程造价、节约成本的对策,实现工程造价的有效控制。

3) 有效节约和利用资源

价值工程所研究的对象包含了建设项目全生命周期的功能及成本,通过使用价值工程原理来调整和优化设计阶段的工作,实现建设项目的工程造价与项目的功能的和谐统一,提高资源的利用率,杜绝资源的浪费和低效率地使用,这对于建设项目实施过程中的社会资源、自然资源节约和合理利用有重要的意义。

8.6.2 价值工程在设计方案选优中的应用

1) 设计方案的价值系数法

第一步,确定各项功能重要系数。

$$某项功能重要系数 = \frac{\sum(该功能各评价指标得分 \times 该评价指标权重)}{评价指标得分之和}$$

第二步,计算各方案的成本系数。

$$某方案成本系数 = 该方案成本(造价) / 各个方案成本(造价)之和$$

第三步,计算方案功能评价系数。

$$某方案功能评价系数 = 该方案评定总分 / 各方案评定总分之和$$

式中:该方案评定总分 $= \sum$(各功能重要系数 $\times$ 该方案对各功能的满足程度得分)

第四步,计算各方案的价值系数。

$$某方案价值系数 = 该方案功能评价系数 / 该方案成本系数$$

评价原则:价值系数最大的方案为最优。

2) 价值工程在设计方案选优的应用实例

某市住宅试点小区 2 幢科研楼及 1 幢综合楼,设计方案对比项目如下:

A 楼方案:结构方案为大柱网框架轻墙体系,采用预应力大跨度叠合楼板,墙体材料采用多孔砖及移动式可拆装式分室隔墙,窗户采用单框双玻璃钢塑窗,面积利用系数 93%,单方造价为 1 437.48 元/m²。

B 楼方案:结构方案同 A 墙体,采用内浇外砌、窗户采用单框双玻璃空腹钢窗,面积利用系数为 87%,单方造价 1 108.00 元/m²。

C 楼方案:结构方案采用砖混结构体系,采用多孔预应力板,墙体材料采用标准黏土砖,窗户采用单玻璃空腹钢窗,面积利用系数 70.69%,单方造价 1 081.80 元/m²。

各方案功能得分及重要性系数见表 8-19。

表 8-19 A、B、C 方案功能得分及重要性系数

方案功能	方案功能得分			方案功能重要系数
	A	B	C	
结构体系 F_1	10	10	8	0.25
楼板类型 F_2	10	10	9	0.05
墙体材料 F_3	8	9	7	0.25
面积系数 F_4	9	8	7	0.35
窗户类型 F_5	9	7	8	0.10

试应用价值工程方法选择最优设计方案。

(1) 成本系数计算(见表 8-20)

表 8-20 成本系数计算表

方案名称	造价(元/m²)	成本系数
A	1 437.48	0.396 3

续表 8-20

方案名称	造价(元/m²)	成本系数
B	1 108.00	0.305 5
C	1 081.80	0.298 2
合计	3 627.28	1.000 0

(2) 功能评分与功能系数计算（见表 8-21）

表 8-21 功能因素评分表

功能	重要系数	方案功能得分加权值		
		A	B	C
F_1	0.25	0.25×10=2.5	0.25×10=2.5	0.25×8=2.0
F_2	0.05	0.05×10=0.5	0.05×10=0.5	0.05×9=0.45
F_3	0.25	0.25×8=2.0	0.25×9=2.25	0.25×7=1.75
F_4	0.35	0.35×9=3.15	0.35×8=2.8	0.35×7=2.45
F_5	0.10	0.1×9=0.9	0.1×7=0.7	0.1×8=0.8
总分		9.05	8.75	7.45
功能系数		9.05÷25.25=0.358	8.75÷25.25=0.347	7.45÷25.25=0.295

(3) 计算各方案价值系数（见表 8-22）

表 8-22 各方案价值系数计算表

方案名称	功能系数	成本系数	价值系数	选优
A	0.358	0.396 3	0.903	
B	0.347	0.305 5	1.136	最优
C	0.295	0.298 2	0.989	

(4) 结论

价值工程要求方案应满足必要功能的费用，清除不必要功能的费用。可以看出 B 方案价值系数最高，为最优方案。

8.6.3 价值工程在设计方案优化中的应用

为控制工程造价和进一步降低费用，拟针对所选的最优设计方案的土建工程部分，以工程材料费为对象开展价值工程分析。将土建工程划分为 4 个功能项目，各功能项目评分值及其目前成本见表 8-23。按限额设计要求目标成本额应控制在 12 000 万元。试分析各功能项目的目标成本及其成本可能降低的幅度，并确定出功能改进顺序。

8 价值工程

表 8-23 土建工程各功能评分值及目前成本表

序 号	项 目	功能评分	目前成本(万元)
1	A. 桩基围护工程	9	1 520
2	B. 地下室工程	8	1 480
3	C. 主体结构工程	28	4 700
4	D. 装饰工程	32	5 100
合 计		77	12 800

以桩基围护为例分析如下：

本项功能评分为 9，功能系数 $F=9/77=0.1169$。

目前成本为 1 520，成本系数 $C=1520/12800=0.1188$。

价值系数 $V=F/C=0.1169/0.1188=0.9839<1$，成本比重偏高，需作重点分析，寻找降低成本途径。

根据其功能系数 0.116 9，目标成本只能确定为 $12000\times9/77=1402.597$，需成本降低幅度 $1520-1402.597=117.403$ 万元。

其他项目分析同理，按功能系数计算目标成本及成本降低幅度，计算结果见表 8-24。

表 8-24 成本降低幅度表

序号	功能项目	功能评分	功能系数	目前成本	成本系数	价值系数	目标成本	成本降低幅度	功能改进顺序
1	A. 桩基围护工程	9	0.116 9	1 520	0.118 8	0.983 9	1 402.597	117.403	3
2	B. 地下室工程	8	0.103 9	1 480	0.115 6	0.898 8	1 246.753	233.246 8	2
3	C. 主体结构工程	28	0.363 6	4 700	0.367 2	0.990 3	4 363.636	336.363 6	1
4	D. 装饰工程	32	0.415 6	5 100	0.398 4	1.043 1	4 987.013	112.987	4
合 计		77	1.000 0	12 800	1.000 0		12 000.00	800.00	

对设计方案进行优选，寻求功能和成本的完美结合，找出价值最优的方案，从而节约成本。在设计阶段，工程项目还没有进入实质性的建设阶段，项目的可塑性大，优化空间大。应用价值工程方法对建筑设计方案进行优化，可以有效地避免在设计阶段只注重功能而忽视工程造价，通过功能和成本的合理结合，最终控制造价。

9 设备更新的经济分析

机器设备是企业进行现代化生产的物质条件,也是国民经济的物质技术基础。用什么水平的设备来装备国民经济各部门,是衡量一个国家生产技术水平的重要标志。

搞活经济,推动技术进步,重要的途径之一就是要对老企业进行改造,尤其要对那些设备落后、产品老化的企业注入现代科学技术的新鲜血液。企业设备使用到一定时期就需要更新,设备更新是企业投资决策的重要组成部分。只有这样,才能使企业的生产技术达到一个新水平,从而为国民经济的现代化创造物质技术基础,这是推动我国经济顺利发展的一个重要条件。

9.1 设备的磨损

设备在使用(或闲置)过程中会逐渐发生磨损,磨损有两种形式,即有形磨损和无形磨损,这是设备更新的主要原因。

9.1.1 设备的有形磨损

机器设备在使用(或闲置)过程中,由于磨损、振动、腐蚀、老化等物理的或化学的原因,使其零件、部件以及有关装置发生损耗,这些损耗会直接影响到设备的工作精度、生产率以及安全性等,使得机器设备不能像新的时候一样生产出合乎规定质量和数量的产品。这种损耗是机器设备的实体损耗,称为设备的有形磨损或物质磨损。

引起有形磨损的主要原因是生产过程的使用,运转中机器设备在外力作用下,机器设备中的零部件会发生摩擦、振动和疲劳现象,以致机器设备的实体产生磨损,这种有形磨损,叫做第一种有形磨损,它与使用强度及时间有关。

自然力的作用,是造成有形磨损的另一个原因,由此而产生的损耗,称为第二种有形磨损,这种磨损与生产过程的作用无关,因此设备闲置或封存也同样产生有形磨损。这是由于机器生锈、金属腐蚀、橡胶和塑料老化等原因造成的,时间长了会自然丧失精度和工作能力,第二种有形磨损与管理好坏、闲置时间长短有关。

技术进步对设备有形磨损的影响有两个方面。一方面,技术进步可以延长有形磨损过程,可以使设备更加经久耐用,例如更耐用材料的出现、制造精度的提高、新的加工工艺的采用、结构可靠性的增大等都可使设备的耐用性提高。同时,采用现代化的维护修理体制以及新的修理技术,也可以延长设备有形磨损的过程。另一方面,随着技术的不断进步,又会加快有形磨损的速度,例如高效生产技术会使生产强化,自动化会提高设备的利用程度,采用电子计算机管理系统会大大减少设备停台时间,从而使机动时间大大增加。此外,技术进步常与高温、高压、高速相联系,使设备常常在连续、强化、重载的条件下工作,也必然会加快设备的有形磨损。

9.1.2　设备的无形磨损

机器设备在使用过程或闲置过程中,除受到有形磨损外,还遭受无形磨损,亦称经济磨损,它是由于非使用和非自然力作用所引起的机器设备价值上的一种损失。与有形磨损不同,无形磨损在实物形态上是看不出来的,造成这种无形磨损的原因有两个:

（1）由于制造工艺不断改进,成本不断降低,劳动生产率不断提高,生产同样机器设备所需的社会必要劳动耗费减少了,因而使原有机器设备的价值相应贬值。这种无形磨损虽然使现有机器设备产生部分贬值的经济后果,但是设备本身的技术特性和功能丝毫不受影响,使用价值并未因此而变化,故不会产生更换现有设备问题,这叫第一种无形磨损。

（2）在技术进步影响下,生产中出现结构更加先进、技术更加完善、生产效率更高、耗费原料和能源更少的新型设备,而使原有机器设备显得陈旧落后,因而产生经济损耗,叫做第二种无形磨损。在第二种无形磨损情况下,它不仅使原有机器设备产生价值贬低的经济后果,而且如果继续使用旧设备,还会相对地降低生产的经济效益(即原设备所生产产品的品种、质量、数量不及新设备,而在生产中耗用的原材料、燃料、动力和工时则比新设备多)。这种经济效益的降低,实际上反映了原设备使用价值的局部或全部丧失,这就产生了新设备代替旧设备的可能性和必要性。但是这种更新的经济合理性不取决于出现相同用途的新设备的这一事实,而取决于旧设备贬值的程度及其在生产中继续使用使经济效益下降的幅度,这就需要进行具体的计算和分析。

无形磨损引起使用价值降低与技术进步密切相关。首先,由于技术进步,不断出现性能更完善、效率更高的新结构,但是加工方法没有原则变化,这种无形磨损则使原有设备的使用价值大大降低。如果这种磨损速度很快,若继续使用旧设备,可能是不经济的。其次,由于技术进步,不断利用综合的和人造的材料时,则加工旧材料的设备必然要淘汰。最后,由于技术进步,原有的生产工艺要改变,进而采用新的加工方法,则原有设备将失去使用价值。

9.1.3　设备综合磨损

机器设备的磨损具有二重性,在使用期内,机器设备既遭受有形磨损,又遭受无形磨损,两种磨损同时作用在机器设备上。

从以上叙述中可以看出,有形磨损和无形磨损都同时引起机器设备原始价值的贬值,对这一点两者的作用是相同的。但是有形磨损,特别是有形磨损严重的机器设备,在修理之前,常常不能工作,哪怕是严重无形磨损的设备,仍然可以使用,只是用它生产产品时,其经济效果差而已,因而要考虑继续使用是否合算的问题。

机器设备综合磨损的形式不同,补偿磨损的方式也不一样。补偿分为局部补偿和完全补偿,设备有形磨损的局部补偿是修理,设备无形磨损的局部补偿是现代化改装。

大修理就是更换已磨损的零部件和调整设备,以恢复设备的生产功能和效率为主;现代化改装是对设备的结构作局部的改进和技术上的革新(增添新的、必需的零部件),以增加设备的生产功能和效率为主。以上两种都属于局部补偿。更新是对整个设备进行更换,属于全部补偿。

有形磨损和无形磨损形式及其补偿方式间的相互关系如图9-1所示。

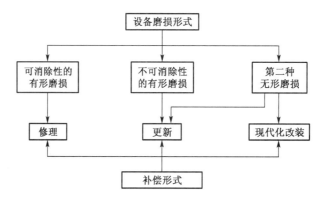

图 9-1　设备磨损形式与其补偿方式的相互关系

9.2　设备的寿命期

设备在使用过程中,由于有形磨损和无形磨损的共同作用,当设备使用到一定期限时,就需要利用新设备(既可是原型设备,也可是新型设备)进行更新。这种更新取决于设备使用寿命的效益或成本高低。

现代设备的寿命,不仅要考虑自然寿命,而且还要考虑技术寿命和经济寿命。

1) 设备的自然寿命

设备的自然寿命又称物质寿命,是指设备从投入使用开始,直到因物质磨损而不能继续使用、报废为止所经历的时间。它主要是由设备的有形磨损所决定的。搞好设备的维修和保养,可延长设备的物质寿命,但不能从根本上避免设备的磨损。任何一台设备磨损到一定程度时都必须进行更新。

2) 设备的技术寿命

设备的技术寿命又称有效寿命,是指从设备开始使用到因技术落后而被淘汰所延续的时间,也即设备在市场上维持其价值的时期。例如一台电子计算机,即使完全没有使用过,它的功能也会被更为完善、技术更为先进的电子计算机所取代,这时它的技术寿命可以认为等于零。由此可见,技术寿命主要是由设备的无形磨损所决定的,它一般比自然寿命要短。科学技术进步越快,技术寿命越短。

3) 设备的经济寿命

设备的经济寿命是从经济的角度来看设备最合理的使用期限。具体而言,是指设备从投入使用开始,到因继续使用经济上不合理而被更新所经历的时间。它是由维护费用的提高和使用价值的降低决定的。设备使用年限越长,每年所分摊的设备购置费(年资本费或资金恢复费用)越少。但是,随着设备使用年限的增加,一方面需要更多的维修费维持原有功能;另一方面机器设备的操作成本及原材料、能源耗费也会增加,年运行时间、生产效率、质量将会下降。因此,年资本费(或资金恢复费用)的降低,会被年度使用费的增加或收益的下降所抵消。在整个变化过程中,年均总成本或年均净收益是时间的函数,这就存在着使用到某一年份,其平均综合成本最低、经济效益最好的情况。设备的年度费用包括资金恢复费用和年度使用费用,资金恢复费用是指一次性购置费用的分摊;年度使用费用则包括年度运行费用和年度维护保养费用。如图9-2所示,在 N_0 年时,等值年成本达到最低值。我们称设备从开始使用到其等值年成本最小(或年盈利最高)的使用年限 N_0 为设备的经济寿命。由此可见,设备的经济寿命就是从经济观点(即成本观点或收益观点)确定的设备更新的最佳时刻。

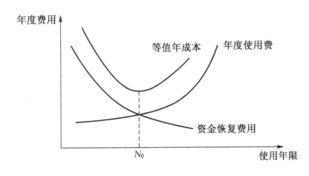

图9-2 设备年度费用曲线

9.3 设备的折旧

9.3.1 折旧与折旧率

设备折旧首先需要资金,这些资金的主要来源是设备在使用过程中以折旧的形式逐渐积累起来的。在产品生产过程中的一切耗费都构成产品的成本,通过产品销售而得到补偿。同样,设备在使用过程中,由于逐渐将其价值转移到成本中去,构成产品成本的一部分。不过产品生产过程中设备的消耗与原材料、燃料、动力的消耗不同,后者是一次性把自己的价值全部转移到产品成本中去,而设备则是逐渐将其价值转移到产品成本中去。

通常把设备逐渐转移到成本中去并等于其损耗的那部分价值叫做折旧,一般用折旧率的形式来计算折旧额的大小。设备折旧率的正确确定不仅是计算成本的依据,而且是促进技术进步、有利于设备更新的政策问题。正确的折旧率应该既反映设备的有形磨损,又反映设备的无形磨损,应该与设备的实际损耗相符合。如果折旧率定得过低,则设备使用期满还没有把其价值全部转移到产品中去,也就是提取的折旧额不足以抵偿设备的损耗,使设备的更新受到影响。如果折旧率定得过高,使提取的折旧额超过设备的实际损耗,就会人为地增加成本而缩小利润,影响资金的正常积累,也妨碍社会扩大再生产。所以说,合理的折旧制度、正确的折旧率,对于更新政策的贯彻,促进现有设备技术水平的提高,促进新技术的推广和应用,有着重要的作用。

9.3.2 折旧的计算方法

1) 平均年限法

平均年限法也称使用年限法,是指按照设备的预计使用年限平均分摊设备折旧额的方法。这种方法计算的折旧额在各个使用年(月)份都是相等的,折旧的累计额所绘出的图线是直线。因此,这种方法也称直线法。

平均年限法的计算公式为:

$$年折旧率 = \frac{1 - 预计净残值率}{折旧年限} \times 100\% \tag{9-1}$$

$$年折旧额 = 设备原值 \times 年折旧率 \tag{9-2}$$

净残值率按照设备原值的 3%～5% 确定,净残值率低于 3% 或者高于 5% 的,由企业自主确定,报主管财政机关备案。

【例 9-1】 某设备原值(包括购置、安装、调试和筹建期的借款利息)为 2 500 万元,折旧年限为 10 年,净残值率为 5%,则按直线折旧法,(每年的)折旧率为 $(1-5\%)/10 = 9.5\%$,(每年的)折旧额为 $2\,500 \times 9.5\% = 237.5$ 万元。

2) 定率法(余额递减折旧法)

这种方法计算折旧额的基础是上一年的账面残值,计算中的折旧率是常数,随着设备账面残值的逐渐减少,每期提取的折旧额也逐步减少。

第 n 年的折旧额计算公式为:

$$D_n = S_{n-1} \times d \tag{9-3}$$

式中:D_n——第 n 年的折旧额;

S_{n-1}——$n-1$ 年的设备账面残值;

d——折旧率。

定率法的折旧率的确定如下:

假定该设备折旧年限为 N 年,

第 1 年的账面残值为:

$$S_1 = P - P \times d = P(1-d)$$

第 2 年的账面残值为:

$$S_2 = S_1 - S_1 \times d = S_1(1-d) = P(1-d)^2$$

第 3 年的账面残值为:

$$S_3 = P(1-d)^3$$

……

第 N 年的账面残值 S_n 应等于该设备的残值:

9 设备更新的经济分析

$$S_n = P(1-d)^n$$

所以

$$d = 1 - (S_n/P)^{1/n} \tag{9-4}$$

这种方法的特点是起始折旧额高,以后逐年降低,设备使用年限越长,折旧额相对减少,比较符合实际。

【例 9-2】 一台机器原值为 12 000 元,折旧年限为 10 年,残值为 2 000 元,用定率法计算折旧率为多少?第 6 年的折旧额及账面残值各为多少?

【解】 定率法的折旧率为:

$$d = 1 - (S_n/P)^{1/n} = 1 - (2\,000/12\,000)^{1/10}$$
$$= 16.4\%$$

第 6 年的折旧额为:

$$D_6 = S_5 d = P(1-d)^5 d$$
$$= 12\,000(1-0.164\,0)^5 \times 0.164\,0 = 804 \text{ 元}$$

第 6 年的账面残值为:

$$S_6 = P(1-d)^6 = 12\,000 \times (1-0.164\,0)^6 = 4\,097 \text{ 元}$$

3) 双倍余额递减法

该法与定率法计算折旧额及账面残值的方法相同,只是折旧率取直线法折旧率的 2 倍,这是一种典型的加速折旧法。

双倍余额递减法的计算公式为:

$$年折旧率 = \frac{2}{折旧年限} \times 100\% \tag{9-5}$$

$$年折旧额 = 固定资产账面净值 \times 年折旧率 \tag{9-6}$$

【例 9-3】 某项固定资产原价为 10 000 元。预计净残值 400 元,预计使用年限 5 年。采用双倍余额递减法计算各年的折旧额。

【解】 年折旧率 = 2 ÷ 5 × 100% = 40%

第一年折旧额 = 10 000 × 40% = 4 000 元

第二年折旧额 = (10 000 − 4 000) × 40% = 2 400 元

第三年折旧额 = (10 000 − 6 400) × 40% = 1 440 元

第四年折旧额 = (10 000 − 7 840 − 400) ÷ 2 = 880 元

第五年折旧额 = (10 000 − 7 840 − 400) ÷ 2 = 880 元

4) 年数和法

$$年折旧率 = (折旧年限 - 已使用年限)/年数和 \times 100\%$$

$$年折旧额 = (固定资产原值 - 预计净残值) \times 年折旧率$$

【例 9-4】 采用例 9-3 的数据,某项固定资产原价为 10 000 元。预计净残值 400 元,预计使用年限 5 年。用年数总和法计算各年的折旧额。

【解】 计算折旧的基数 = 10 000 − 400 = 9 600 元
年数总和 = 5 + 4 + 3 + 2 + 1 = 15 年
第一年折旧额 = 9 600 × 5/15 = 3 200 元
第二年折旧额 = 9 600 × 4/15 = 2 560 元
第三年折旧额 = 9 600 × 3/15 = 1 920 元
第四年折旧额 = 9 600 × 2/15 = 1 280 元
第五年折旧额 = 9 600 × 1/15 = 640 元

5) 工作量法

工作量法是指按照设备完成的工作量计提折旧的一种方法，是由平均年限法派生出来的一种方法。工作量法的计算公式为：

(1) 按照行驶里程计算折旧额时：

$$单位里程折旧额 = \frac{原值 \times (1 - 预计净残值率)}{规定的总行驶里程} \tag{9-7}$$

$$年折旧额 = 年实际行驶里程 \times 单位里程折旧额 \tag{9-8}$$

例如，按总工作小时数、总行驶里程数折旧等。

【例 9-5】 某企业的一辆运输卡车，原价 60 000 元，预计总行驶里程为 50 万 km，假设残值率为 5%。若本月行驶 4 000 km，则该辆卡车的月折旧额计算如下：

$$单位里程折旧额 = 60 000 \times (1 - 5\%)/500 000 = 0.114 \, 元/km$$

$$本月折旧额 = 4 000 \times 0.114 = 456 \, 元$$

(2) 按照台班计算折旧额时：

$$每台班折旧额 = \frac{原值 \times (1 - 预计净残值率)}{规定的总工作台班} \tag{9-9}$$

$$年折旧额 = 年实际工作台班 \times 每台班折旧额 \tag{9-10}$$

9.4 最佳折旧年限——设备经济寿命的确定

确定设备经济寿命的方法可以分为静态和动态两种模式。

9.4.1 静态模式下设备经济寿命的确定方法

就是在不考虑资金时间价值的基础上计算设备年平均成本 $\overline{C}_n$，使 $\overline{C}_n$ 为最小的 N_0 就是设备的经济寿命。

$$\overline{C}_n = \frac{P - L_n}{n} + \frac{1}{n}\sum_{t=1}^{n} C_t \tag{9-11}$$

式中：$\overline{C}_n$——n 年内设备的年平均使用成本；
  P——设备目前实际价值；
  C_t——第 t 年的设备经营成本；
  L_n——第 n 年末的设备净残值。

在公式(9-11)中，$\dfrac{P-L_n}{n}$ 为设备的平均年度资产消耗成本，而 $\dfrac{1}{n}\sum_{t=1}^{n}C_t$ 为设备的平均年度经营成本。

随着设备使用时间的增长，设备的有形磨损和无形磨损都将增加，设备的维护修理费用及燃料、动力费用也会逐渐增加，这种运营成本的逐年递增称为设备的劣化。现假定每年运营成本的增长是均等的，即经营成本呈线性增长，如图 9-3 所示。

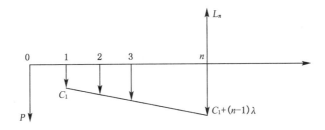

图 9-3　劣化增量均等的现金流量图

假定运营成本均发生在年末，设每年运营成本增加额为 λ，若设备的使用期限为 n 年，则第 n 年的运营成本为：

$$C_n = C_1 + (n-1)\lambda \tag{9-12}$$

式中：C_1——第一年的运营成本；
  λ——年运营成本增加额；
  n——设备使用年限。

n 年内设备年等额运营成本为：

$$C = C_1 + \dfrac{\lambda + 2\lambda + 3\lambda + \cdots + (n-1)\lambda}{n} = C_1 + \dfrac{n-1}{2}\lambda$$

设备的年等额资产恢复成本 $\dfrac{P-L_n}{n}$，则年等额总成本的计算公式为：

$$AC_n = \dfrac{P-L_n}{n} + C_1 + \dfrac{n-1}{2}\lambda \tag{9-13}$$

通过求式(9-13)的极值，可以找出设备的经济寿命计算公式。

根据导数的性质，要使 AC_n 为最小，就需要对式(9-13)求导数并令其等于零，然后求解。设 L_n 为一常数，令 $\dfrac{\mathrm{d}(AC_n)}{\mathrm{d}n}=0$，则经济寿命 N_0 为：

$$N_0 = \sqrt{\dfrac{2(P-L_n)}{\lambda}} \tag{9-14}$$

【例 9-6】 有一台车床原值为 850 元,不论使用几年其残值均为 50 元。该车床第一年的使用费用为 200 元,以后每年增加 100 元,不考虑利息。试计算该车床的经济寿命,并求经济寿命时该车床的年等额总成本。

【解】 根据已知条件,$P=850$ 元,$L_n=50$ 元,$C_1=200$ 元,$\lambda=100$ 元,那么该车床的经济寿命为:

$$N_0=\sqrt{\frac{2(P-L_n)}{\lambda}}=\sqrt{\frac{2(850-50)}{100}}=4 \text{ 年}$$

经济寿命时该车床的年等额总成本为:

$$AC_n=\frac{P-L_n}{n}+C_1+\frac{n-1}{2}\lambda=\frac{850-50}{4}+200+\frac{100}{2}(4-1)=550 \text{ 元}$$

【例 9-7】 某设备目前实际价值 4 万元,有关数据如表 9-1 所示。

表 9-1 设备有关数据表

继续使用年限	1	2	3	4
年平均经营成本(万元)	0.6	0.7	0.9	1.2
年末残值(万元)	1.5	0.8	0.4	0.2

则在静态模式下,该设备的经济寿命还剩多少年?

【解】 该设备在不同使用年限时的年平均成本如表 9-2 所示。

表 9-2 设备年平均使用成本计算表(元)

使用年限 n (1)	资产消耗成本 $(P-L_n)$ (2)	平均年资产消耗成本 (3)=(2)/(1)	年度经营成本 C_t (4)	经营成本累计 $\sum C_t$ (5)	平均年度经营成本 (6)=(5)/(1)	年平均使用成本 $\overline{C}_n$ (7)=(3)+(6)
1	2.5	2.5	—	—	0.6	3.1
2	3.2	1.6	—	—	0.7	2.3
3	3.6	1.2	—	—	0.9	2.1
4	3.8	0.95	—	—	1.2	2.15

计算结果为在第三年的年平均使用成本最少,所以该设备经济寿命还剩余 3 年。

9.4.2 动态模式下设备经济寿命的确定方法

就是在考虑资金时间价值的情况下计算设备的净年值 NAV 或年成本 AC,通过比较年平均效益或年平均费用来确定设备的经济寿命 N_0,其计算表达式参见式(9-15)和式(9-16),即:

$$NAV(N_0) = \left[\sum_{t=0}^{N_0}(CI-CO)_t(1+i_c)^{-t}\right](A/P,i_c,N_0) \tag{9-15}$$

或

$$AC(N_0) = \left[\sum_{t=0}^{N_0}CO_t(P/F,i_c,t)\right](A/P,i_c,N_0) \tag{9-16}$$

在上式中,如果使用年限 N 为变量,则当 $N_0(0 < N_0 \leqslant n)$ 为经济寿命时,应满足:

当 $(CI-CO)_t > 0$ 时,$NAV \to$ 最大(max);

当 $(CI-CO)_t < 0$ 时,$NAV \to$ 绝对值最小(min)。

如果设备目前实际价值为 P,使用年限为 n 年,设备第 n 年的净残值为 L_n,第 t 年的运行成本为 C_t,基准折现率为 i_c,其经济寿命为 N_0。

$$AC = \left[P - L_n(P/F,i_c,n) + \sum_{t=1}^{n}C_t(P/F,i_c,t)\right](A/P,i_c,n) \tag{9-17}$$

或 $$AC = P(A/P,i_c,n) - L_n(A/F,i_c,n) + \sum_{t=1}^{n}C_t(P/F,i_c,t)(A/P,i_c,n) \tag{9-18}$$

式中,$[P(A/P,i_c,n) - L_n(A/F,i_c,n)]$ 为资金恢复费用。由"等额支付偿债基金公式"和"等额支付资金回收公式"可得:

$$(A/F,i,n) = \frac{i}{(1+i)^n - 1} = \frac{i(1+i)^n}{(1+i)^n - 1} - i = (A/P,i,n) - i$$

代入式(9-18),得:

$$AC = (P-L_n)(A/P,i_c,n) + L_n i_c + \sum_{t=1}^{n}C_t(P/F,i_c,t)(A/P,i_c,n) \tag{9-19}$$

由式(9-15)～式(9-19)可以看到,用净年值或年成本估算设备的经济寿命的过程是:在已知设备现金流量和利率的情况下,逐年计算出从寿命 1 年到 n 年全部使用期的年等效值,从中找出平均年成本的最小值(项目考虑以支出为主时)或是平均年盈利的最大值(项目考虑以收入为主时)所对应的年限,从而确定设备的经济寿命。这个过程通常是用表格计算来完成的。

【例 9-8】 某设备目前实际价值为 30 000 元,有关统计资料见表 9-3,假设利率为 6%,求其经济寿命。

表 9-3 设备年经营成本及年末残值表

继续使用年限 t	1	2	3	4	5	6	7
年经营成本(元)	5 000	6 000	7 000	9 000	11 500	14 000	17 000
年末残值(元)	15 000	7 500	3 750	1 875	1 000	1 000	1 000

【解】

表 9-4 设备不同使用年限的年成本表

n	$P-L_n$	$(A/P,6\%,t)$	$L_n \times 6\%$	(2)×(3)+(4)	C_t	$(P/F,6\%,t)$	$[\sum(6) \times (7)] \times (3)$	$AC=$ (5)+(8)
(1)	(2)	(3)	(4)	(5)	(6)	(7)	(8)	(9)
1	15 000	1.06	900	16 800	5 000	0.943 4	5 000	21 800
2	22 500	0.545 4	450	12 721.5	6 000	0.89	5 485.1	18 206.6
3	26 250	0.374 1	225	10 045.1	7 000	0.839 6	5 961	16 006.1
4	28 125	0.288 6	112.5	8 229.4	9 000	0.792 1	6 656	14 885.4
5	29 000	0.237 4	60	6 944.6	11 500	0.747 3	7 515.4	14 460
6	29 000	0.203 4	60	5 958.6	14 000	0.705	8 446.6	14 405.2
7	29 000	0.179 1	60	5 253.9	17 000	0.665 1	9 462.5	14 716.4

从表 9-4 的计算可以看出,第 6 年时设备的年成本最低,为 14 405.2 元,因此该设备的经济寿命为 $n=6$ 年。

9.5 设备更新

9.5.1 设备更新的特点分析

设备超过最佳期限之后,就存在更新的问题。

1) 设备更新的中心内容是确定设备的经济寿命

经济寿命,是从经济角度看设备最合理的使用期限,在设备更新分析中,经济寿命是确定设备最优更新期的主要依据。

2) 设备更新分析应站在咨询者的立场分析问题

设备更新问题的要点是站在咨询师的立场上,而不是站在旧资产所有者的立场上考虑问题。咨询师并不拥有任何资产,故若要保留旧资产,首先要付出相当于旧资产当前市场价值的现金,才能取得旧资产的使用权。这是设备更新分析的重要概念。

3) 设备更新分析只考虑未来发生的现金流量

在分析中只考虑今后所发生的现金流量,对以前发生的现金流量及沉入成本,因为它们都属于不可恢复的费用,与更新决策无关,故不需再参与经济计算。不考虑沉没成本(Sunk Cost)。沉没成本是指过去已经发生的一种成本,它是已经花费的金钱或资源。沉没成本属于过去,是不可改变的。

4) 只比较设备的费用

通常在比较更新方案时,假定设备产生的收益是相同的,因此只对它们的费用进行比较。

5) 设备更新分析以费用年值法为主

由于不同设备方案的服务寿命不同,因此通常都采用年值法进行比较。

【例 9-9】 假定某工厂在 4 年前以原始费用 2 200 元购买机器 A,估计还可以使用 6 年,第 6 年末估计残值为 200 元,年度使用费用为 700 元。现在市场上出现了机器 B,原始费用为 2 400 元,估计可以使用 10 年,第 10 年末残值为 300 元,年度使用费为 400 元。现拟采用两个方案:方案甲继续使用机器 A;方案乙是把机器 A 以 600 元出售,然后购买机器 B,假设 i 为 15%。试选择合理方案。

【解】

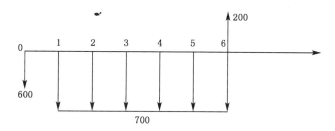

图 9-4 甲方案现金流量图

由图 9-4 得:

$$
\begin{aligned}
\text{甲方案年费用 } AC_\text{甲} &= 600(A/P,15\%,6) + 700 - 200(A/F,15\%,6) \\
&= 600 \times 0.264\,2 + 700 - 200 \times 0.114\,2 \\
&= 836 \text{ 元/年}
\end{aligned}
$$

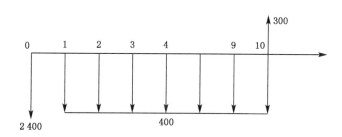

图 9-5 乙方案现金流量图

由图 9-5 得:

$$
\begin{aligned}
\text{乙方案年费用 } AC_\text{乙} &= 2\,400(A/P,15\%,10) + 400 - 300(A/F,15\%,10) \\
&= 2\,400 \times 0.199\,3 + 400 - 300 \times 0.049\,3 \\
&= 864 \text{ 元/年}
\end{aligned}
$$

由于 $AC_\text{甲} < AC_\text{乙}$,所以应选择方案甲——继续使用机器 A。

可以证明,机器 A 的价值(现值)为 706 元,即 $600 + (864 - 836)(P/A,15\%,6) = 706$ 元。

也就是说,同机器 B 相比,机器 A 值 706 元,但其售价只是 600 元,因此,它应该保留,不需要更新。

9.5.2 设备更新方案的综合比较

设备超过最佳期限之后,就存在更新的问题。但陈旧设备直接更换是否必要或是否为最佳的选择,是需要进一步研究的问题。一般而言,对超过最佳期限的设备可以采用以下5种处理办法:

(1) 继续使用旧设备。
(2) 对旧设备进行大修理。
(3) 用原型设备更新。
(4) 对旧设备进行现代化技术改造。
(5) 用新型设备更新。

对以上更新方案进行综合比较宜采用"最低总费用现值法",即通过计算各方案在不同使用年限内的总费用现值,根据打算使用年限,按照总费用现值最低的原则进行方案优选。

10 建设项目财务评价

10.1 财务评价的一般概念

10.1.1 财务评价的概念及作用

1) 财务评价的概念

财务评价是根据国家现行财税制度和价格体系,分析、计算项目直接发生的财务效益和费用,编制财务报表,计算评价指标,考察项目盈利能力、清偿能力以及外汇平衡等财务状况,据以判别项目的财务可行性。

2) 财务评价的作用

(1) 考察项目的财务盈利能力。
(2) 用于制定适宜的资金规划。
(3) 为协调企业利益与国家利益提供依据。

10.1.2 财务评价的程序

(1) 估算现金流量。
(2) 编制基本财务报表。
(3) 计算与评价财务评价指标。
(4) 进行不确定性分析。
(5) 风险分析。
(6) 得出评价结论。

10.1.3 财务评价的内容与评价指标

(1) 财务盈利能力评价主要考察投资项目的盈利水平。为此目的,需编制全部投资现金流量表、自有资金现金流量表和损益表3个基本财务报表。计算财务内部收益率、财务净现值、投资回收期、投资收益率等指标。

(2) 投资项目的资金构成一般可分为借入资金和自有资金。自有资金可长期使用,而借入资金必须按期偿还。项目的投资者自然要关心项目偿债能力;借入资金的所有者——债权人也非常关心贷出资金能否按期收回本息。项目偿债能力分析可在编制贷款偿还表的基础上进行。为了表明项目的偿债能力,可按尽早还款的方法计算。在计算中,贷款利息一般做如下假设:长期借款,当年贷款按半年计息,当年还款按全年计息。

(3) 外汇平衡分析主要是考察涉及外汇收支的项目在计算期内各年的外汇余缺程度,在编制外汇平衡表的基础上,了解各年外汇余缺状况,对外汇不能平衡的年份根据外汇短缺程度,提出切实可行的解决方案。

(4) 不确定性分析是指在信息不足,估计可变因素变动对项目可行性的影响程度及项目承受风险能力的一种分析方法。不确定性分析包括盈亏平衡分析、敏感性分析、风险分析。

10.2 基础财务报表的编制

为了进行投资项目的经济效果分析,需编制的财务报表主要有财务现金流量表、损益表、资金来源与运用表和资产负债表。对于大量使用外汇的项目,还要编制外汇平衡表。

10.2.1 现金流量表的编制

1) 现金流量及现金流量表的概念

在商品货币经济中,任何建设项目的效益和费用都可以抽象为现金流量系统。从项目财务评价角度看,在某一时点上流出项目的资金称为现金流出,记为 CO;流入项目的资金称为现金流入,记为 CI。现金流入与现金流出统称为现金流量,现金流入为正现金流量,现金流出为负现金流量。同一时点上的现金流入量与现金流出量的代数和($CI-CO$)称为净现金流量,记为 NCP。

2) 全部投资现金流量表的编制

全部投资现金流量表是站在项目全部投资的角度,或者说不分投资资金来源,是在设定项目全部投资均为自有资金条件下的项目现金流量系统的表格式反映。如表 10-1 所示,表中计算期的年序为 $1,2,\cdots,n$,建设开始年作为计算期的第一年,年序为 1。当项目建设期以前所发生的费用占总费用的比例不大时,为简化计算,这部分费用可列入年序 1。若需单独列出,可在年序 1 以前另加一栏"建设起点",年序填 0,将建设期以前发生的现金流出填入该栏。

(1) 现金流入为产品销售(营业)收入、回收固定资产余值、回收流动资金 3 项之和。另外,固定资产余值和流动资金的回收均在计算期最后一年。

(2) 现金流出包含有固定资产投资、流动资金、经营成本及税金。固定资产投资和流动资金的数额分别取自固定资产投资估算表及流动资金估算表。

(3) 项目计算期各年的净现金流量为各年现金流入量减对应年份的现金流出量,各年累计净现金流量为本年及以前各年净现金流量之和。

(4) 所得税前净现金流量为上述净现金流量加所得税之和,也即在现金流出中不计入所得税时的净现金流量。所得税前累计净现金流量的计算方法与上述累计净现金流量的相同。

表 10-1 全部投资现金流量表

	年 份	1	2	…	…	n
	生产负荷(%)					
1	现金流入					
1.1	销售收入					
1.2	回收固定资产余值					
1.3	回收流动资金					
2	现金流出					
2.1	固定资产投资					
2.2	流动资金					
2.3	经营成本					
2.4	销售税金及附加					
2.5	调整所得税					
3	净现金流量(1-2)					
4	累计净现金流量					
5	所得税前净现金流量(3+2.5)					
6	所得税前累计净现金流量					
	计算指标	投资回收期、净现值、内部收益率				

3) 自有资金现金流量表的编制

自有资金现金流量表是站在项目投资主体角度考察项目的现金流入流出情况，其报表格式见表 10-2。从项目投资主体的角度看，建设项目投资借款是现金流入，但又同时将借款用于项目投资则构成同一时点、相同数额的现金流出，二者相抵，对净现金流量的计算无影响。因此，表中投资只计自有资金。另一方面，现金流入又是因项目全部投资所获得，故应将借款本金的偿还及利息支付计入现金流出。

(1) 现金流入各项的数据来源与全部投资现金流量表相同。

(2) 现金流出项目包括：自有资金、借款本金偿还、借款利息支出、经营成本及税金。其中，自有资金数额取自投资计划与资金筹措表中资金筹措项下的自有资金分项。借款本金偿还由两部分组成：一部分为借款还本付息计算表中本年还本额；一部分为流动资金借款本金偿还，一般发生在计算期最后一年。借款利息支付数额来自总成本费用估算表中的利息支出项。现金流出中其他各项与全部投资现金流量表中相同。

表 10-2 自有资金现金流量表

年 份		1	2	…	…	n
	生产负荷(%)					
1	现金流入					
1.1	销售收入					
1.2	回收固定资产余值					
1.3	回收流动资金					
2	现金流出					
2.1	自有资金					
2.2	借款本金偿还					
2.3	借款利息支付					
2.4	经营成本					
2.5	销售税金及附加					
2.6	所得税					
3	净现金流量					
	计算指标	投资回收期、净现值、内部收益率				

（3）项目计算期各年的净现金流量为各年现金流入量减对应年份的现金流出量。

【例 10-1】 编制自有资金现金流量表，表中没有反映建设项目投资借款的流入流出，是因为（ ）。

A. 不发生借款
B. 规定不必列入借款项目
C. 站在不同角度观察项目的现金流入流出情况
D. 流入、流出在同一时点，数额相同，对净现金流量计算无影响

【答案】 D

10.2.2 损益表的编制

损益表编制反映项目计算期内各年的利润总额、所得税及税后利润的分配情况，如表 10-3 所示。损益表的编制以利润总额的计算过程为基础。利润总额的计算公式为：

$$利润总额 = 营业利润 + 投资净收益 + 营业外收支净额 \tag{10-1}$$

其中： 营业利润 = 主营业务利润 + 其他业务利润 − 管理费 − 财务费
主营业务利润 = 主营业务收入 − 主营业务成本 − 销售费用 − 销售税金及附加
营业外收支净额 = 营业外收入 − 营业外支出

（1）产品销售（营业）收入、销售税金及附加、总成本费用的各年度数据分别取自相应的辅助报表。

(2) 利润总额等于产品销售（营业）收入减销售税金及附加减总成本费用。

(3) 所得税＝应纳税所得额×所得税税率。应纳税所得额为利润总额根据国家有关规定进行调整后的数额。在建设项目财务评价中，主要是按减免所得税及用税前利润弥补上年度亏损的有关规定进行的调整。按现行《工业企业财务制度》规定，企业发生的年度亏损，可以用下一年度的税前利润等弥补，下一年度利润不足弥补的，可以在5年内延续弥补，5年内不足弥补的，用税后利润弥补。

(4) 税后利润＝利润总额—所得税。

(5) 弥补损失主要是指支付被没收的财物损失，支付各项税收的滞纳金及罚款，弥补以前年度亏损。

(6) 税后利润按法定盈余公积金、公益金、应付利润及未分配利润等项进行分配。

① 表中法定盈余公积金按照税后利润扣除用于弥补损失的金额后的10%提取，盈余公积金已达注册资金50%时可以不再提取。

② 应付利润为向投资者分配的利润。

③ 未分配利润主要指向投资者分配完利润后剩余的利润，可用于偿还固定资产投资借款及弥补以前年度亏损。

表 10-3 损益表

	年 份	1	2	…	n
1	产品销售（营业）收入				
2	销售税金及附加				
3	总成本费用				
4	利润总额(1－2－3)				
5	弥补以前年度亏损				
6	应纳税所得税额(4－5)				
7	所得税				
8	税后利润(4－7)				
8.1	盈余公积金				
8.2	应付优先股股利				
8.3	提取任意盈余公积金				
8.4	应付普通股股利				

10.2.3 资金来源与资金运用表的编制

资金来源与运用表能全面反映项目资金活动全貌。如表10-4所示，编制该表时，首先要计算项目计算期内各年的资金来源与资金运用，然后通过资金来源与资金运用的差额反映项目各年的资金盈余或短缺情况。项目资金来源包括利润、折旧、摊销、长期借款、短期借款、自有资金、其他资金、回收固定资产余值、回收流动资金等；项目资金运用包括固定资产投资、建设期利息、流动资金投资、所得税、应付利润、长期借款还本、短期借款还本等。

资金来源与运用表反映项目计算期内各年的资金盈余或短缺情况,用于选择资金筹措方案,制定适宜的借款及偿还计划,并为编制资产负债表提供依据。

(1) 利润总额、折旧费、摊销费数据分别取自损益表、固定资产折旧费估算表、无形及递延资产摊销估算表。

(2) 长期借款、流动资金借款、其他短期借款、自有资金及"其他"项的数据均取自投资计划与资金筹措表。

(3) 回收固定资产余值及回收流动资金见全部投资现金流量表编制中的有关说明。

(4) 固定资产投资、建设期利息及流动资金数据取自投资计划与资金筹措表。

(5) 所得税及应付利润数据取自损益表。

(6) 长期借款本金偿还额为借款还本付息计算表中本年还本数;流动资金借款本金一般在项目计算期末一次偿还;其他短期借款本金偿还额为上年度其他短期借款额。

(7) 盈余资金等于资金来源减去资金运用。

(8) 累计盈余资金各年数额为当年及以前各年盈余资金之和。

表 10-4 资金来源与运用表

序号	项目	年份								合计
		建设期		投产期		达到设计生产能力生产期				
		1	2	3	4	5	6	7	...	n	
	生产负荷(%)										
1	资金来源										
1.1	利润总额										
1.2	折旧费										
1.3	摊销费										
1.4	长期借款										
1.5	流动资金借款										
1.6	其他短期借款										
1.7	自有资金										
1.8	其他										
1.9	回收固定资产余值										
1.10	回收流动资金										
2	资金运用										
2.1	固定资产投资										
2.2	建设期利息										
2.3	流动资金										
2.4	所得税										

续表 10-4

序号	项 目	年 份								合计
		建设期		投产期		达到设计生产能力生产期				
		1	2	3	4	5	6	7	...	n
	生产负荷(%)									
2.5	特种基金									
2.6	应付利润									
2.7	长期借款本金偿还									
2.8	流动资金借款本金偿还									
2.9	其他短期借款本金偿还									
3	盈余资金									
4	累计盈余资金									

【例 10-2】 在编制"资金来源与运用表"时,下列（　　）属于资金来源项目。
A. 流动资金借款　　　　　　　　B. 流动资金
C. 回收流动资金　　　　　　　　D. 流动资金借款还本
E. 流动资金借款付息
【答案】 AC

10.2.4　资产负债表的编制

资产负债表综合反映项目计算期内各年末资产、负债和所有者权益的增减变化及对应关系,用以考察项目资产、负债、所有者权益的结构是否合理,进行清偿能力分析。如表 10-5 所示,资产负债表的编制依据是"资产 = 负债 + 所有者权益"。

1) 资产由流动资产、在建工程、固定资产净值、无形及递延资产净值 4 项组成
其中:
(1) 流动资产总额为应收账款、存货、现金、累计盈余资金之和。前 3 项数据来自流动资金估算表;累计盈余资金数额则取自资金来源与运用表,但应扣除其中包含的回收固定资产余值及自有流动资金。
(2) 在建工程是指投资计划与资金筹措表中的年固定资产投资额,其中包括固定资产投资方向调节税和建设期利息。
(3) 固定资产净值和无形及递延资产净值分别从固定资产折旧费估算表和无形及递延资产摊销估算表中取得。
2) 负债包括流动负债和长期负债
流动负债中的应付账款数据可由流动资金估算表直接取得。流动资金借款和其他短期借款两项流动负债及长期借款均指借款余额,需根据资金来源与运用表中的对应项及相应的本金偿还项进行计算。
(1) 长期借款及其他短期借款余额的计算按下式进行:

$$\text{第 } T \text{ 年借款余额} = \sum (\text{借款} - \text{本金偿还})_t \quad (t = 1 \sim T) \tag{10-2}$$

其中，(借款—本金偿还)$_t$ 为资金来源与运用表中第 t 年借款与同一年度本金偿还之差。

(2) 按照流动资金借款本金在项目计算期末用回收流动资金一次偿还的一般假设，流动资金借款余额的计算按下式进行：

$$\text{第 } T \text{ 年借款余额} = \sum (\text{借款})_t \quad (t = 1 \sim T) \tag{10-3}$$

其中，(借款)$_t$ 为资金来源与运用表中第 t 年流动资金借款额。若为其他情况，可参照长期借款的计算方法计算。

3) 所有者权益包括资本金、资本公积金、累计盈余公积金及累计未分配利润

其中，累计未分配利润可直接取自损益表；累计盈余公积金也可由损益表中盈余公积金项计算各年份的累计值，但应根据有无用盈余公积金弥补亏损或转增资本金的情况进行相应调整。资本金为项目投资中累计自有资金（扣除资本溢价），当存在由资本公积金或盈余公积金转增资本金的情况时应进行相应调整。资本公积金为累计资本溢价及增款，转增资本金时相应调整资产负债表，使其满足等式：资产 ＝ 负债 ＋ 所有者权益。

表 10-5　资产负债表

序号	项目	年份								合计
		建设期		投产期		达到设计生产能力生产期				
		1	2	3	4	5	6	7	…	n
1	资产									
1.1	流动资产总额									
1.1.1	应收账款									
1.1.2	存货									
1.1.3	现金									
1.1.4	累计盈余资金									
1.2	在建工程									
1.3	固定资产净值									
1.4	无形及递延资产净值									
2	负债及所有者权益									
2.1	流动负债总额									
2.1.1	应付账款									
2.1.2	流动资金借款									
2.1.3	其他短期借款									
2.2	长期借款									
	负债小计									

续表 10-5

序号	项目	年份								合计
		建设期		投产期		达到设计生产能力生产期				
		1	2	3	4	5	6	7	…	n
	生产负荷(%)									
2.3	所有者权益									
2.3.1	资本金									
2.3.2	资本公积金									
2.3.3	累计盈余公积金									
2.3.4	累计未分配利润									

计算指标:资产负债率; 流动比率; 速动比率

10.2.5 财务外汇平衡表的编制

财务外汇平衡表主要适用于有外汇收支的项目,用以反映项目计算期内各年外汇余缺程度,进行外汇平衡分析。

财务外汇平衡表格式见表10-6。"外汇余缺"可由表中其他各项数据按照外汇来源等于外汇运用的等式直接推算。其他各项数据分别来自收入、投资、资金筹措、成本费用、借款偿还等相关的估算报表或估算资料。

表 10-6 财务外汇平衡表

序号	项目	年份								合计
		建设期	投产期		达到设计生产能力生产期					
		n	1	2	3	4	5	6	7	…
	生产负荷(%)									
1	外汇来源									
1.1	产品销售外汇收入									
1.2	外汇借款									
1.3	其他外汇收入									
2	外汇运用									
2.1	固定资产投资中外汇支出									
2.2	进口原材料									
2.3	进口零部件									
2.4	技术转让费									
2.5	偿付外汇借款本息									
2.6	其他外汇支出									
2.7	外汇余缺									

【例 10-3】 某建设项目建设期为 1 年,运营期为 10 年。固定资产投资 1 800 万元(不包括无形资产),其中 800 万元为自有资金,1 000 万元为银行贷款,贷款年利率为 6%,采用在运营期内等额还本利息照付的方式还款。

固定资产使用年限为 10 年,期末净残值率为 5%。

无形资产 200 万元,在运营期内均匀摊销。

流动资金为 1 200 万元,在运营期第 1 年投入,期末一次性收回。

流动资金有一半是自有资金,一半为银行贷款,贷款年利率为 5%,每年偿还利息,本金在期末一次性偿还。

该项目投入运营后,每年营业收入为 3 000 万元,年营业税金及附加为营业收入的 10%,所得税税率为 33%。

年经营成本为 1 000 万元。

法定盈余公积金按净利润的 8% 提取,不提取任意盈余公积金。

试编制固定资产还本付息表、总成本费用表和利润表。

项目投资现金流量表、项目资本金现金流量表。

【解】 (1) 固定资产还本付息表的编制

$$\text{建设期固定资产贷款利息} = (0 + 1\,000/2) \times 6\% = 30 \text{ 万元}$$
$$\text{每年偿还固定资产本金} = 1\,030/10 = 103 \text{ 万元}$$

固定资产还本付息表见表 10-7。

表 10-7 固定资产还本付息表(万元)

项目	年										
	1	2	3	4	5	6	7	8	9	10	11
年初累计贷款	0	1030	927	824	721	618	515	412	309	206	103
本年新增借款	1 000										
本年应计利息	30	61.8	55.62	49.44	43.26	37.08	30.9	24.72	18.54	12.36	6.18
本年应还本金	0	103	103	103	103	103	103	103	103	103	103

(2) 总成本费用表的编制

$$\text{固定资产原值} = \text{固定资产投资} + \text{建设期贷款利息} = 1\,800 + 30 = 1\,830 \text{ 万元}$$
$$\text{年折旧费} = 1\,830 \times (1 - 5\%)/10 = 173.85 \text{ 万元}$$
$$\text{年摊销费} = 200/10 = 20 \text{ 万元}$$
$$\text{每年流动资金借款利息} = 1\,200/2 \times 5\% = 30 \text{ 万元}$$

总成本费用估算见表 10-8 所示。

表 10-8 总成本费用表(万元)

序号	项目	年									
		2	3	4	5	6	7	8	9	10	11
1	经营成本	1 000	1 000	1 000	1 000	1 000	1 000	1 000	1 000	1 000	1 000

续表10-8

序号	项目	年									
		2	3	4	5	6	7	8	9	10	11
2	折旧费	173.85	173.85	173.85	173.85	173.85	173.85	173.85	173.85	173.85	173.85
3	摊销费	20	20	20	20	20	20	20	20	20	20
4	财务费	91.8	85.62	79.44	73.26	67.08	60.9	54.72	48.54	42.36	36.18
4.1	固定投资贷款利息	61.8	55.62	49.44	43.26	37.08	30.9	24.72	18.54	12.36	6.18
4.2	流动资金贷款利息	30	30	30	30	30	30	30	30	30	30
5	总成本费用	1 285.65	1 279.47	1 273.29	1 267.11	1 260.93	1 254.75	1 248.57	1 242.39	1 236.21	1 230.03

(3) 利润表的编制

$$营业税金及附加 = 3\,000 \times 10\% = 300\ 万元$$

利润及分配见表10-9所示。

表10-9 利润及利润分配表(万元)

序号	项目	年									
		2	3	4	5	6	7	8	9	10	11
1	销售收入	3 000.00	3 000.00	3 000.00	3 000.00	3 000.00	3 000.00	3 000.00	3 000.00	3 000.00	3 000.00
2	销售税金及附加	300.00	300.00	300.00	300.00	300.00	300.00	300.00	300.00	300.00	300.00
3	总成本费用	1 285.65	1 279.47	1 273.29	1 267.11	1 260.93	1 254.75	1 248.57	1 242.39	1 236.21	1 230.03
4	利润总额	1 414.35	1 420.53	1 426.71	1 432.89	1 439.07	1 445.25	1 451.43	1 457.61	1 463.79	1 469.97
5	所得税	466.74	468.77	470.81	472.85	474.89	476.93	478.97	481.01	483.05	485.09
6	净利润	947.61	951.76	955.90	960.04	964.18	968.32	972.46	976.60	980.74	984.88
7	盈余公积金	75.81	76.14	76.47	76.80	77.13	77.47	77.80	78.13	78.46	78.79

(4) 项目投资现金流量表的编制

第11年末回收固定资产余值 = 1830 − 173.85 × 10 = 91.5 万元

第11年末回收流动资金1 200万元。

表 10-10 全部投资现金流量表(万元)

序号	项 目	年										
		1	2	3	4	5	6	7	8	9	10	11
1	现金流入		3 000	3 000	3 000	3 000	3 000	3 000	3 000	3 000	3 000	4 291.5
1.1	销售收入		3 000	3 000	3 000	3 000	3 000	3 000	3 000	3 000	3 000	3 000
1.2	回收固定资产余值											91.5
1.3	回收流动资金											1 200
2	现金流出	2 000.00	2 997.03	1 797.03	1 797.03	1 797.03	1 797.03	1 797.03	1 797.03	1 797.03	1 797.03	1 797.03
2.1	固定资产投资	2 000										
2.2	流动资金		1 200									
2.3	经营成本		1 000	1 000	1 000	1 000	1 000	1 000	1 000	1 000	1 000	1 000
2.4	销售税金及附加		300	300	300	300	300	300	300	300	300	300
2.5	调整所得税		497.03	497.03	497.03	497.03	497.03	497.03	497.03	497.03	497.03	497.03
3	净现金流量	−2 000	2.97	1 202.97	1 202.97	1 202.97	1 202.97	1 202.97	1 202.97	1 202.97	1 202.97	2 494.47
4	累计净现金流量	−2 000.00	−1 997.03	−794.06	408.91	1 611.88	2 814.85	4 017.82	5 220.79	6 423.76	7 626.73	10 121.21
5	所得税前净现金流量	−2 000.00	500.00	1 700.00	1 700.00	1 700.00	1 700.00	1 700.00	1 700.00	1 700.00	1 700.00	2 991.50
6	所得税前累计净现金流量	−2 000.00	−1 500.00	200.00	1 900.00	3 600.00	5 300.00	7 000.00	8 700.00	10 400.00	12 100.00	15 091.50

表 10-11 自有资金现金流量表(万元)

序号	项目	年										
		1	2	3	4	5	6	7	8	9	10	11
1	现金流入	1 000	3 000	3 000	3 000	3 000	3 000	3 000	3 000	3 000	3 000	4 291.5
1.1	销售收入		3 000	3 000	3 000	3 000	3 000	3 000	3 000	3 000	3 000	3 000
1.2	回收固定资产余值											91.5
1.3	回收流动资金	1 000										1 200
2	现金流出		2 550.06	1 945.92	1 941.78	1 937.64	1 933.5	1 929.36	1 925.22	1 921.08	1 916.94	1 912.8
2.1	项目资本金	1 000	600									
2.2	借款本金偿还		103	103	103	103	103	103	103	103	103	103
2.3	借款利息支付		91.8	85.62	79.44	73.26	67.08	60.9	54.72	48.54	42.36	36.18
2.4	经营成本		1 000	1 000	1 000	1 000	1 000	1 000	1 000	1 000	1 000	1 000
2.5	营业税金及附加		300	300	300	300	300	300	300	300	300	300
2.6	所得税		455.26	457.3	459.34	461.38	463.42	465.46	467.5	469.54	471.58	473.62
3	净现金流量	−1 000	449.94	1 054.08	1 058.22	1 062.36	1 066.5	1 070.64	1 074.78	1 078.92	1 083.06	2 378.7

10.3 财务评价指标体系与方法

财务评价的主要内容包括盈利能力评价和清偿能力评价。财务评价的方法有：以现金流量表为基础的动态获利性评价和静态获利性评价、以资产负债表为基础的财务比率分析和考虑项目风险的不确定性分析等。

财务评价指标的计算具体参见第 5 章工程项目经济评价指标与评价方法。财务不确定性分析参见第 7 章不确定性分析，在此不赘述。

【例 10-4】 某项目建设期 1 年，建设投资 800 万元。第二年末净现金流量为 220 万元，第三年为 242 万元，第四年为 266 万元，第五年为 293 万元。该项目静态投资回收期为（　　）年。

A. 4　　　　　B. 4.25　　　　　C. 4.67　　　　　D. 5

【答案】 B

年 项目	0	1	2	3	4	5
净现金流量	−800	0	220	242	266	293
累计净现金流量	−800	−800	−580	−338	−72	221

累计净现金流量出现正值的年份为第五年静态投资回收期

$$P_t = 5 - 1 + \frac{|-72|}{293} = 4.25 \text{ 年}$$

【例 10-5】 在建设项目投资方案经济评价时，建设项目可行的条件是（　　）。

A. $FNPV \geqslant 0$　　　　　　　　　　B. $FIRR \geqslant i_c$
C. $P_t' \geqslant$ 行业基准投资回收期　　　D. 投资利润率 $\geqslant$ 行业平均投资利润率
E. 贷款偿还期 $\geqslant$ 借款合同规定期限

【答案】 ABD

【例 10-6】 在建设项目财务评价中，反映项目赢利能力的动态比率性指标是（　　）。

A. $ENPV$　　　　B. $FNPV$　　　　C. $EIRR$　　　　D. $FIRR$

【答案】 D

【例 10-7】 某新建项目达产年份的设计生产能力为 80 万件，年固定成本为 500 万元，产品售价预计 50 元/件，销售税金及附加税率为 6%，所得税税率为 33%，产品可变成本为 30 元/件，要想获得年税后利润 50 万元的生产能力利用率为（　　）。

A. 40.44%　　　　B. 42.25%　　　　C. 78.46%　　　　D. 79.12%

【答案】 B

【解】 设产量为 Q，由已知得：

$$[50Q - (500 + 30Q) - 50Q \times 6\%] \times (1 - 33\%) = 50$$

解得　　$Q = 33.8$ 万件

此时生产能力利用率为 $\dfrac{33.8}{80} \times 100\% = 42.25\%$

11 国民经济评价

11.1 项目的国民经济评价概述

11.1.1 国民经济评价的含义和作用

1) 国民经济评价的含义

按照资源合理配置的原则,从国家整体角度考察项目的效益和费用,用货物影子价格、影子工资、影子汇率和社会折现率等经济参数,分析、计算项目对国民经济带来的净贡献,评估项目的经济合理性,为项目的投资决策提供依据。

2) 国民经济评价的作用

(1) 是宏观上合理配置资源的需要。

(2) 是真实反映项目对国民经济净贡献的需要。

(3) 有利于项目投资决策科学化(有利于引导投资方向,有利于控制投资规模,有利于提高计划质量)。

11.1.2 项目国民经济评价与财务评价的关系

1) 共同之处

(1) 都是经济效果评价,都使用基本的经济评价理论和方法,都要寻求以最小的投入获得最大的产出,都要考虑资金的时间价值,采用内部收益率、净现值等经济盈利性指标进行经济效果分析。

(2) 两种评价都要在可行性研究内容的基础上进行。

2) 主要区别

(1) 评价角度不同。

(2) 评价任务不同。

(3) 评价范围不同。

(4) 项目费用与效益范围划分不同。

(5) 使用价格体系不同。

(6) 依据评价参数不同。

(7) 评价对象不同。

11.2 建设项目国民经济评价效益与费用的确定

11.2.1 项目效益的确定

1) 项目经济效益的概念

项目国民经济效益,是指项目对国民经济所作的贡献。即项目的投资建设和投产为国民经济提供的所有经济效益,它一般包括直接效益和间接效益。

2) 项目国民经济效益的识别

(1) 直接效益的识别。直接效益是指由项目产出物生成或直接生成,并在项目范围内用影子价格计算的经济效益。

① 增加该产出物或服务的数量以满足国内需求的效益。

② 替代效益较低的相同或类似企业的产出物或服务,使被替代企业减产(停产)以致减少国家有用资源耗费或者损失的效益。

③ 增加出口或减少进口从而增加或节支的外汇等。

(2) 间接效益的识别。间接效益是指由项目引起的而在直接效益中未得到反映的那部分效益,是由于项目的投资兴建、经营,使配套项目和相关部门因增加产量和劳务量而获得的效益。

11.2.2 项目费用的确定

1) 项目国民经济费用的概念

项目国民经济费用的概念指国民经济为项目所付出的代价,它分为直接费用和间接费用。

2) 项目国民经济费用的识别

(1) 直接费用的识别是指项目使用投入物所产生的并在项目范围内用影子价格计算的经济费用。

① 其他部门为供应本项目投入物而扩大生产规模所耗用的资源费用。

② 减少对其他项目(或最终消费者)投入物的供应而放弃的效益。

③ 增加进口(或减少出口)所耗用(或减少)的外汇等。

(2) 间接费用的识别是指由项目引起而在直接费用中未得到反映的那部分费用。

3) 对转移支付的处理

转移支付是指在国民经济内部各部门发生的,没有造成国内资源的真正增加或耗费的支付行为。即直接与项目有关而支付的国内各种税金,国内借款利息、职工工资等。在国民经济评估中,对上述转移支付应予以剔除。

(1) 税金是调节分配的一种手段。从国民经济角度看,税收实际上并未花费国家任何资源,它只是企业和税收部门之间的一项资金转移。

(2) 补贴是货币在政府和项目之间的转移,是转移支付,应剔除。

(3) 利息项目支付的国内借款利息,是国民经济内部企业与银行之间的资金转移,并不涉及社会资源的增减变化,是转移支付,应剔除。国外借款的利息由国内向国外转移,应列为费用。

(4) 土地费用为项目建设征用土地(主要是可耕地或已开垦土地)而支付的费用,是由项目转移给地方、集体或个人的一种支付行为,故在国民经济效益评价时不列为费用(作为转移支付)。应列为费用的是被占用土地的机会成本和使国家新增的资源消耗(如拆迁费用等)。

在进行国民经济评价时,应认真地复核是否已从项目原效益和费用中剔除了这些转移支付及以影子费用(价格)形式作为项目费用的计算上是否正确。

11.2.3 国民经济评价的步骤

投资项目的国民经济评价可在财务评价的基础上进行。因此,国民经济评价的步骤可以从下面两个方面进行:

1) 在财务评价的基础上进行国民经济评价的步骤

投资项目的国民经济评价在财务评价基础上进行,主要是将财务评价中的财务费用和财务效益调整为经济费用和经济效益,即调整不属于国民经济效益和费用的内容;剔除国民经济内部的转移支付;计算和分析项目的间接费用和效益;按投入物和产出物的影子价格及其他经济参数(如影子汇率、影子工资、社会折现率等)对有关经济数据进行调整。具体步骤如下:

(1) 对有关的费用和效益范围的调整

① 剔除已经计入财务效益和费用中的国民经济内部的转移支付,如税金、补贴、国内借款利息等。

② 识别项目的间接效益和间接费用,对能定量的应进行定量计算;不能定量的,应作定性描述。

(2) 效益和费用数值的调整

根据收集来的数据资料,结合费用和效益的计算范围,将各项投入物和产出物的现行价格调整为影子价格。价格调整对合理地进行费用效益计算,正确地进行国民经济效益评估是至关重要的。

① 建设投资的调整。用影子价格、影子汇率逐项调整构成投资的各项费用,剔除涨价预备费、税金、国内借款建设期利息等转移支付项目。进口设备价格调整通常要剔除进口关税、增值税等转移支付;建筑工程费和安装工程费按材料费、劳动力的影子价格进行调整;土地费用按土地影子价格进行调整。

② 流动资金的调整。调整由于流动资金估算基础的变动引起的流动资金占用量的变动。

③ 经营费用的调整。用影子价格调整各项经营费用,对主要原材料、燃料及动力费用用影子价格进行调整;对劳动工资及福利费,用影子工资进行调整。

④ 销售收入的调整。用影子价格调整计算项目产出物的销售收入。

⑤ 调整外汇价值。国民经济评价各项销售收入和费用支出中的外汇部分,应用影子汇

率进行调整;计算外汇价值,从国外引入的资金和向国外支付的投资收益、贷款利息,也应用影子汇率进行调整。

(3) 编制表格与计算指标

2) 直接进行国民经济效益评价的步骤

(1) 识别和计算项目的直接效益。

(2) 效益和费用数据的计算。

(3) 识别和计算项目的间接效益和费用。

(4) 编制有关报表,并计算相应的评价指标。

11.3 国民经济效益评估的价格调整

11.3.1 社会折现率、影子价格和影子汇率的含义

1) 社会折现率

社会折现率是指建设项目国民经济评价中衡量经济内部收益率的基准值,也是计算项目经济净现值的折现率,是项目经济可行性和方案必选的主要判据。

社会折现率应根据国家的社会经济发展目标、发展战略、发展优先顺序、发展水平、宏观调控意图、社会成员的费用效益时间偏好、社会投资收益水平、资金供给状况、资金机会成本等因素综合测定。根据上述考虑的主要因素,结合当前的实际情况,测定社会折现率为8%;对于收益期长的建设项目,如果远期效益较大,效益实现的风险较小,社会折现率可适当降低,但不应低于6%。

2) 影子价格又称"最优计划价格"

它是为实现一定的经济发展目标而人为确定的,比交换价格更能反映出合理利用资源的效率价格。它是指资源在最优利用情况下,单位效益增量价值。

3) 影子汇率

影子汇率是指能正确反映国家外汇经济价值的汇率。建设项目国民经济评价中,项目的进口投入物和出口产出物,应采用影子汇率换算系数调整计算进出口外汇收支的价值。

影子汇率可通过影子汇率换算系数得出。影子汇率换算系数系指影子汇率与外汇牌价之间的比值。影子汇率应按下式计算:

$$影子汇率 = 外汇牌价 \times 影子汇率换算系数 \quad (11-1)$$

根据我国外汇收支、外汇供求、进出口结构、进出口关税、进出口增值税及出口退税补贴等情况,影子汇率换算系数为1.08。

11.3.2 外贸货物影子价格的确定

1) 投入物的影子价格计算

(1) 直接进口产品

影子价格 = CIF(到岸价格)×影子汇率 + 项目到口岸的国内运费和贸易费用

(11-2)

(2) 间接进口产品

影子价格 = CIF(到岸价格)×影子汇率 + 口岸到原用户的运输费用和贸易费用
 − 供应厂到用户的运输费用和贸易费用
 + 供应厂到项目的运输费用和贸易费用 (11-3)

(3) 减少出口产品

影子价格 = FOB(离岸价格)×影子汇率 − 供应厂到口岸的运输
 费用和贸易费用 + 供应厂到项目的运输费用和贸易费用 (11-4)

2) 产出物的影子价格计算
(1) 直接出口产品

影子价格 = FOB(离岸价格)×影子汇率 − 项目到口岸的运输费用和贸易费用

(11-5)

(2) 间接出口产品

影子价格 = FOB(离岸价格)×影子汇率 − 原供应厂到口岸的运
 输费用和贸易费用 + 原供应厂到用户的运输费用和贸易费用
 − 项目到用户的运输费用和贸易费用 (11-6)

(3) 替代进口产品

影子价格 = CIF(到岸价格)×影子汇率 + 口岸到用户的运输费用
 和贸易费用 − 项目到用户的运输费用和贸易费用 (11-7)

11.3.3　非外贸货物影子价格的确定

(1) 投入物影子价格的确定。
(2) 产出物影子价格的确定。
(3) 非外贸货物的成本分解。

11.3.4　特殊投入物影子价格的确定

1) 劳动力的影子价格计算
(1) 影子工资系指建设项目使用劳动力资源而使社会付出的代价。建设项目国民经济评价中以影子工资计算劳动力费用。
(2) 影子工资应按下式计算：

$$影子工资 = 劳动力机会成本 + 新增资源消耗 \quad (11-8)$$

式中：劳动力机会成本系指劳动力在本项目被使用,而不能在其他项目中使用而被迫放弃的劳动收益;新增资源消耗指劳动力在本项目新就业或由其他就业岗位转移来本项目而发生的社会资源消耗,这些资源的消耗并没有提高劳动力的生活水平。

(3) 影子工资可通过影子工资换算系数得到。影子工资换算系数系指影子工资与项目财务分析中的劳动力工资之间的比值,影子工资可按下式计算:

$$影子工资 = 财务工资 \times 影子工资换算系数 \quad (11-9)$$

(4) 影子工资的确定,应符合下列规定:

① 影子工资应根据项目所在地劳动力就业状况、劳动力就业或转移成本测定。

② 技术劳动力的工资报酬一般可由市场供求决定,即影子工资一般可以财务实际支付工资计算。

③ 对于非技术劳动力,根据我国非技术劳动力就业状况,其影子工资换算系数一般取为 0.25~0.8,具体可根据当地的非技术劳动力供求状况确定,非技术劳动力较为富余的地区可取较低值,不太富余的地区可取较高值,中间状况可取 0.5。

2) 土地的影子费用计算

(1) 土地影子价格系指建设项目使用土地资源而使社会付出的代价。建设项目国民经济评价中以土地影子价格计算土地费用。

(2) 土地影子价格应按下式计算:

$$土地影子价格 = 土地机会成本 + 新增资源消耗 \quad (11-10)$$

式中:土地机会成本按拟建项目占用土地而使国民经济为此放弃的该土地"最佳替代用途"的净效益计算;土地改变用途而发生的新增资源消耗主要包括拆迁补偿费、农民安置补助费等。在实践中,土地平整等开发成本通常计入工程建设费用中,在土地影子价格中不再重复计算。

(3) 土地影子价格应根据项目占用土地所处地理位置、项目情况以及取得方式的不同分别确定,具体应符合下列规定:

① 通过招标、拍卖和挂牌出让方式取得使用权的国有土地,其影子价格应按财务价格计算。

② 通过划拨、双方协议方式取得使用权的土地,应分析价格优惠或扭曲情况,参照公平市场交易价格,对价格进行调整。

③ 经济开发区优惠出让使用权的国有土地,其影子价格应参照当地土地市场交易价格类比确定。

④ 当难以用市场交易价格类比方法确定土地影子价格时,可采用收益现值法或以开发投资应得收益加土地开发成本确定。

⑤ 当采用收益现值法确定土地影子价格时,应以社会折现率对土地的未来收益及费用进行折现。

(4) 建设项目如需占用农村土地,以土地征用费调整计算土地影子价格。具体应符合下列规定:

① 项目占用农村土地,土地征收补偿费中的土地补偿费及青苗补偿费应视为土地机会成本,地上附着物补偿费及安置补助费应视为新增资源消耗,征地管理费、耕地占用税、耕地开垦费、土地管理费、土地开发费等其他费用应视为转移支付,不列为费用。

② 土地补偿费、青苗补偿费、安置补助费的确定,如与农民进行了充分的协商,能够充

分保证农民的应得利益,土地影子价格可按土地征收补偿费中的相关费用确定。

③ 如果存在征地费用优惠,或在征地过程中缺乏充分协商,导致土地征收补偿费低于市场定价,不能充分保证农民利益,土地影子价格应参照当地正常土地征收补偿费标准进行调整。

11.4 建设项目国民经济评价报表及评价指标

11.4.1 项目评价报表体系

在国民经济评价中,一般要求在剔除转移支付的基础上,按影子价格、影子工资、影子汇率等评价参数调整编制以下经济费用效益分析报表及辅助报表。

(1) 项目投资经济费用效益流量表

表 11-1 项目投资经济费用效益流量表(万元)

序号	项目	合计	计算期					
			1	2	3	4	⋯	n
1	效益流量							
1.1	项目直接效益							
1.2	资产余值回收							
1.3	项目间接效益							
2	费用流量							
2.1	建设投资							
2.2	维持运营投资							
2.3	流动资金							
2.4	经营费用							
2.5	项目间接费用							
3	净效益流量(1−2)							

计算指标:
经济内部收益率
经济净现值

(2) 经济费用效益分析投资费用估算调整表

主要为了调整投资(包括建设投资和流动资金)中价格不合理的部分,以确定经济费用效益分析中的投资额。

表 11-2 经济费用效益分析投资费用估算调整表(万元)

序号	项目	财务分析			经济费用效益分析			经济费用效益分析比财务分析增减(±)
		外汇	人民币	合计	外汇	人民币	合计	
1	建设投资							
1.1	建设工程费							
1.2	设备购置费							
1.3	安装工程费							
1.4	其他费用							
1.4.1	其中:土地费用							
1.4.2	专利及专有技术费							
1.5	基本预备费							
1.6	涨价预备费							
1.7	建设期利息							
2	流动资金							
	合计(1+2)							

注:若投资费用是通过直接估算得到的,本表应略去财务分析的相关栏目。

(3) 经济费用效益分析经营费用估算调整表

表 11-3 经济费用效益分析经营费用估算调整表(万元)

序号	项目	单位	投入量	财务分析		经济费用效益分析	
				单价(元)	成本	单价(元)	费用
1	外购原材料						
1.1	原材料 A						
1.2	原材料 B						
1.3	原材料 C						
1.4	……						
2	外购燃料和动力						
2.1	煤						
2.2	水						
2.3	电						
2.4	重油						
2.5	……						
3	工资及福利费						
4	修理费						
5	其他费用						
	合　计						

注:若经营费用是通过直接估算得到的,本表应略去财务分析的相关栏目。

(4) 项目直接效益估算调整表

11 国民经济评价

表 11-4 项目直接效益估算调整表

产出物名称			投产第一期负荷（%）				投产第二期负荷（%）				……	正常生产年份（%）		
			A产品	B产品	…	小计	A产品	B产品	…	小计		A产品	B产品	小计
年产出量	计算单位													
	国内													
	国际													
	合计													
财务分析	国内市场	单价（元）												
		现金收入												
	国际市场	单价（美元）												
		现金收入												
经济费用效益分析	国内市场	单价（元）												
		直接效益												
	国际市场	单价（美元）												
		直接效益												
合计（万元）														

注：若直接效益是通过直接估算得到的，本表应略去财务分析的相关栏目。

(5) 项目间接费用估算表

表 11-5 项目间接费用估算表(万元)

序号	项 目	合计	计 算 期					
			1	2	3	4	...	n

(6) 项目间接效益估算表

表 11-6 项目间接效益估算表(万元)

序号	项 目	合计	计 算 期					
			1	2	3	4	...	n

11.4.2 项目评价指标体系

1) 国民经济盈利能力分析指标

(1) 经济内部收益率

$$\sum_{t=1}^{n}(B-C)_t(1+EIRR)^{-t}=0 \tag{11-11}$$

式中：$EIRR$——经济内部收益率；
B——效益流量；
C——费用流量；
$(B-C)_t$——第 t 年的净效益流量；
n——计算期。

如果经济内部收益率等于或者大于社会折现率，表明项目资源配置的经济效益达到了可以被接受的水平。

（2）经济净现值（$ENPV$）

$$ENPV = \sum_{t=1}^{n}(B-C)_t(1+i_s)^{-t} \qquad (11-12)$$

式中：$ENPV$——经济净现值；
$(B-C)_t$——第 t 年的净效益流量；
i_s——社会折现率。

在经济费用效益分析中，如果经济净现值等于或大于 0，表明项目可以达到符合社会折现率的效率水平，认为该项目从经济资源配置的角度可以被接受。

（3）经济效益费用比（R_{BC}）

经济效益费用比是指项目在计算期内效益流量的现值与费用流量的现值之比，应按下式计算：

$$R_{BC} = \frac{\sum\limits_{t=1}^{n} B_t(1+i_s)^{-t}}{\sum\limits_{t=1}^{n} C_t(1+i_s)^{-t}} \qquad (11-13)$$

式中：B_t——第 t 期的经济效益；
C_t——第 t 期的费用效益。

如果经济效益费用比大于 1，表明项目资源配置的经济效益达到了可以被接受的水平。

12 工程寿命周期成本分析的内容和方法

12.1 工程寿命周期成本及其构成

12.1.1 工程寿命周期成本的含义

工程寿命周期是指工程产品从研究开发、设计、建造、使用直到报废所经历的全部时间。在工程寿命周期成本(Lifecycle Cost，LCC)中，不仅包括经济意义上的成本，还包括环境成本和社会成本。

1) 工程寿命周期经济成本

工程寿命周期经济成本是指工程项目从项目构思到项目建成投入使用直至工程寿命终结全过程所发生的一切可直接体现为资金耗费的投入的总和，包括建设成本和使用成本。

2) 工程寿命周期环境成本

根据国际标准化组织环境管理体系(ISO 14000)精神，工程寿命周期环境成本是指工程产品系列在其全寿命周期内对于环境的潜在和显在的不利影响。工程建设对于环境的影响可能是正面的，也可能是负面的。前者体现为某种形式的收益，后者则体现为某种形式的成本。在分析及计算环境成本时，应对环境影响进行分析甄别，剔除不属于成本的系列。在计量环境成本时，由于这种成本并不直接体现为某种货币化数值，必须借助于其他技术手段将环境影响货币化。这是计量环境成本的一个难点。

3) 工程寿命周期社会成本

工程寿命周期社会成本是指工程产品在从项目构思、产品建成投入使用直至报废不堪再用全过程中对社会的不利影响。与环境成本一样，工程建设及工程产品对于社会的影响可以是正面的，也可以是负面的。因此，必须进行甄别，剔除不属于成本的系列。比如，建设某个工程项目可以增加社会就业率，有助于社会安定，这种影响就不应计算为成本。另一方面，如果一个工程项目的建设会增加社会的运行成本，如由于工程建设引起大规模的移民，可能增加社会的不安定因素，这种影响就应计算为社会成本。

在工程寿命周期成本中，环境成本和社会成本都是隐性成本，它们不直接表现为量化成本，而必须借助于其他方法转化为可直接计量的成本，这就使得它们比经济成本更难以计量。但在工程建设及运行的全过程中，这类成本始终是发生的。目前，在我国工程建设实践中,往往只偏重于经济成本的管理,而对于环境成本和社会成本则考虑得较少。考虑到各种因素,本书仍主要考虑项目寿命周期的经济成本。

【例12-1】 在寿命周期成本分析中,对于不直接表现为量化成本的隐性成本,正确的处理方法是( )。

A. 不予计算和评价

B. 采用一定方法使其转化为可直接计量的成本

C. 将其作为可直接计量成本的风险看待

D. 将其按可直接计量成本的1.5~2倍计算

【答案】 B

【解】 在工程寿命周期成本中,环境成本和社会成本都是隐性成本,它们不直接表现为量化成本,而必须借助于其他方法转化为可直接计量的成本,这就使得它们比经济成本更难以计量。但在工程建设及运行的全过程中,这类成本始终是发生的。

12.1.2 工程寿命周期成本的构成

工程寿命周期成本是工程设计、开发、建造、使用、维修和报废等过程中发生的费用,也即该项工程在其确定的寿命周期内或在预定的有效期内所需支付的研究开发费、制造安装费、运行维修费、报废回收费等费用的总和。不同阶段寿命周期成本的构成情况如图12-1所示。

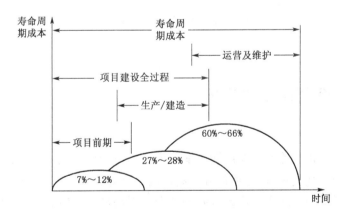

图12-1 典型寿命周期成本状态

图12-2所示为典型的费用构成体系,寿命周期成本的一级构成包括设置费(或建设成本)和维持费(或使用成本)。在工程竣工验收之前发生的成本费用归入建设成本,工程竣工验收之后发生的成本费用(贷款利息除外)归入使用成本。

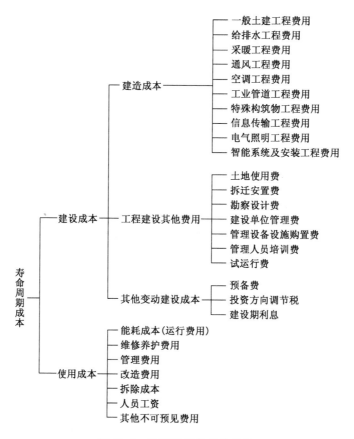

图 12-2 典型费用构成体系图

12.2 工程寿命周期成本分析

寿命周期成本分析又称为寿命周期成本评价,它是指为了从各可行方案中筛选出最佳方案以有效地利用稀缺资源,而对项目方案进行系统分析的过程或者活动。换言之,寿命周期成本评价是为了使用户所用的系统具有经济寿命周期成本,在系统的开发阶段将寿命周期成本作为设计的参数,而对系统进行彻底的分析比较后作出决策的方法。

12.2.1 工程寿命周期成本分析方法

通常情况下,从追求寿命周期成本最低的立场出发,首先是确定寿命周期成本的各要素,将各要素的成本降低到普通水平;其次是将设置费和维持费两者进行权衡,以便确定研究的侧重点,从而使总费用更为经济;第三,从寿命周期成本和系统效率的关系这个角度进行研究。此外,由于寿命周期成本是在长时期内发生的,对费用发生的时间顺序必须加以掌

12 工程寿命周期成本分析的内容和方法

握。器材和劳务费用的价格一般都会发生波动,在估算时要对此加以考虑。同时,在寿命周期成本分析中必须考虑资金的时间价值。

常用的寿命周期成本评价方法有费用效率(CE)法、固定效率法和固定费用法、权衡分析法等。

1) 费用效率(CE)法

费用效率(CE)是指工程系统效率(SE)与工程寿命周期成本(LCC)的比值。计算公式如下:

$$CE = \frac{SE}{LCC} = \frac{SE}{IC + SC} \tag{12-1}$$

式中:CE——费用效率;
　　SE——工程系统效率;
　　LCC——工程寿命周期成本;
　　IC——设置费;
　　SC——维持费。

投资的目的是多种多样的,当计算费用效率 CE 时,哪些应作为投资所得的"成果"计入系统效率 SE(分子要素),哪些应计入寿命周期成本 LCC(分母要素),有时是难以区分的。因此,可采用如下方式加以区分。

首先,列出费用效率(CE)式中分子、分母所包含的各主要项目(如图 12-3)。

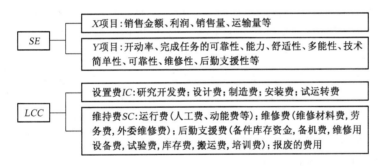

图 12-3　SE 与 LCC 的主要构成

其次,列出投资的目的:增产、维持生产能力、提高质量、稳定质量、降低成本(材料费,劳务费)等,见表 12-1。

表 12-1　投资目的和成果的计算方法

	投资目的	在 CE 式中所属项目(SE, LCC)
A	・增产 ・保持生产能力	・增产所得的增收额列入 X 项 ・防止生产能力下降的部分相当于 Y 项
B	・提高质量 ・稳定质量	・提高质量所得的增收额列入 X 项 　提高质量的增收额=平均售价提高部分×销售量 ・防止质量下降而投入的部分列入 Y 项
C	・降低成本 ・材料费 ・劳务费	・由于节约材料所得的增收额列入 X 项(注意:产品的材料费、节约额不包括在 LCC 的 SC 中,应计入分子 SE 中) ・由于减少劳动量而节省的劳务费应计入分母的 SC 费用科目中,SE 不变

费用效率(CE)公式的分子需根据对象和目的的不同,用不同的量化值来表示。究竟采用何种量化值,有时较难确定。相比之下,分母是系统寿命周期内的总费用,故比较明确。可以把费用效率(CE)公式看成是单位费用的输出值。因此,CE值愈大愈好。如果CE公式的分子为一定值,则可认为寿命周期成本少者为好。

(1) 系统效率

系统效率是投入寿命周期成本后所取得的效果或者说明任务完成到什么程度的指标。如以寿命周期成本为输入,则系统效率为输出。通常,系统的输出为经济效益、价值、效率(效果)等。

由于系统的目的不同,输出系统效率的具体表现方式也有所不同。它可以用完成任务的数量、年平均产量、利用率、可靠性、维修性、后勤支援效率等来表示,也可以用销售额、附加价值、利润、产值等来表示。用来表示系统效率的量化值有很多。如果系统效率(SE)可以由销售额、附加值、利润、销售量中的一项来表示,则在计算上非常方便。当不能用一个综合要素来表示时,就必须取用几个单项要素。

但是,为了求出费用效率,在任何情况下都必须进行定量计算。当系统的寿命很长时,它在寿命周期内的全部输出都要列为计算对象。

(2) 寿命周期成本

寿命周期成本为设置费和维持费的合计额,也就是系统在寿命周期内的总费用。

对于寿命周期成本的估算,必须尽可能地在系统开发的初期进行。由于在初期阶段还没有作出完整而详尽的设计,所以,在此时进行费用估算并不是一件容易的事情。如果设计进行到了相当的程度,估算费用会比较容易些。但是,即使是达到可以看清楚具体内容的程度,也需要花费相当多的人力和时间进行费用估算。

估算寿命周期成本时,可先粗分为设置费和维持费。至于如何进一步分别对设置费和维持费进行估算,则要根据估算时所处的阶段以及设计内容的明确程度来决定。

对设置费而言,当掌握了工程的内容之后,则要根据过去的资料按物价上涨率加以修正,折算成现在的价格后方可使用。过去的实际业务资料,专业公司的投标资料和估算书等,都是非常有用的估算资料。

对于维持费的估算,如果存有过去的资料,能够说明在什么条件下支出了什么费用、花费的金额有多少等,则在估算时就方便得多。

费用估算的方法有很多,常用的有:

① 费用模型估算法。费用模型是指汇总各项实际资料后用某种统计方法分析求得的数学模型,它是针对所需计算的费用(因变量),运用对其起作用的要因(自变量)经简化归纳而成的数学表达式。

② 参数估算法。这种方法在研制设计阶段运用。该方法将系统分解为各个子系统和组成部分,运用过去的资料制定出物理的、性能的、费用的适当参数逐个分别进行估算,将结果累计起来便可求出总估算额。所用的参数有时间、重量、性能、费用等。

③ 类比估算法。这种方法在开发研究的初期阶段运用。通常在不能采用费用模型法和参数估算法时才采用,但实际上它是应用得最广泛的方法。这种方法是参照过去已有的相似系统或其"部分",作类比后算出估算值。为了更好地进行这种类比,需要有相当的经验和专门知识,而且由于在时间上有过去和将来的差别,还必须考虑通货膨胀和当地的具体情况。

④ 费用项目分别估算法。进行系统总费用的估算,无论运用哪一种现成的方法,都要充分研究使用的条件,必要时应进行适当的修正。

【例 12-2】 运用费用效率法进行工业项目全寿命周期成本评价时,可用来表示系统效率的有( )。

A. 设置　　　B. 维持费　　　C. 维修费　　　D. 利用率　　　E. 年均产量

【答案】 DE

【解】 设置费、维持费、维修费属于系统的输入(LCC),作为投资所得的"成果"计入系统效率(SE),包括利用率、年均产量、销售量等 X 项目和 Y 项目。

【例 12-3】 寿命周期成本估算的方法包括( )。

A. 费用模型估算法
B. 参数估算法
C. 类比估算法
D. 费用项目分别估算法
E. 权衡分析法

【答案】 ABCD

【解】 寿命周期成本估算的方法包括费用模型估算法、参数估算法、类比估算法和费用项目分别估算法。权衡分析法是寿命周期成本分析的方法之一。需要说明的是,不要将寿命周期成本估算的方法与寿命周期成本分析的方法混淆。

2) 固定效率法和固定费用法

所谓固定费用法,是将费用值固定下来,然后选出能得到最佳效率的方案。反之,固定效率法是将效率值固定下来,然后选取能达到这个效率而费用最低的方案。

3) 权衡分析法

权衡分析法是对性质完全相反的两个要素作适当的处理,其目的是为了提高总体的经济性。寿命周期成本评价法的重要特点是进行有效的权衡分析。通过有效的权衡分析,可使系统的任务能较好地完成,既保证了系统的性能,又可使有限的资源(人、财、物)得到有效的利用。

在寿命周期成本评价法中,权衡分析的对象包括以下5种情况:①设置费与维持费的权衡分析;②设置费中各项费用之间的权衡分析;③维持费中各项费用之间的权衡分析;④系统效率和寿命周期成本的权衡分析;⑤从开发到系统设置完成这段时间与设置费的权衡分析。

【例 12-4】 以某机加工产品生产线为例,其有关数据资料见表 12-2。

表 12-2　某机加工产品生产线有关数据资料

规划方案	系统效率 SE(万元)	设置费 IC(万元)	维持费 SC(万元)
原规划方案1	6 000	1 000	2 000
新规划方案2	6 000	1 500	1 200
新规划方案3	7 200	1 200	2 100

(1) 设置费与维持费的权衡分析

由式(12-1),原规划方案1的费用效率为 CE_1;新规划方案2的费用效率为 CE_2。

$$CE_1 = \frac{6\,000}{1\,000 + 2\,000} = \frac{6\,000}{3\,000} = 2.00$$

$$CE_2 = \frac{6\ 000}{1\ 500 + 1\ 200} = \frac{6\ 000}{2\ 700} = 2.22$$

通过上述设置费与维持费的权衡分析可知:方案 2 的设置费虽比原规划方案增加了 500 万元,但是维持费减少了 800 万元,从而使寿命周期成本 LCC_2 比 LCC_1 减少了 300 万元,其结果是费用效率由 2.00 提高到 2.22。这表明设置费的增加带来维持费的下降是可行的,即新规划方案 2 在费用效率上比原规划方案 1 好。

为了提高费用效率,该机加工产品生产线还可以采用以下各种有效手段:
① 改善原设计材质,降低维修频度。
② 支出适当的后勤支援费,改善作业环境,减少维修作业。
③ 制定防震、防尘、冷却等对策,提高可靠性。
④ 进行维修性设计。
⑤ 置备备用的配套件、部件和整机,设置迂回的工艺路线,提高可维修性。
⑥ 进行节省劳力的设计,减少操作人员的费用。
⑦ 进行节能设计,节省运行所需的动力费用。
⑧ 进行防止操作和维修失误的设计。

(2) 设置费中各项费用之间的权衡分析
① 进行充分的研制,降低制造费。
② 将预知维修系统装入机内,减少备件的购置量。
③ 购买专利的使用权,从而减少设计、试制、制造、试验费用。
④ 采用整体结构,减少安装费。

(3) 维持费中各项费用之间的权衡分析
① 采用计划预修,减少停机损失。
② 对操作人员进行充分培训,由于操作人员能自己进行维修,可减少维修人员的劳务费。
③ 反复地完成具有相同功能的行为,其产生效果的体现形式便是缩短时间,减少用料,最终表现为费用减少。而且,重复的次数愈多,这种效果就愈显著,这就是熟练曲线。计算寿命周期成本时,对系统效率中的作业时间和准备时间,以及定期维修作业时间等,都可能适用熟练曲线,必须予以注意。

(4) 系统效率与寿命周期费用之间的权衡
由表 12-2,新规划方案 3 的费用效率 CE_3 为:

$$CE_3 = \frac{7\ 200}{1\ 200 + 2\ 100} = \frac{7\ 200}{3\ 300} = 2.18$$

通过系统效率与寿命周期费用之间的权衡分析可知:方案 3 的寿命周期成本增加了 300 万元(其中:设置费增加了 200 万元,维持费增加了 100 万元),但由于系统效率增加了 1 200 万元,其结果是使费用效率由 2.00 提高到 2.18。这表明方案 3 在费用效率上比原规划方案 1 好。因为方案 3 系统效率增加的幅度大于其寿命周期成本增加的幅度,所以费用效率得以提高。

在系统效率 SE 和寿命周期成本 LCC 之间进行权衡时,可以采用以下有效手段:

① 通过增加设置费使系统的能力增大(例如增加产量)。

② 通过增加设置费使产品精度提高,从而有可能提高产品的售价。

③ 通过增加设置费提高材料的周转速度,使生产成本降低。

④ 通过增加设置费,使产品的使用性能具有更大的吸引力(例如,使用简便、舒适性提高、容易掌握、具有多种用途等),可使售价和销售量得以提高。

(5) 从开发到系统设置完成这段时间与设置费之间的权衡

如果要在短时期内实现从开发到设置完成的全过程,往往就得增加设置费。如果将开发到设置完成这段期限规定得太短,便不能进行充分研究,致使设计有缺陷,将会造成维持费增加的不利后果。因此,这一期限与费用之间也有着重要的关系。进行这项权衡分析时,可以运用计划评审技术(PERT)。

综上所述,寿命周期成本评价法在很大程度上依赖于权衡分析的彻底程度。从寿命周期成本评价法的基本原理来看,可以认为:

$$寿命周期成本评价法 \approx 权衡分析$$

【例 12-5】 在工程寿命周期成本分析中,进行系统设置费与该系统开发、设置所用全部时间之间的权衡分析时采用的主要方法是( )。

A. 计划评审技术　　B. 价值分析法　　C. 赢得值分析法　　D. 因素分析法

【答案】 A

【解】 在工程寿命周期成本分析中,权衡分析的对象包括以下几种情况:设置费与维持费的权衡及其与各项费用之间的权衡;系统效率和寿命周期成本之间的权衡;从开发到系统设置完成这段时间与设置费的权衡。其中进行系统设置费与该系统开发、设置所用全部时间之间的权衡分析时采用的主要方法是计划评审技术。

【例 12-6】 进行有效的权衡分析是寿命周期成本评价的重要特点,某企业在进行生产设备系统维持费中的各项费用之间的权衡分析时,为了提高费用效率,可采取的措施是( )。

A. 进行节省劳动力的设计,减少操作人员的费用

B. 培训操作人员,减少维修人员的劳务费

C. 装入预知维修系统,减少备件购置量

D. 进行节能设计,减少运行所需动力费用

【答案】 B

【解】 本题考核寿命周期成本各项费用权衡分析的手段。包括:设置费与维持费的权衡;系统效率和寿命周期成本之间的权衡;从开发到系统设置完成这段时间与设置费的权衡。其中装入预知维修系统,减少备件购置量属于设置费中各项费用之间的权衡分析的内容。

【例 12-7】 在寿命周期成本分析过程中,进行设置费中各项费用之间权衡分析时可采取的手段是( )。

A. 改善原设计材质,降低维修频度

B. 进行节能设计,节省运行费用

C. 进行充分的研制,降低制造费用

D. 采用计划预修,减少停机损失

【答案】 C

【解】 本题考核的是寿命周期成本分析,权衡分析。设置费中各项费用之间权衡分析时可采取的手段是:①进行充分的研制,降低制造费;②将预知维修系统装入机内,减少备件的购置量;③购买专利的使用权,从而减少设计、试制、制造、试验费用;④采用整体结构,减少安装费。

12.3 工程寿命周期成本分析法与传统的投资计算法之间的比较

寿命周期成本评价的目的是为了降低系统的寿命周期成本,提高系统的经济性。在不考虑技术细节问题的基础上,与过去传统的概念和工作方法相比,寿命周期成本评价法具有以下显著特点:①当选择系统时,不仅考虑设置费,还要研究所有的费用;②在系统开发的初期就考虑寿命周期成本;③进行"费用设计",像系统的性能、精度、重量、容积、可靠性、维修性等技术规定一样,将寿命周期成本作为系统开发的主要因素;④透彻地进行设置费和维持费之间的权衡,系统效率和寿命周期成本之间的权衡,以及开发、设置所需的时间和寿命周期成本之间的权衡。

1) 费用效率 CE 与传统成本法的比较

由式(12-1)可知,如果 CE 公式的分子为一定值,可认为寿命周期成本越低越好。从这方面来看,CE 公式与传统的成本法有着相同的基点。

2) 寿命周期成本评价与回收期法的比较

回收期法同样可以进行寿命周期成本评价。但需要注意的是,过去所用的投资回收期计算方法,是按用多少年能够回收投资额(即设置费)来考虑的。现在考虑的是多少年能够回收寿命周期成本总额。

3) 费用效率 CE 与传统的投资收益率的比较

传统的投资收益率和费用效率 CE 的计算式分别为:

$$\text{投资收益率} R = \frac{(\text{销售额} S - \text{成本} C)}{\text{投资额} IC} = \frac{\text{以金额表示的效率} B}{\text{投资额} IC} \quad (12\text{-}2)$$

$$\text{费用效率}(CE) = \frac{\text{系统效率}(SE)}{\text{寿命周期费用}(LCC)} = \frac{\text{以量化值或金额表示的效率}(SE)}{\text{设置费}(IC) + \text{维持费}(SC)} \quad (12\text{-}3)$$

由式(12-2)和式(12-3)可以得到,无论是分子还是分母,式(12-3)的变动范围要比式(12-1)的大很多。

值得注意的是,CE 公式并非是投资收益率公式的简单扩大。CE 公式中的分母采用了 LCC,因此,在选择系统时要考虑总费用 $IC+SC$,并在 IC 和 SC 之间加以权衡(是在 IC 方面多花钱,还是在 SC 方面多花钱,从而使总的费用最低)。

12.4 工程寿命周期成本分析法的局限性

尽管寿命周期成本分析方法得到越来越广泛的应用,但仍存在着局限性:

1) 假定项目方案有确定的寿命周期

寿命周期成本分析考察的时间对象是工程的整个寿命周期,但是在实践中,计算期限的确定往往是很难的。因此,对于项目寿命周期的确定,只有通过假设方法来预测,其合理性和准确性将直接关系到寿命周期成本的准确性。而由于各种原因,工程寿命周期往往可能发生变化。例如,技术的进步或者人们对于工程产品的功能要求发生变化,都可能影响工程寿命周期,这种变化在进行寿命周期成本分析时是无法预见的,这样就可能对其分析效果产生影响。

2) 由于在项目寿命周期早期进行评价,可能会影响评价结果的准确性

工程寿命周期成本分析是工程项目投资决策的一项重要工作,其作用在于辅助决策,因此必须在项目早期进行,否则就失去其意义。这一特点也对其分析评价结果的准确性有所影响。原因在于,工程项目的建设周期和运行周期都较长,影响成本的因素众多,而在项目早期,不可能预见到一切变化,从而使寿命成本分析方法的应用具有一定的局限性。

3) 进行工程寿命周期成本分析的高成本使得其未必适用于所有的项目

工程寿命周期成本分析是一项系统工程,涉及因素众多,专业性、技术性强,需要经济、技术、管理、环境、工程造价等方面的专家或者行家来完成这项工作。寿命周期成本分析必须负担较高的成本,这一点也限制了其应用范围,并不是所有的工程建设项目都适宜或者必须进行寿命周期成本分析。

4) 高敏感性使其分析结果的可靠性、有效性受到影响

工程寿命周期成本分析中涉及的参数、指标相当多,而这些指标、参数对于相关因素的敏感性很强;对于政策、法律、金融等宏观环境的变化也相当敏感。一旦其中的某个因素发生变化,寿命周期成本分析的结果就可能不适用或者失去其作为决策依据的作用。

【例 12-8】 工程寿命周期成本分析法的局限性在于(   )。

A. 分析过程中涉及的参数、指标多
B. 分析时必须负担的成本高
C. 寿命周期的变化难以预见
D. 早期的分析评价难以保证评价结果的准确性
E. 设置费与维持费之间难以权衡

【答案】 ABCD

【解】 尽管寿命周期成本分析方法得到越来越广泛的应用,但仍存在着局限性:①假定项目方案有确定的寿命周期,寿命周期成本分析考察的时间对象是工程的整个寿命周期,但是在实践中,计算期限的确定往往是很难的。②由于在项目寿命周期早期进行评价,可能会影响评价结果的准确性,工程寿命周期成本分析是工程项目投资决策的一项重要工作,其作用在于辅助决策,因此必须在项目早期进行,否则就失去其意义。这一特点也对其分析评价

结果的准确性有所影响。③进行工程寿命周期成本分析的高成本使得其未必适用于所有的项目,寿命周期成本分析必须负担较高的成本,这一点也限制了其应用范围,并不是所有的工程建设项目都适宜或者必须进行寿命周期成本分析。④高敏感性使其分析结果的可靠性、有效性受到影响,工程寿命周期成本分析中涉及的参数、指标相当多,而这些指标、参数对于相关因素的敏感性很强;对于政策、法律、金融等宏观环境的变化也相当敏感。

【例 12-9】 工程寿命周期成本分析法的局限性之一是假定工程对象有( )。

A. 固定的运行效率 B. 确定的投资额
C. 确定的寿命周期 D. 固定的功能水平

【答案】 C

【解】 工程寿命周期成本分析法的局限是假定项目方案有确定的寿命周期。

13 公共项目的经济分析

财务评价是从投资主体(全部投资者和直接投资者)的角度考察项目的盈利能力、清偿能力等。国民经济评价是按照资源合理配置的原则,从国家或地区整体的角度考察项目的效益和费用。对于一些重大工程项目或一些公用事业项目,除经济目标以外,还有其他社会政治目标,则需要进行社会评价。

13.1 社会效益和社会成本

费用—效益分析是用于国民经济评价和社会评价的方法之一。该方法强调:项目的"所得"是指项目的社会效益而不是指财务评价中的效益;项目的"所失"是指社会的费用而不仅仅是指财务的支出。

13.2 外部经济

当个人或厂商的一种行为直接影响到他人,却没有给予支付或得到补偿,即没有承担其行为的全部后果,则产生外部性,或称外部效应。

外部影响包括外部经济(External Economy)和外部不经济(External Diseconomy)。

在经济学中,假设单个消费者或生产者的经济行为对社会上的其他人的福利没有影响,即单个经济单位从其经济行为中产生的私人成本和私人利益等于该行为所造成的社会成本和社会利益。

外部效果包括:生产的外部经济,如企业从其培训工人中得到的私人利益就小于该活动的社会利益;消费的外部经济,如一个人对其子女进行的良好教育,使得隔壁邻居和整个社会都得到了好处;生产的外部不经济,如一个企业生产过程中排放的污水、烟尘等造成环境污染;消费的外部不经济,如在公共场所随意丢弃果皮、瓜壳等。

13.3 公共物品

私人物品具有消费的排他性和竞争性。排他性是指一旦一个人拥有了某种物品,他就可以很容易地不让别人消费;竞争性是指一个人消费了一定量某种物品,就要减少其他人的消费量。

私人物品的排他性和竞争性决定了每个人只有通过购买才能消费某种物品,也就是说消费者只有通过市场交易向厂商购买才能消费这种物品,有市场交易行为就有价格。

对于公共物品,增加一个人享用的成本很小或没有成本(即存在消费的共享性、非竞争性),而要排除任何人享用公共物品都要花费很大的成本(即非排他性,本质上要求共同所有)。

公共物品又可以称为集体消费品,以区别于私用品。

根据使用的边际成本和排除消费的难易程度,将物品划分为:

纯公共物品:额外一个人的边际使用成本绝对等于零,并且不可能将人们排除在享受这种物品的范围之外,如国防等,只要提供一定数量的纯公共物品,社会的所有成员都可以进行消费。

纯私人物品:即排除成本很低,并且额外一个人使用这种物品的边际成本很高。

其他仅具有一种特征的物品(边际使用成本很高,同时排除费用很高;或者,边际使用成本很低,同时排除费用也很低),称为非纯公共物品。

公共物品的非排他性和非竞争性决定了人们不用购买仍可以消费,或者说使得从这种公共物品获益的消费者有逃避付费的激励,不用购买就可以消费的现象称为搭便车,或免费搭车(Free-Rider)行为。

公共物品一般由政府在集体的基础上,通过强制性税收提供资金,免费或低价提供人们消费。

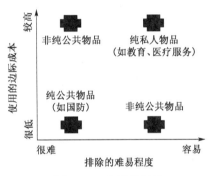

图 13-1 物品的划分

13.3.1 纯公共项目

这类项目提供的服务是由社会成员共同享用的,既无法排除不付费的人享用(非排他性);一个人的享用也不会影响其他任何人的享用(非竞争性)。这类项目具有为公众提供服务的效益,但是没有直接的现金流入,民营企业一般会避开这类项目。国家的立法、执法和行政所必需的各类建设项目,如公检法、工商、税务、海关和城镇化建设等。

13.3.2 准公共项目

这类项目的产出虽然具有一定的竞争性和排他性,但是,一方面,由于所提供的产出一般涉及人们的基本需求;另一方面,由于存在明显的外部效果,收费往往不足以反映项目的收益。因此,需要政府对投入予以补充,如农业、水利、通讯、教育、基本医疗服务和交通运输项目等。

准公共项目中,有一类称为公共事业(Public Utilities)项目,如供电、给排水、供气和城市公共交通等,虽然具有收费和通过市场运作的可能,但由于所提供产品和服务具有较强的公益性,且具有自然垄断(Natural Monopoly)属性,因此有必要由政府或公共部门专营或授权经营。

13.3.3 战略性或政策性项目

是指对国家有战略意义的特大型的、或有较大风险但有重大前景的、或者是自愿性的项目；或者出于领土完整和安全以及减少地区间发展差异的考虑所投资的项目。显然，政府必须承担这类项目的建设，而不论这些项目所提供商品和服务是私用物品还是公用物品，是公益性项目还是盈利性项目。

综上所述，可以认为：凡是不完全由市场配置资源，而是由政府或其他公共部门筹划、投资或参与的工程项目，都可称为公共项目。

13.4 影子价格

当市场价格不能准确地代表资源的社会成本时，必须使用影子价格（Shadow Prices）。

成本与供给有关，价格与需求有关，卖方的成本就是买方的价格，成本与价格在货币量上是相等的。

在理想的完全竞争的经济中，所有商品和服务的市场价格都代表社会成本，影子价格是不必要的。但是，当存在外部效果、闲置资源、进口资源时，必须制定影子价格以反映真实的社会成本。

影子价格最早由荷兰经济学家詹恩·丁伯根提出，前苏联经济学家列·维·康托洛维奇用数学规划对偶问题的最优解证实。

影子价格的理论计算：

(1) 线性规划法：影子价格即为线性对偶规划的最优解，是目标函数极值对约束条件常数项的一阶偏导，或称资源的边际价值。

(2) 运用拉格朗日乘子法计算资源的边际价值，即假定在完全竞争条件下当边际成本等于边际收益时的市场均衡价格，其理论依据是资源的边际效用价值论。

(3) 以国际市场价格（口岸到岸价（CIF），口岸离岸价（FOB））为基础，对贸易货物进行调整，作为项目评价的影子价格。因为，在一般情况下，只要排除少数国家的垄断、控制和保护政策的限制，国际市场价格可以认为在一定程度上能反映货物的真实价值。

【案例 13-1】 土地影子价格估算

工业项目建设期 3 年，生产期 17 年，占用水稻耕地 2 000 亩，占用前 3 年之内每亩平均产量为 0.5 t，每吨收购价 800 元，出口口岸价预计每吨 180 美元。设该地区水稻年产量以 4% 的速度递增，社会折现率为 12%，水稻生产成本（调价后）按收购价的 40% 计算，影子汇率为美元：人民币 = 1:8.5，贸易费用按 6% 计算。

(1) 每吨稻谷按口岸价格计算的影子价值：口岸价格（FOB）180 美元折合人民币 $180 \times 8.5 = 1530$ 元；减贸易费用 $1530 \times (6\%/(1+6\%)) = 86.60$ 元；减产地至口岸运输费用 25 元，则为 1 418.4 元。

(2) 每吨稻谷的生产成本按收购价的 40% 计算为 $800 \times 40\% = 320$ 元。

(3) 该土地生产每吨稻谷的净收益为 $1418.4-320=1098.4$ 元；2 000 亩土地 20 年内的净收益现值 $2000\times0.5\times1098.4\times10.047=1103.56$ 万元，占用土地年等值费用为 $1103.56(A/P,12\%,20)=147.74$ 万元。

注：$$\sum_{t=1}^{20}\left(\frac{1+4\%}{1+12\%}\right)^t=10.047$$

13.5 无形效果

这里的无形效果(Intangible Effects)是特指费用—效益分析中那些难以用货币度量的效益或费用估价问题，如城市犯罪率、环境污染、城市绿化等。

对于无形效果的处理方法，例如无形效果的估价可采取的方法：

(1) 直接寻求法，如对消费者进行询问，如果 X 在市场上销售，你愿意为此付出多少？或者对于讨厌的 X，如果要你忍受，需要支付多大代价？

(2) 参照对比法，如净化器净化水质，则一个能使水质净化到同样程度的工程项目，至少有所有净化器那么大价值。

(3) 参照成本法，如城市绿化花了多少钱，就算提供了多少效益。

13.6 费用—效果分析

很多公共项目的效果难以用货币单位计量，此时应采用费用—效果分析(Cost-Effectiveness Analysis)。步骤如下：

(1) 确定目标或任务。
(2) 将目标细化、量化和具体化。
(3) 形成各种可行方案。
(4) 计算各方案达到目标的度量指标水平(如可靠性、可维护性等)及所需费用代价。
(5) 选择达到规定效果而费用最小的方案(固定效果法)；或在给定费用条件下，选择效果完成得最好的方案(固定费用法)。
(6) 敏感性分析。
(7) 做出结论。

【案例 13-2】 某一生产化纤原料的大型工程项目的投产，使这种化纤原料价格下降，由此，采用这种化纤原料的化纤纺织部门的利润会因此而增加。同理推论，服装加工部门、服装商店直至服装消费者都因此得到好处。这一系列连锁的效益是否都要算作是生产化纤原料的那个大型工程项目的外部效果呢？

如图 13-2，假设 DD 为产品的价格与需求的关系曲线，由于需求规律的作用，需求量随价格的下降而增加。设 Q_1 是工程项目投产前原有的产量,此时价格为 P_1,整个社会的这类产品的收益是 $P_1 \times Q_1$,即面积 $OP_1S_1Q_1$。现该工程项目投产,使产量增加 Q_2-Q_1,价格由 P_1 降至 P_2,这种变化产生如下方面的经济效应:

(1) 新建项目的收益 $CQ_1Q_2S_2$。
(2) 新增产品购买者的得益 S_1CS_2。
(3) 原有生产企业的损失 $P_1P_2CS_1$。
(4) 原有购买者的得益 $P_1P_2CS_1$。

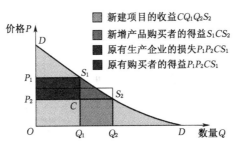

图 13-2 产品需求曲线

从整个社会的角度来看,该工程项目使社会净得的收益由两部分面积所组成,即:

$$CQ_1Q_2S_2 + S_1CS_2$$

也就是说,新建项目的效益可以按下式计算:

$$(P_1+P_2)/2 \times (Q_2Q_1)$$

或者近似地 $P_2(Q_2Q_1)$ 或 $P_1(Q_2Q_1)$。

在上述分析中所提到的外部效果恰恰是 $P_1P_2S_2S_1$。

请注意:上述外部效果实质上仅仅反映了原有生产企业向原有购买者的一种效益转移,并不构成整个社会效益的绝对增加。

【**案例 13-3**】 假设经过市场调查得出某桥建成后每年的交通需求曲线如图 13-3 所示。

假设:建设贷款可以 5% 的利率筹得;桥梁建成后可以无限期使用;经常费可忽略不计。投资评价:假设每车次收费 0.50 元,估计每年有 200 万次通过,那么每年的收益是 100 万元,使用年数无穷大,年利息率 5%,全部收益的折现值是 2 000 万元,因而认为建设资金若超过 2 000 万元则项目不可取。

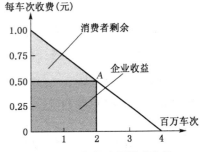

图 13-3 桥梁交通需求曲线

对于上述投资方案,若从社会的角度来说,每年的总收益为 $0.5 \times (1.00+0.5) \times 2 = 150$ 万元,其中 100 万元为企业收益,50 万元为消费者剩余,则建设资金应小于 3 000 万元。进一步从社会的角度来说,过桥应该不收费(假设不存在交通拥堵问题),每年总收益达到最大 200 万元,建设资金应小于 4 000 万元。而从企业的角度来说,应将过桥费定在每车次 0.5 元,此时收益最大。

【**案例 13-4**】 汽车过江原来用轮渡,年交通量 200 万辆。建桥后由于交通方便,估计诱发新增交通量 100 万辆,过江总费用轮渡 10 元/辆次(其中 2 元为轮渡公司的利润,8 元为轮渡和过江者自身费用),过桥为 6 元/辆次(其中 2 元为过桥费,4 元为过桥者的自身费用,桥的经常费不计)。如图 13-4 所示,试从国民经济的角度,求建桥投资的最高限额(社会贴现率为 12%,桥的使用年限很长)。

年净效益约为 $4 \times 300 = 1200$ 万元,则净收益约为 $1200/0.12 = 10000$ 万元,即建桥投资最高不得超过 1 亿元。

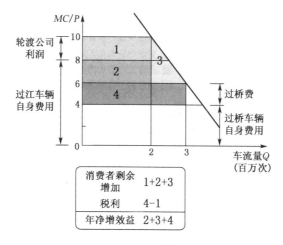

图 13-4 汽车车流量与过江价格关系曲线

【案例 13-5】 某工程提前工期 87 天,相当于 $87/365 = 0.238$ 年。按工程总造价 9 000 万元,资金的机会成本按 6% 年利率考虑,则提前工期减少利息支付:9 000 万元 × 6% × 0.238 年 = 128.52 万元。

该工程总建筑面积 49 937 m²,按 6 000 元/m² 销售价格,企业收益率按年 15% 考虑(该工程使用性质为商场、餐饮、娱乐、商住、办公等),则提前工期所得收益为:

$$49\ 937\ m^2 \times 6\ 000\ 元/m^2 \times 15\% \times 0.238\ 年 = 1\ 069.65\ 万元$$

提前工期效益合计为:

$$128.52\ 万元 + 1\ 069.65\ 万元 = 1\ 198.17\ 万元$$

【案例 13-6】 某项工程投资总额 1 500 万元,预计投产后每年能获得利润 150 万元,资金来源于银行贷款,年利率为 8%,现因工程管理不善拖延工期 3 年才投入生产,则直接经济损失为:

利润损失 + 额外利息支付
$$= 150\left[\frac{(1+0.08)^3 - 1}{0.08}\right] + [1\ 500(1+0.08)^3 - 1\ 500]$$
$$= 486.96 + 389.57$$
$$= 876.53\ 万元$$

【案例 13-7】 某项目总投资 2 000 万元,建成投产达到设计生产能力时,每年可获得利润 180 万元,由于设备质量差,以及安装中存在一些问题,经过 4 年试生产才达到设计能力,但在这 4 年中平均每年获得利润为 100 万元,投资贷款利率为 6%,则直接经济损失为:

$$M = \frac{(180-100) \times 4}{180} = 1.78$$

$$\text{Loss} = (180-100)\frac{(1+0.06)^4 - 1}{0.06} + 2\,000 \times [(1+0.06)^{1.78} - 1]$$

$$= 349.97 + 218.58 = 568.55 \text{ 万元}$$

【案例 13-8】 某工程应用无粘接预应力混凝土技术。根据梁的构造要求,如加梁则截面为 700 mm,实际无粘接预应力混凝土板的厚度为 200 mm,节省空间 500 mm,该工程裙楼应用无粘接预应力混凝土板 5 层,主楼应用无粘接预应力混凝土板 30 层,在建筑高度不变的情况下,相当于多盖:$(30+5) \times 0.5 \text{ m} \div 3.4 \text{ m}/$ 标准层高 $= 5$ 标准层高。

如果售价、成本分别按 6 000 元/m² 和 2 000 元/m² 考虑,则产生直接经济效益:

$$(6\,000 \text{ 元}/\text{m}^2 - 2\,000 \text{ 元}/\text{m}^2) \times 1\,200 \text{ m}^2/\text{层} \times 5 \text{ 层} = 2\,400 \text{ 万元}$$

13.7 公共项目的民间参与

民间参与公共基础设施建设和公共事务管理的模式,统称为公私合作 PPP 模式(Public-Private Partnership),或者称为 PFI 模式(Private-Financing Initiative)。

一般而言,民间主要是通过特许权转让经营方式(Concession Transfer)参与投资建设或运行,是 PPP 的主要形式。

特许权经营模式是指政府为了提供公共基础设施、社会福利及相关服务与民营企业实体之间所做的一种安排。一般意义上的民营化,除了私人拥有外,实际运作主要受制于市场机制和政府一般性的规制(Regulation);特许权经营则不同,合作各方的责任、风险和回报主要受制于特许权出(受)让合约(Concession Agreement)。

特许权经营的具体模式主要有:

1) 建设—运营—转让(Build—Operate—Transfer,BOT)

企业负责安排融资并负责项目的开发、建设,并在特许权期限内经营项目和获取商业利润,在特许权期末由项目所在国政府或所属机构支付一定量资金(或无偿)从项目的投资者和经营者手中取得项目。

2) 建设—转让—运营(Build—Transfer—Operate,BTO)

政府与企业签订协议,由企业负责项目的融资和建设,完工后将项目转让给政府。然后,政府把该项目租赁给该企业,由其负责运营,获取商业利润。在此模式中,不存在项目产权的归属问题。还有一种与此类似的模式,称为建设—回购(BT),即由企业在特许权协议下完成投融资和项目建设,然后由政府回购。

3) 建设—拥有—运营(Build—Own—Operate,BOO)

在该模式下,根据协议,由企业负责公共项目的融资、建设和拥有该项目,并进行永久性经营。

4) 租赁—建设—运营(Lease—Build—Operate,LBO)

政府与企业签订长期的租赁协议,由企业租赁业已存在的基础设施项目,向政府缴纳一定的租赁费用;并在已有设施的基础上凭借自己的融资能力对基础设施进行扩建,并负责其运营和维护,获取商业利润。在该模式中,整体基础设施的所有权属于政府,因而不存在公共产权的转让问题。

5) 转移—运营—转让(Transfer—Operate—Transfer,TOT)

公共部门根据协议,将已建好的基础设施项目移交给特许经营者运营,经营期满后再移交还给政府公共部门。

附录　复利系数表

$$i = 1\%$$

年限 n/年	一次支付终值系数 $(F/P,i,n)$	一次支付现值系数 $(P/F,i,n)$	等额系列终值系数 $(F/A,i,n)$	偿债基金系数 $(A/F,i,n)$	资金回收系数 $(A/P,i,n)$	等额系列现值系数 $(P/A,i,n)$
1	1.010 0	0.990 1	1.000 0	1.000 0	1.010 0	0.990 1
2	1.020 1	0.980 3	2.010 0	0.497 5	0.507 5	1.970 4
3	1.030 3	0.970 6	3.030 1	0.330 0	0.340 0	2.941 0
4	1.040 6	0.961 0	4.060 4	0.246 3	0.256 3	3.902 0
5	1.051 0	0.951 5	5.101 0	0.196 0	0.206 0	4.853 4
6	1.061 5	0.942 0	6.152 0	0.162 5	0.172 5	5.795 5
7	1.071 2	0.932 7	7.213 5	0.138 6	0.148 6	6.728 2
8	1.082 9	0.923 5	8.285 7	0.120 7	0.130 7	7.651 7
9	1.093 7	0.914 3	9.368 5	0.106 7	0.116 7	8.566 0
10	1.104 6	0.905 3	10.462 2	0.095 6	0.105 6	9.471 3
11	1.115 7	0.896 3	11.566 8	0.086 5	0.096 5	10.367 6
12	1.126 8	0.887 4	12.682 5	0.078 8	0.088 8	11.255 1
13	1.138 1	0.878 7	13.809 3	0.072 4	0.082 4	12.133 7
14	1.149 5	0.870 0	14.947 4	0.066 9	0.076 9	13.003 7
15	1.161 0	0.861 3	16.096 9	0.062 1	0.072 1	13.865 1
16	1.172 6	0.852 8	17.257 9	0.057 9	0.067 9	14.717 9
17	1.184 3	0.844 4	18.430 4	0.054 3	0.064 3	15.562 3
18	1.196 1	0.836 0	19.614 7	0.051 0	0.061 0	16.398 3
19	1.208 1	0.827 7	20.810 9	0.048 1	0.058 1	17.226 0
20	1.220 2	0.819 5	22.019 0	0.045 4	0.055 4	18.045 6
21	1.232 4	0.811 4	23.239 2	0.043 0	0.053 0	18.857 0
22	1.244 7	0.803 4	24.471 6	0.040 9	0.050 9	19.660 4
23	1.257 2	0.795 4	25.716 3	0.038 9	0.048 9	20.455 8
24	1.269 7	0.787 6	26.973 5	0.037 1	0.047 1	21.243 4
25	1.282 4	0.779 8	28.243 2	0.035 4	0.045 4	22.023 2
26	1.295 3	0.772 0	29.525 6	0.033 9	0.043 9	22.795 2
27	1.308 2	0.764 4	30.820 9	0.032 4	0.042 4	23.559 6
28	1.321 3	0.756 8	32.129 1	0.031 1	0.041 1	24.316 4
29	1.334 5	0.749 3	33.450 4	0.029 9	0.039 9	25.065 8
30	1.347 8	0.741 9	34.784 9	0.028 7	0.038 7	25.807 7

$i = 2\%$

年限 n/年	一次支付终值系数 $(F/P,i,n)$	一次支付现值系数 $(P/F,i,n)$	等额系列终值系数 $(F/A,i,n)$	偿债基金系数 $(A/F,i,n)$	资金回收系数 $(A/P,i,n)$	等额系列现值系数 $(P/A,i,n)$
1	1.020 0	0.980 4	1.000 0	1.000 0	1.020 0	0.980 4
2	1.040 4	0.961 2	2.020 0	0.495 0	0.515 0	1.941 6
3	1.061 2	0.942 3	3.060 4	0.326 8	0.346 8	2.883 9
4	1.082 4	0.923 8	4.121 6	0.242 6	0.262 6	3.807 7
5	1.104 1	0.905 7	5.204 0	0.192 2	0.212 2	4.713 5
6	1.126 2	0.888 0	6.308 1	0.158 5	0.178 5	5.601 4
7	1.148 7	0.870 6	7.434 3	0.134 5	0.154 5	6.472 0
8	1.171 7	0.853 5	8.583 0	0.116 5	0.136 5	7.325 5
9	1.195 1	0.836 8	9.754 6	0.102 5	0.122 5	8.162 2
10	1.219 0	0.820 3	10.949 7	0.091 3	0.111 3	8.982 6
11	1.243 4	0.804 3	12.168 7	0.082 2	0.102 2	9.786 8
12	1.268 2	0.788 5	13.412 1	0.074 6	0.094 6	10.575 3
13	1.293 6	0.773 0	14.680 3	0.068 1	0.088 1	11.348 4
14	1.319 5	0.757 9	15.973 9	0.062 6	0.082 6	12.106 2
15	1.345 9	0.743 0	17.293 4	0.058 7	0.077 8	12.849 3
16	1.372 8	0.728 4	18.639 3	0.053 7	0.073 7	13.577 7
17	1.400 2	0.714 2	20.012 1	0.050 0	0.070 0	14.291 9
18	1.428 2	0.700 2	21.412 3	0.046 7	0.066 7	14.992 0
19	1.456 8	0.686 4	22.840 6	0.043 8	0.063 8	15.678 5
20	1.485 9	0.673 0	24.297 4	0.041 2	0.061 2	16.351 4
21	1.515 7	0.659 8	25.783 3	0.038 8	0.058 8	17.011 2
22	1.546 0	0.646 8	27.299 0	0.036 6	0.056 6	17.658 0
23	1.576 9	0.634 2	28.845 0	0.034 7	0.054 7	18.292 2
24	1.608 4	0.621 7	30.421 9	0.032 9	0.052 9	18.913 9
25	1.640 6	0.609 5	32.030 3	0.031 2	0.051 2	19.523 5
26	1.673 4	0.597 6	33.670 9	0.029 7	0.049 7	20.121 0
27	1.706 9	0.585 9	35.344 3	0.028 3	0.048 3	20.706 9
28	1.741 0	0.574 4	37.051 2	0.027 0	0.047 0	21.281 3
29	1.775 8	0.563 1	38.792 2	0.025 8	0.045 8	21.844 4
30	1.811 4	0.552 1	40.568 1	0.024 6	0.044 6	22.396 5

附录　复利系数表

$i = 3\%$

年限 n/年	一次支付终值系数 $(F/P,i,n)$	一次支付现值系数 $(P/F,i,n)$	等额系列终值系数 $(F/A,i,n)$	偿债基金系数 $(A/F,i,n)$	资金回收系数 $(A/P,i,n)$	等额系列现值系数 $(P/A,i,n)$
1	1.0300	0.9709	1.0000	1.0000	1.0300	0.9709
2	1.0609	0.9426	2.0300	0.4926	0.5226	1.9135
3	1.0927	0.9151	3.0909	0.3235	0.3535	2.8286
4	1.1255	0.8885	4.1836	0.2390	0.2690	3.7171
5	1.1593	0.8626	5.3091	0.1884	0.2184	4.5797
6	1.1941	0.8375	6.4684	0.1546	0.1846	5.4172
7	1.2299	0.8131	7.6625	0.1305	0.1605	6.2303
8	1.2668	0.7894	8.8923	0.1125	0.1425	7.0197
9	1.3048	0.7664	10.1591	0.0984	0.1284	7.7861
10	1.3439	0.7441	11.4639	0.0872	0.1172	8.5302
11	1.3842	0.7224	12.8078	0.0781	0.1081	9.2526
12	1.4258	0.7014	14.1920	0.0705	0.1005	9.9540
13	1.4685	0.6810	15.6178	0.0640	0.0940	10.6350
14	1.5126	0.6611	17.0863	0.0585	0.0885	11.2961
15	1.5580	0.6419	18.5989	0.0538	0.0838	11.9379
16	1.6047	0.6232	20.1569	0.0496	0.0796	12.5611
17	1.6528	0.6050	21.7616	0.0460	0.0760	13.1661
18	1.7024	0.5874	23.4144	0.0427	0.0727	13.7535
19	1.7535	0.5703	25.1169	0.0398	0.0698	14.3238
20	1.8061	0.5537	26.8704	0.0372	0.0672	14.8775
21	1.8603	0.5375	28.6765	0.0349	0.0649	15.4150
22	1.9161	0.5219	30.5368	0.0327	0.0627	15.9369
23	1.9736	0.5067	32.4529	0.0308	0.0608	16.4436
24	2.0328	0.4919	34.4265	0.0290	0.0590	16.9355
25	2.0938	0.4776	36.4593	0.0274	0.0574	17.4131
26	2.1566	0.4637	38.5530	0.0259	0.0559	17.8768
27	2.2213	0.4502	40.7096	0.0246	0.0546	18.3270
28	2.2879	0.4371	42.9309	0.0233	0.0533	18.7641
29	2.3566	0.4243	45.2189	0.0221	0.0521	19.1885
30	2.4273	0.4120	47.5754	0.0210	0.0510	19.6004

$i=4\%$

年限 n/年	一次支付终值系数 $(F/P,i,n)$	一次支付现值系数 $(P/F,i,n)$	等额系列终值系数 $(F/A,i,n)$	偿债基金系数 $(A/F,i,n)$	资金回收系数 $(A/P,i,n)$	等额系列现值系数 $(P/A,i,n)$
1	1.040 0	0.961 5	1.000 0	1.000 0	1.040 0	0.961 5
2	1.081 6	0.924 6	2.040 0	0.490 2	0.530 2	1.886 1
3	1.124 9	0.889 0	3.121 6	0.320 3	0.360 3	2.775 1
4	1.169 9	0.854 8	4.246 5	0.235 5	0.275 5	3.629 9
5	1.216 7	0.821 9	5.416 3	0.184 6	0.224 6	4.451 8
6	1.265 3	0.790 3	6.633 0	0.150 8	0.190 8	5.242 1
7	1.315 9	0.759 9	7.898 3	0.126 6	0.166 6	6.002 1
8	1.368 6	0.730 7	9.214 2	0.108 5	0.148 5	6.732 7
9	1.423 3	0.702 6	10.582 8	0.094 5	0.134 5	7.435 3
10	1.480 2	0.675 6	12.006 1	0.083 3	0.123 3	8.110 9
11	1.539 5	0.649 6	13.486 4	0.074 1	0.114 1	8.760 5
12	1.601 0	0.624 6	15.025 8	0.066 6	0.106 6	9.385 1
13	1.665 1	0.600 6	16.626 8	0.060 1	0.100 1	9.985 6
14	1.731 7	0.577 5	18.291 9	0.054 7	0.094 7	10.563 1
15	1.800 9	0.555 3	20.023 6	0.049 9	0.089 9	11.118 4
16	1.873 0	0.533 9	21.824 5	0.045 8	0.085 8	11.652 3
17	1.947 9	0.513 4	23.697 5	0.042 2	0.082 2	12.165 7
18	2.025 8	0.493 6	25.645 4	0.039 0	0.079 0	12.659 3
19	2.106 8	0.474 6	27.671 2	0.036 1	0.076 1	13.133 9
20	2.191 1	0.456 4	29.778 1	0.033 6	0.073 6	13.590 3
21	2.278 8	0.438 8	31.969 2	0.031 3	0.071 3	14.029 2
22	2.369 9	0.422 0	34.248 0	0.029 2	0.069 2	14.451 1
23	2.464 7	0.405 7	36.617 9	0.027 3	0.067 3	14.856 8
24	2.563 3	0.390 1	39.082 6	0.025 6	0.065 6	15.247 0
25	2.665 8	0.375 1	41.645 9	0.024 0	0.064 0	15.622 1
26	2.772 5	0.360 7	44.311 7	0.022 6	0.062 6	15.982 8
27	2.883 4	0.346 8	47.084 2	0.021 2	0.061 2	16.329 6
28	2.998 7	0.333 5	49.967 6	0.020 0	0.060 0	16.663 1
29	3.118 7	0.320 7	52.966 3	0.018 9	0.058 9	16.983 7
30	3.243 4	0.308 3	56.084 9	0.017 8	0.057 8	17.292 0

附录 复利系数表

$i = 5\%$

年限 n/年	一次支付终值系数 $(F/P,i,n)$	一次支付现值系数 $(P/F,i,n)$	等额系列终值系数 $(F/A,i,n)$	偿债基金系数 $(A/F,i,n)$	资金回收系数 $(A/P,i,n)$	等额系列现值系数 $(P/A,i,n)$
1	1.050 0	0.952 4	1.000 0	1.000 0	1.050 0	0.952 4
2	1.102 5	0.907 0	2.050 0	0.487 8	0.537 8	1.859 4
3	1.157 6	0.863 8	3.152 5	0.317 2	0.367 2	2.723 2
4	1.215 5	0.822 7	4.310 1	0.232 0	0.282 0	3.546 0
5	1.276 3	0.783 5	5.525 6	0.181 0	0.231 0	4.329 5
6	1.340 1	0.746 2	6.801 9	0.147 0	0.197 0	5.075 7
7	1.407 1	0.710 7	8.142 0	0.122 8	0.172 8	5.786 4
8	1.477 5	0.676 8	9.549 1	0.104 7	0.154 7	6.463 2
9	1.551 3	0.644 6	11.026 6	0.090 7	0.140 7	7.107 8
10	1.628 9	0.613 9	12.577 9	0.079 5	0.129 5	7.721 7
11	1.710 3	0.584 7	14.206 8	0.070 4	0.120 4	8.306 4
12	1.795 9	0.556 8	15.917 1	0.062 8	0.112 8	8.863 3
13	1.885 6	0.530 3	17.713 0	0.056 5	0.106 5	9.393 6
14	1.979 9	0.505 1	19.598 6	0.051 0	0.101 0	9.898 6
15	2.078 9	0.481 0	21.578 6	0.046 3	0.096 3	10.379 7
16	2.182 9	0.458 1	23.657 5	0.042 3	0.092 3	10.837 8
17	2.292 0	0.436 3	25.840 4	0.038 7	0.088 7	11.274 1
18	2.406 6	0.415 5	28.132 4	0.035 5	0.085 5	11.689 6
19	2.527 0	0.395 7	30.539 0	0.032 7	0.082 7	12.085 3
20	2.653 3	0.376 9	33.066 0	0.030 2	0.080 2	12.462 2
21	2.786 0	0.358 9	35.719 3	0.028 0	0.078 0	12.821 2
22	2.925 3	0.341 8	38.505 2	0.026 0	0.076 0	13.163 0
23	3.071 5	0.325 6	41.430 5	0.024 1	0.074 1	13.488 6
24	3.225 1	0.310 1	44.502 0	0.022 5	0.072 5	13.798 6
25	3.386 4	0.295 3	47.727 1	0.021 0	0.071 0	14.093 9
26	3.555 7	0.281 2	51.113 5	0.019 6	0.069 6	14.375 2
27	3.733 5	0.267 8	54.669 1	0.018 3	0.068 3	14.643 0
28	3.920 1	0.255 1	58.402 6	0.017 1	0.067 1	14.898 1
29	4.116 1	0.242 9	62.322 7	0.016 0	0.066 0	15.141 1
30	4.321 9	0.231 4	66.438 8	0.015 1	0.065 1	15.372 5

$i = 6\%$

年限 n/年	一次支付终值系数 $(F/P,i,n)$	一次支付现值系数 $(P/F,i,n)$	等额系列终值系数 $(F/A,i,n)$	偿债基金系数 $(A/F,i,n)$	资金回收系数 $(A/P,i,n)$	等额系列现值系数 $(P/A,i,n)$
1	1.0600	0.9434	1.0000	1.0000	1.0600	0.9434
2	1.1236	0.8900	2.0600	0.4854	0.5454	1.8334
3	1.1910	0.8396	3.1836	0.3141	0.3741	2.6730
4	1.2625	0.7921	4.3746	0.2286	0.2886	3.4651
5	1.3382	0.7473	5.6371	0.1774	0.2374	4.2124
6	1.4185	0.7050	6.9753	0.1434	0.2034	4.9173
7	1.5036	0.6651	8.3938	0.1191	0.1791	5.5824
8	1.5938	0.6274	9.8975	0.1010	0.1610	6.2098
9	1.6895	0.5919	11.4913	0.0870	0.1470	6.8017
10	1.7908	0.5584	13.1808	0.0759	0.1359	7.3601
11	1.8983	0.5268	14.9716	0.0668	0.1268	7.8869
12	2.0122	0.4970	16.8699	0.0593	0.1193	8.3838
13	2.1329	0.4688	18.8821	0.0530	0.1130	8.8527
14	2.2609	0.4423	21.0151	0.0476	0.1076	9.2950
15	2.3966	0.4173	23.2760	0.0430	0.1030	9.7122
16	2.5404	0.3936	25.6725	0.0390	0.0990	10.1059
17	2.6928	0.3714	28.2129	0.0354	0.0954	10.4773
18	2.8543	0.3503	30.9057	0.0324	0.0924	10.8276
19	3.0256	0.3305	33.7600	0.0296	0.0896	11.1581
20	3.2071	0.3118	36.7856	0.0272	0.0872	11.4699
21	3.3996	0.2942	39.9927	0.0250	0.0850	11.7641
22	3.6035	0.2775	43.3923	0.0230	0.0830	12.0416
23	3.8197	0.2618	46.9958	0.0213	0.0813	12.3034
24	4.0489	0.2470	50.8156	0.0197	0.0797	12.5504
25	4.2919	0.2330	54.8645	0.0182	0.0782	12.7834
26	4.5494	0.2198	59.1564	0.0169	0.0769	13.0032
27	4.8223	0.2074	63.7058	0.0157	0.0757	13.2105
28	5.1117	0.1956	68.5281	0.0146	0.0746	13.4062
29	5.4184	0.1846	73.6398	0.0136	0.0736	13.5907
30	5.7435	0.1741	79.0582	0.0126	0.0726	13.7648

附录　复利系数表

$i = 7\%$

年限 n/年	一次支付终值系数 $(F/P,i,n)$	一次支付现值系数 $(P/F,i,n)$	等额系列终值系数 $(F/A,i,n)$	偿债基金系数 $(A/F,i,n)$	资金回收系数 $(A/P,i,n)$	等额系列现值系数 $(P/A,i,n)$
1	1.0700	0.9346	1.0000	1.0000	1.0700	0.9346
2	1.1449	0.8734	2.0700	0.4831	0.5531	1.8080
3	1.2250	0.8163	3.2149	0.3111	0.3811	2.6243
4	1.3108	0.7629	4.4399	0.2252	0.2952	3.3872
5	1.4026	0.7130	5.7507	0.1739	0.2439	4.1002
6	1.5007	0.6663	7.1533	0.1398	0.2098	4.7665
7	1.6058	0.6227	8.6540	0.1156	0.1856	5.3893
8	1.7182	0.5820	10.2598	0.0975	0.1675	5.9713
9	1.8385	0.5439	11.9780	0.0835	0.1535	6.5152
10	1.9672	0.5083	13.8164	0.0724	0.1424	7.0236
11	2.1049	0.4751	15.7836	0.0634	0.1334	7.4987
12	2.2522	0.4440	17.8885	0.0559	0.1259	7.9427
13	2.4098	0.4150	20.1406	0.0497	0.1197	8.3577
14	2.5785	0.3878	22.5505	0.0443	0.1143	8.7455
15	2.7590	0.3624	25.1290	0.0398	0.1098	9.1079
16	2.9522	0.3387	27.8881	0.0359	0.1059	9.4466
17	3.1588	0.3166	30.8402	0.0324	0.1024	9.7632
18	3.3799	0.2959	33.9990	0.0294	0.0994	10.0591
19	3.6165	0.2765	37.3790	0.0268	0.0968	10.3356
20	3.8697	0.2584	40.9955	0.0244	0.0944	10.5940
21	4.1406	0.2415	44.8652	0.0223	0.0923	10.8355
22	4.4304	0.2257	49.0057	0.0204	0.0904	11.0612
23	4.7405	0.2109	53.4361	0.0187	0.0887	11.2722
24	5.0724	0.1971	58.1767	0.0172	0.0872	11.4693
25	5.4274	0.1842	63.2490	0.0158	0.0858	11.6536
26	5.8074	0.1722	68.6765	0.0146	0.0846	11.8258
27	6.2139	0.1609	74.4838	0.0134	0.0834	11.9867
28	6.6488	0.1504	80.6977	0.0124	0.0824	12.1371
29	7.1143	0.1406	87.3465	0.0114	0.0814	12.2777
30	7.6123	0.1314	94.4608	0.0106	0.0806	12.4090

$i = 8\%$

年限 n/年	一次支付终值系数 $(F/P,i,n)$	一次支付现值系数 $(P/F,i,n)$	等额系列终值系数 $(F/A,i,n)$	偿债基金系数 $(A/F,i,n)$	资金回收系数 $(A/P,i,n)$	等额系列现值系数 $(P/A,i,n)$
1	1.080 0	0.925 9	1.000 0	1.000 0	1.080 0	0.925 9
2	1.166 4	0.857 3	2.080 0	0.480 8	0.560 8	1.783 3
3	1.259 7	0.793 8	3.246 4	0.308 0	0.388 0	2.577 1
4	1.360 5	0.735 0	4.506 1	0.221 9	0.301 9	3.312 1
5	1.469 3	0.680 6	5.866 6	0.170 5	0.250 5	3.992 7
6	1.586 9	0.630 2	7.335 9	0.136 3	0.216 3	4.622 9
7	1.713 8	0.583 5	8.922 8	0.112 1	0.192 1	5.206 4
8	1.850 9	0.540 3	10.636 6	0.094 0	0.174 0	5.746 6
9	1.999 0	0.500 2	12.487 6	0.080 1	0.160 1	6.246 9
10	2.158 9	0.463 2	14.486 6	0.069 0	0.149 0	6.710 1
11	2.331 6	0.428 9	16.645 5	0.060 1	0.140 1	7.139 0
12	2.518 2	0.397 1	18.977 1	0.052 7	0.132 7	7.536 1
13	2.719 6	0.367 7	21.495 3	0.046 5	0.126 5	7.903 8
14	2.937 2	0.340 5	24.214 9	0.041 3	0.121 3	8.244 2
15	3.172 2	0.315 2	27.152 1	0.036 8	0.116 8	8.559 5
16	3.425 9	0.291 9	30.324 3	0.033 0	0.113 0	8.851 4
17	3.700 0	0.270 3	33.750 2	0.029 6	0.109 6	9.121 6
18	3.996 0	0.250 2	37.450 2	0.026 7	0.106 7	9.371 9
19	4.315 7	0.231 7	41.446 3	0.024 1	0.104 1	9.603 6
20	4.661 0	0.214 5	45.762 0	0.021 9	0.101 9	9.818 1
21	5.033 8	0.198 7	50.422 9	0.019 8	0.099 8	10.016 8
22	5.436 5	0.183 9	55.456 8	0.018 0	0.098 0	10.200 7
23	5.871 5	0.170 3	60.893 3	0.016 4	0.096 4	10.371 1
24	6.341 2	0.157 7	66.764 8	0.015 0	0.095 0	10.528 8
25	6.848 5	0.146 0	73.105 9	0.013 7	0.093 7	10.674 8
26	7.396 4	0.135 2	79.954 4	0.012 5	0.092 5	10.810 0
27	7.988 1	0.125 2	87.350 8	0.011 4	0.091 4	10.935 2
28	8.627 1	0.115 9	95.338 8	0.010 5	0.090 5	11.051 1
29	9.317 3	0.107 3	103.965 9	0.009 6	0.089 6	11.158 4
30	10.062 7	0.099 4	113.283 2	0.008 8	0.088 8	11.257 8

附录　复利系数表

$i=9\%$

年限 n/年	一次支付终值系数 $(F/P,i,n)$	一次支付现值系数 $(P/F,i,n)$	等额系列终值系数 $(F/A,i,n)$	偿债基金系数 $(A/F,i,n)$	资金回收系数 $(A/P,i,n)$	等额系列现值系数 $(P/A,i,n)$
1	1.0900	0.9174	1.0000	1.0000	1.0900	0.9174
2	1.1881	0.8417	2.0900	0.4785	0.5685	1.7591
3	1.2950	0.7722	3.2781	0.3051	0.3951	2.5313
4	1.4116	0.7084	4.5731	0.2187	0.3087	3.2397
5	1.5386	0.6499	5.9847	0.1671	0.2571	3.8897
6	1.6771	0.5963	7.5233	0.1329	0.2229	4.4859
7	1.8280	0.5470	9.2004	0.1087	0.1987	5.0330
8	1.9926	0.5019	11.0285	0.0907	0.1807	5.5348
9	2.1719	0.4604	13.0210	0.0768	0.1668	5.9952
10	2.3674	0.4224	15.1929	0.0658	0.1558	6.4177
11	2.5804	0.3875	17.5603	0.0569	0.1469	6.8052
12	2.8127	0.3555	20.1407	0.0497	0.1397	7.1607
13	3.0658	0.3262	22.9534	0.0436	0.1336	7.4869
14	3.3417	0.2992	26.0192	0.0384	0.1284	7.7862
15	3.6425	0.2745	29.3609	0.0341	0.1241	8.0607
16	3.9703	0.2519	33.0034	0.0303	0.1203	8.3126
17	4.3276	0.2311	36.9737	0.0270	0.1170	8.5436
18	4.7171	0.2120	41.3013	0.0242	0.1142	8.7556
19	5.1417	0.1945	46.0185	0.0217	0.1117	8.9501
20	5.6044	0.1784	51.1610	0.0195	0.1095	9.1285
21	6.1088	0.1637	56.7645	0.0176	0.1076	9.2922
22	6.6586	0.1502	62.8733	0.0159	0.1059	9.4424
23	7.2579	0.1378	69.5319	0.0144	0.1044	9.5802
24	7.9111	0.1264	76.7898	0.0130	0.1030	9.7066
25	8.6231	0.1160	84.7009	0.0118	0.1018	9.8226
26	9.3992	0.1064	93.3240	0.0107	0.1007	9.9290
27	10.2451	0.0976	102.7231	0.0097	0.0997	10.0266
28	11.1671	0.0895	112.9682	0.0089	0.0989	10.1161
29	12.1722	0.0822	124.1354	0.0081	0.0981	10.1983
30	13.2677	0.0754	136.3075	0.0073	0.0973	10.2737

$i=10\%$

年限 n/年	一次支付终值系数 $(F/P,i,n)$	一次支付现值系数 $(P/F,i,n)$	等额系列终值系数 $(F/A,i,n)$	偿债基金系数 $(A/F,i,n)$	资金回收系数 $(A/P,i,n)$	等额系列现值系数 $(P/A,i,n)$
1	1.1000	0.9091	1.0000	1.0000	1.1000	0.9091
2	1.2100	0.8264	2.1000	0.4762	0.5762	1.7355
3	1.3310	0.7513	3.3100	0.3021	0.4021	2.4869
4	1.4641	0.6830	4.6410	0.2155	0.3155	3.1699
5	1.6105	0.6209	6.1051	0.1638	0.2638	3.7908
6	1.7716	0.5645	7.7156	0.1296	0.2296	4.3553
7	1.9487	0.5132	9.4872	0.1054	0.2054	4.8684
8	2.1436	0.4665	11.4359	0.0874	0.1874	5.3349
9	2.3579	0.4241	13.5795	0.0736	0.1736	5.7590
10	2.5937	0.3855	15.9374	0.0627	0.1627	6.1446
11	2.8531	0.3505	18.5312	0.0540	0.1540	6.4951
12	3.1384	0.3186	21.3843	0.0468	0.1468	6.8137
13	3.4523	0.2897	24.5227	0.0408	0.1408	7.1034
14	3.7975	0.2633	27.9750	0.0357	0.1357	7.3667
15	4.1772	0.2394	31.7725	0.0315	0.1315	7.6061
16	4.5950	0.2176	35.9497	0.0278	0.1278	7.8237
17	5.0545	0.1978	40.5447	0.0247	0.1247	8.0216
18	5.5599	0.1799	45.5992	0.0219	0.1219	8.2014
19	6.1159	0.1635	51.1591	0.0195	0.1195	8.3649
20	6.7275	0.1486	57.2750	0.0175	0.1175	8.5136
21	7.4002	0.1351	64.0025	0.0156	0.1156	8.6487
22	8.1403	0.1228	71.4027	0.0140	0.1140	8.7715
23	8.9543	0.1117	79.5430	0.0126	0.1126	8.8832
24	9.8497	0.1015	88.4973	0.0113	0.1113	8.9847
25	10.8347	0.0923	98.3471	0.0102	0.1102	9.0770
26	11.9182	0.0839	109.1818	0.0092	0.1092	9.1609
27	13.1100	0.0763	121.0999	0.0083	0.1083	9.2372
28	14.4210	0.0693	134.2099	0.0075	0.1075	9.3066
29	15.8631	0.0630	148.6309	0.0067	0.1067	9.3696
30	17.4494	0.0573	164.4940	0.0061	0.1061	9.4269

附录 复利系数表

$i = 12\%$

年限 n/年	一次支付终值系数 $(F/P, i, n)$	一次支付现值系数 $(P/F, i, n)$	等额系列终值系数 $(F/A, i, n)$	偿债基金系数 $(A/F, i, n)$	资金回收系数 $(A/P, i, n)$	等额系列现值系数 $(P/A, i, n)$
1	1.1200	0.8929	1.0000	1.0000	1.1200	0.8929
2	1.2544	0.7972	2.1200	0.4717	0.5917	1.6901
3	1.4049	0.7118	3.3744	0.2963	0.4163	2.4018
4	1.5735	0.6355	4.7793	0.2092	0.3292	3.0373
5	1.7623	0.5674	6.3528	0.1574	0.2774	3.6048
6	1.9738	0.5066	8.1152	0.1232	0.2432	4.1114
7	2.2107	0.4523	10.0890	0.0991	0.2191	4.5638
8	2.4760	0.4039	12.2997	0.0813	0.2013	4.9676
9	2.7731	0.3606	14.7757	0.0677	0.1877	5.3282
10	3.1058	0.3220	17.5487	0.0570	0.1770	5.6502
11	3.4785	0.2875	20.6546	0.0484	0.1684	5.9377
12	3.8960	0.2567	24.1331	0.0414	0.1614	6.1944
13	4.3635	0.2292	28.0291	0.0357	0.1557	6.4235
14	4.8871	0.2046	32.3926	0.0309	0.1509	6.6282
15	5.4736	0.1827	37.2797	0.0268	0.1468	6.8109
16	6.1304	0.1631	42.7533	0.0234	0.1434	6.9740
17	6.8660	0.1456	48.8837	0.0205	0.1405	7.1196
18	7.6900	0.1300	55.7497	0.0179	0.1379	7.2497
19	8.6128	0.1161	63.4397	0.0158	0.1358	7.3658
20	9.6463	0.1037	72.0524	0.0139	0.1339	7.4694
21	10.8038	0.0926	81.6987	0.0122	0.1322	7.5620
22	12.1003	0.0826	92.5026	0.0108	0.1308	7.6446
23	13.5523	0.0738	104.6029	0.0096	0.1296	7.7184
24	15.1786	0.0659	118.1552	0.0085	0.1285	7.7843
25	17.0001	0.0588	133.3339	0.0075	0.1275	7.8431
26	19.0401	0.0525	150.3339	0.0067	0.1267	7.8957
27	21.3249	0.0469	169.3740	0.0059	0.1259	7.9426
28	23.8839	0.0419	190.6989	0.0052	0.1252	7.9844
29	26.7499	0.0374	214.5828	0.0047	0.1247	8.0218
30	29.9599	0.0334	241.3327	0.0041	0.1241	8.0552

$i=15\%$

年限 n/年	一次支付终值系数 $(F/P,i,n)$	一次支付现值系数 $(P/F,i,n)$	等额系列终值系数 $(F/A,i,n)$	偿债基金系数 $(A/F,i,n)$	资金回收系数 $(A/P,i,n)$	等额系列现值系数 $(P/A,i,n)$
1	1.1500	0.8696	1.0000	1.0000	1.1500	0.8696
2	1.3225	0.7561	2.1500	0.4651	0.6151	1.6257
3	1.5209	0.6575	3.4725	0.2880	0.4380	2.2832
4	1.7490	0.5718	4.9934	0.2003	0.3503	2.8550
5	2.0114	0.4972	6.7424	0.1483	0.2983	3.3522
6	2.3131	0.4323	8.7537	0.1142	0.2642	3.7845
7	2.6600	0.3759	11.0668	0.0904	0.2404	4.1604
8	3.0590	0.3269	13.7268	0.0729	0.2229	4.4873
9	3.5179	0.2843	16.7858	0.0596	0.2096	4.7716
10	4.0456	0.2472	20.3037	0.0493	0.1993	5.0188
11	4.6524	0.2149	24.3493	0.0411	0.1911	5.2337
12	5.3503	0.1869	29.0017	0.0345	0.1845	5.4206
13	6.1528	0.1625	34.3519	0.0291	0.1791	5.5831
14	7.0757	0.1413	40.5047	0.0247	0.1747	5.7245
15	8.1371	0.1229	47.5804	0.0210	0.1710	5.8474
16	9.3576	0.1069	55.7175	0.0179	0.1679	5.9542
17	10.7613	0.0929	65.0751	0.0154	0.1654	6.0472
18	12.3755	0.0808	75.8364	0.0132	0.1632	6.1280
19	14.2318	0.0703	88.2118	0.0113	0.1613	6.1982
20	16.3665	0.0611	102.4436	0.0098	0.1598	6.2593
21	18.8215	0.0531	118.8101	0.0084	0.1584	6.3125
22	21.6447	0.0462	137.6316	0.0073	0.1573	6.3587
23	24.8915	0.0402	159.2764	0.0063	0.1563	6.3988
24	28.6252	0.0349	184.1678	0.0054	0.1554	6.4338
25	32.9190	0.0304	212.7930	0.0047	0.1547	6.4641
26	37.8568	0.0264	245.7120	0.0041	0.1541	6.4906
27	43.5353	0.0230	283.5688	0003 5	0.1535	6.5135
28	50.0656	0.0200	327.1041	0.0031	0.1531	6.5335
29	57.5755	0.0174	377.1697	0.0027	0.1527	6.5509
30	66.2118	0.0151	434.7451	0.0023	0.1523	6.5660

附录 复利系数表

$i = 18\%$

年限 n/年	一次支付 终值系数 $(F/P,i,n)$	一次支付 现值系数 $(P/F,i,n)$	等额系列 终值系数 $(F/A,i,n)$	偿债基金 系数 $(A/F,i,n)$	资金回收 系数 $(A/P,i,n)$	等额系列 现值系数 $(P/A,i,n)$
1	1.180 0	0.847 5	1.000 0	1.000 0	1.180 0	0.847 5
2	1.392 4	0.718 2	2.180 0	0.458 7	0.638 7	1.565 6
3	1.643 0	0.608 6	3.572 4	0.279 9	0.459 9	2.174 3
4	1.938 8	0.515 8	5.215 4	0.191 7	0.371 7	2.690 1
5	2.287 8	0.437 1	7.154 2	0.139 8	0.319 8	3.127 2
6	2.699 6	0.370 4	9.442 0	0.105 9	0.285 9	3.497 6
7	3.185 5	0.313 9	12.141 5	0.082 4	0.262 4	3.811 5
8	3.758 9	0.266 0	15.327 0	0.065 2	0.245 2	4.077 6
9	4.435 5	0.225 5	19.085 9	0.052 4	0.232 4	4.303 0
10	5.233 8	0.191 1	23.521 3	0.042 5	0.222 5	4.494 1
11	6.175 9	0.161 9	28.755 1	0.034 8	0.214 8	4.656 0
12	7.287 6	0.137 2	34.931 1	0.028 6	0.208 6	4.793 2
13	8.599 4	0.116 3	42.218 7	0.023 7	0.203 7	4.909 5
14	10.147 2	0.098 5	50.818 0	0.019 7	0.199 7	5.008 1
15	11.973 7	0.083 5	60.965 3	0.016 4	0.196 4	5.091 6
16	14.129 0	0.070 8	72.939 0	0.013 7	0.193 7	5.162 4
17	16.672 2	0.060 0	87.068 0	0.011 5	0.191 5	5.222 3
18	19.673 3	0.050 8	103.740 3	0.009 6	0.189 6	5.273 2
19	23.214 4	0.043 1	123.413 5	0.008 1	0.188 1	5.316 2
20	27.393 0	0.036 5	146.628 0	0.006 8	0.186 8	5.352 7
21	32.323 8	0.030 9	174.021 0	0.005 7	0.185 7	5.383 7
22	38.142 1	0.026 2	206.344 8	0.004 8	0.184 8	5.409 9
23	45.007 6	0.022 2	244.486 8	0.004 1	0.184 1	5.432 1
24	53.109 0	0.018 8	289.494 5	0.003 5	0.183 5	5.450 9
25	62.668 6	0.016 0	342.603 5	0.002 9	0.182 9	5.466 9
26	73.949 0	0.013 5	405.272 1	0.002 5	0.182 5	5.480 4
27	87.259 8	0.011 5	479.221 1	0.002 1	0.182 1	5.491 9
28	102.966 6	0.009 7	566.480 9	0.001 8	0.181 8	5.501 6
29	121.500 5	0.008 2	669.447 5	0.001 5	0.181 5	5.509 8
30	143.370 6	0.007 0	790.948 0	0.001 3	0.181 3	5.516 8

$i = 20\%$

年限 n/年	一次支付终值系数 $(F/P, i, n)$	一次支付现值系数 $(P/F, i, n)$	等额系列终值系数 $(F/A, i, n)$	偿债基金系数 $(A/F, i, n)$	资金回收系数 $(A/P, i, n)$	等额系列现值系数 $(P/A, i, n)$
1	1.200 0	0.833 3	1.000 0	1.000 0	1.200 0	0.833 3
2	1.440 0	0.694 4	2.200 0	0.454 5	0.654 5	1.527 8
3	1.728 0	0.578 7	3.640 0	0.274 7	0.474 7	2.106 5
4	2.073 6	0.482 3	5.368 0	0.186 3	0.386 3	2.588 7
5	2.488 3	0.401 9	7.441 6	0.134 4	0.334 4	2.990 6
6	2.986 0	0.334 9	9.929 9	0.100 7	0.300 7	3.325 5
7	3.583 2	0.279 1	12.915 9	0.077 4	0.277 4	3.604 6
8	4.299 8	0.232 6	16.499 1	0.060 6	0.260 6	3.837 2
9	5.159 8	0.193 8	20.798 9	0.048 1	0.248 1	4.031 0
10	6.191 7	0.161 5	25.958 7	0.038 5	0.238 5	4.192 5
11	7.430 1	0.134 6	32.150 4	0.031 1	0.231 1	4.327 1
12	8.916 1	0.112 2	39.580 5	0.025 3	0.225 3	4.439 2
13	10.699 3	0.093 5	48.496 6	0.020 6	0.220 6	4.532 7
14	12.839 2	0.077 9	59.195 9	0.016 9	0.216 9	4.610 6
15	15.407 0	0.064 9	72.035 1	0.013 9	0.213 9	4.675 5
16	18.488 4	0.054 1	87.442 1	0.011 4	0.211 4	4.729 6
17	22.186 1	0.045 1	105.930 6	0.009 4	0.209 4	4.774 6
18	26.623 3	0.037 6	128.116 7	0.007 8	0.207 8	4.812 2
19	31.948 0	0.031 3	154.740 0	0.006 5	0.206 5	4.843 5
20	38.337 6	0.026 1	186.688 0	0.005 4	0.205 4	4.869 6
21	46.005 1	0.021 7	225.025 6	0.004 4	0.204 4	4.891 3
22	55.206 1	0.018 1	271.030 7	0.003 7	0.203 7	4.909 4
23	66.247 4	0.015 1	326.236 9	0.003 1	0.203 1	4.924 5
24	79.496 8	0.012 6	392.484 2	0.002 5	0.202 5	4.937 1
25	95.396 2	0.010 5	471.981 1	0.002 1	0.202 1	4.947 6
26	114.475 5	0.008 7	567.377 3	0.001 8	0.201 8	4.956 3
27	137.370 6	0.007 3	681.852 8	0.001 5	0.201 5	4.963 6
28	164.844 7	0.006 1	819.223 3	0.001 2	0.201 2	4.969 7
29	197.813 6	0.005 1	984.068 0	0.001 0	0.201 0	4.974 7
30	237.376 3	0.004 2	1181.881 6	0.000 8	0.200 8	4.978 9

附录 复利系数表

$i = 25\%$

年限 n/年	一次支付终值系数 $(F/P,i,n)$	一次支付现值系数 $(P/F,i,n)$	等额系列终值系数 $(F/A,i,n)$	偿债基金系数 $(A/F,i,n)$	资金回收系数 $(A/P,i,n)$	等额系列现值系数 $(P/A,i,n)$
1	1.2500	0.8000	1.0000	1.0000	1.2500	0.8000
2	1.5625	0.6400	2.2500	0.4444	0.6944	1.4400
3	1.9531	0.5120	3.8125	0.2623	0.5123	1.9520
4	2.4414	0.4096	5.7656	0.1734	0.4234	2.3616
5	3.0518	0.3277	8.2070	0.1218	0.3718	2.6893
6	3.8147	0.2621	11.2588	0.0888	0.3388	2.9514
7	4.7684	0.2097	15.0735	0.0663	0.3163	3.1611
8	5.9605	0.1678	19.8419	0.0504	0.3004	3.3289
9	7.4506	0.1342	25.8023	0.0388	0.2888	3.4631
10	9.3132	0.1074	33.2529	0.0301	0.2801	3.5705
11	11.6415	0.0859	42.5661	0.0235	0.2735	3.6564
12	14.5519	0.0687	54.2077	0.0184	0.2684	3.7251
13	18.1899	0.0550	68.7596	0.0145	0.2645	3.7801
14	22.7374	0.0440	86.9495	0.0115	0.2615	3.8241
15	28.4217	0.0352	109.6868	0.0091	0.2591	3.8593
16	35.5271	0.0281	138.1085	0.0072	0.2572	3.8874
17	44.4089	0.0225	173.6357	0.0058	0.2558	3.9099
18	55.5112	0.0180	218.0446	0.0046	0.2546	3.9279
19	69.3889	0.0144	273.5558	0.0037	0.2537	3.9424
20	86.7362	0.0115	342.9447	0.0029	0.2529	3.9539
21	108.4202	0.0092	429.6809	0.0023	0.2523	3.9631
22	135.5253	0.0074	538.1011	0.0019	0.2519	3.9705
23	169.4066	0.0059	673.6264	0.0015	0.2515	3.9764
24	211.7582	0.0047	843.0329	0.0012	0.2512	3.9811
25	264.6978	0.0038	1054.7912	0.0009	0.2509	3.9849
26	330.8722	0.0030	1319.4890	0.0008	0.2508	3.9879
27	413.5903	0.0024	1650.3612	0.0006	0.2506	3.9903
28	516.9879	0.0019	2063.9515	0.0005	0.2505	3.9923
29	646.2349	0.0015	2580.9394	0.0004	0.2504	3.9938
30	807.7936	0.0012	3227.1743	0.0003	0.2503	3.9950

$i=30\%$

年限 n/年	一次支付终值系数 $(F/P,i,n)$	一次支付现值系数 $(P/F,i,n)$	等额系列终值系数 $(F/A,i,n)$	偿债基金系数 $(A/F,i,n)$	资金回收系数 $(A/P,i,n)$	等额系列现值系数 $(P/A,i,n)$
1	1.3000	0.7692	1.0000	1.0000	1.3000	0.7692
2	1.6900	0.5918	2.3000	0.4348	0.7348	1.3609
3	2.1970	0.4552	3.9900	0.2506	0.5506	1.8161
4	2.8561	0.3501	6.1870	0.1616	0.4616	2.1662
5	3.7129	0.2693	9.0431	0.1106	0.4106	2.4356
6	4.8268	0.2072	12.7560	0.0784	0.3784	2.6427
7	6.2749	0.1594	17.5828	0.0569	0.3569	2.8021
8	8.1573	0.1226	23.8577	0.0419	0.3419	2.9247
9	10.6045	0.0943	32.0150	0.0312	0.3312	3.0190
10	13.7858	0.0725	42.6195	0.0235	0.3235	3.0915
11	17.9216	0.0558	56.4053	0.0177	0.3177	3.1473
12	23.2981	0.0429	74.3270	0.0135	0.3135	3.1903
13	30.2875	0.0330	97.6250	0.0102	0.3102	3.2233
14	39.3738	0.0254	127.9125	0.0078	0.3078	3.2487
15	51.1859	0.0195	167.2863	0.0060	0.3060	3.2682
16	66.5417	0.0150	218.4722	0.0046	0.3046	3.2832
17	86.5042	0.0116	285.0139	0.0035	0.3035	3.2948
18	112.4554	0.0089	371.5180	0.0027	0.3027	3.3037
19	146.1920	0.0068	483.9734	0.0021	0.3021	3.3105
20	190.0496	0.0053	630.1655	0.0016	0.3016	3.3158
21	247.0645	0.0040	820.2151	0.0012	0.3012	3.3198
22	321.1839	0.0031	1067.2796	0.0009	0.3009	3.3230
23	417.5391	0.0024	1388.4635	0.0007	0.3007	3.3254
24	542.8008	0.0018	1806.0026	0.0006	0.3006	3.3272
25	705.6410	0.0014	2348.8033	0.0004	0.3004	3.3286
26	917.3333	0.0011	3054.4443	0.0003	0.3003	3.3297
27	1192.5333	0.0008	3971.7776	0.0003	0.3003	3.3305
28	1550.2933	0.0006	5164.3109	0.0002	0.3002	3.3312
29	2015.3813	0.0005	6714.6042	0.0001	0.3001	3.3317
30	2619.9956	0.0004	8729.9855	0.0001	0.3001	3.3321

附录 复利系数表

$i = 40\%$

年限 n/年	一次支付终值系数 $(F/P,i,n)$	一次支付现值系数 $(P/F,i,n)$	等额系列终值系数 $(F/A,i,n)$	偿债基金系数 $(A/F,i,n)$	资金回收系数 $(A/P,i,n)$	等额系列现值系数 $(P/A,i,n)$
1	1.400 0	0.714 3	1.000 0	1.000 0	1.400 0	0.714 3
2	1.960 0	0.510 2	2.400 0	0.416 7	0.816 7	1.224 5
3	2.744 0	0.364 4	4.360 0	0.229 4	0.629 4	1.588 9
4	3.841 6	0.260 3	7.104 0	0.140 8	0.540 8	1.849 2
5	5.378 2	0.185 9	10.945 6	0.091 4	0.491 4	2.035 2
6	7.529 5	0.132 8	16.323 8	0.061 3	0.461 3	2.168 0
7	10.541 4	0.094 9	23.853 4	0.041 9	0.441 9	2.262 8
8	14.757 9	0.067 8	34.394 7	0.029 1	0.429 1	2.330 6
9	20.661 0	0.048 4	49.152 6	0.020 3	0.420 3	2.379 0
10	28.925 5	0.034 6	69.813 7	0.014 3	0.414 3	2.413 6
11	40.495 7	0.024 7	98.739 1	0.010 1	0.410 1	2.438 3
12	56.693 9	0.017 6	139.234 8	0.007 2	0.407 2	2.455 9
13	79.371 5	0.012 6	195.928 7	0.005 1	0.405 1	2.468 5
14	111.120 1	0.009 0	275.300 2	0.003 6	0.403 6	2.477 5
15	155.568 1	0.006 4	386.420 2	0.002 6	0.402 6	2.483 9
16	217.795 3	0.004 6	541.988 3	0.001 8	0.401 8	2.488 5
17	304.913 5	0.003 3	759.783 7	0.001 3	0.401 3	2.491 8
18	426.878 9	0.002 3	1 064.697 1	0.000 9	0.400 9	2.494 1
19	597.630 4	0.001 7	1 491.576 0	0.000 7	0.400 7	2.495 8
20	836.682 6	0.001 2	2 089.206 4	0.000 5	0.400 5	2.497 0
21	1 171.355 6	0.000 9	2 925.888 9	0.000 3	0.400 3	2.497 9
22	1 639.897 8	0.000 6	4 097.244 5	0.000 2	0.400 2	2.498 5
23	2 295.856 9	0.000 4	5 737.142 3	0.000 2	0.400 2	2.498 9
24	3 214.199 7	0.000 3	8 032.999 3	0.000 1	0.400 1	2.499 2
25	4 499.879 6	0.000 2	11 247.199 0	0.000 1	0.400 1	2.499 4
26	6 299.831 4	0.000 2	15 747.078 5	0.000 1	0.400 1	2.499 6
27	8 819.764 0	0.000 1	22 046.909 9	0.000 0	0.400 0	2.499 7
28	12 347.669 6	0.000 1	30 866.673 9	0.000 0	0.400 0	2.499 8
29	17 286.737 4	0.000 1	43 214.343 5	0.000 0	0.400 0	2.499 9
30	24 201.432 4	0.000 0	60 501.080 9	0.000 0	0.400 0	2.499 9

参考文献

[1] 付晓灵.工程经济学[M].北京:中国计划出版社,2007
[2] 肖跃军,周东明,赵利,等.工程经济学[M].北京:高等教育出版社,2004
[3] 黄有亮,徐向阳,等.工程经济学[M].南京:东南大学出版社,2002
[4] 黄渝祥,邢爱芳.工程经济学(第三版)[M].上海:同济大学出版社,2005
[5] 杜春艳.工程经济学[M].武汉:华中科技大学出版社,2007
[6] 全国造价工程师执业资格考试培训教材编审委员会.建设工程造价管理[M].北京:中国计划出版社,2013
[7] 严玲,尹贻林.工程计价学[M].北京:机械工业出版社,2006
[8] 全国造价工程师执业资格考试培训教材编审组.工程造价管理基础理论与相关法规(第五版)[M].北京:中国计划出版社,2009